谈在祥　著

医事法专论

法律出版社
LAW PRESS·CHINA
北京

图书在版编目(CIP)数据

医事法专论 / 谈在祥著. -- 北京 : 法律出版社,
2024
ISBN 978-7-5197-8692-2

Ⅰ. ①医… Ⅱ. ①谈… Ⅲ. ①卫生法—研究 Ⅳ.
①D912.160.4

中国国家版本馆 CIP 数据核字(2024)第 014396 号

医事法专论
YISHIFA ZHUANLUN

谈在祥 著

策划编辑 解 锟
责任编辑 解 锟
装帧设计 贾丹丹

出版发行 法律出版社
编辑统筹 重大项目办公室
责任校对 王晓萍
责任印制 吕亚莉
经　　销 新华书店

开本 710 毫米×1000 毫米 1/16
印张 19　**字数** 283 千
版本 2024 年 1 月第 1 版
印次 2024 年 1 月第 1 次印刷
印刷 北京建宏印刷有限公司

地址:北京市丰台区莲花池西里 7 号(100073)
网址:www. lawpress. com. cn
投稿邮箱:info@ lawpress. com. cn
举报盗版邮箱:jbwq@ lawpress. com. cn
销售电话:010-83938349
客服电话:010-83938350
咨询电话:010-63939796

书号:ISBN 978-7-5197-8692-2　**定价**:88.00 元
凡购买本社图书,如有印装错误,我社负责退换。电话:010-83938349

目　　录

第一篇

《基本医疗卫生与健康促进法》与医院法治

PART 1

第一章　我国公立医院法治化现状与展望

法治是当今世界所公认的治国理政的重器，基于民主的法治则是人类社会经过艰苦卓绝的探索所找到的国家治理的最佳路径与方式。党的十八大以来，我国推进全面依法治国，努力实现国家治理体系和治理能力的现代化，不断向法治中国迈进，并将强化医疗卫生行业立法作为重点领域。2019 年 12 月 28 日，我国《基本医疗卫生与健康促进法》（以下简称《卫健法》）出台，该法第 45 条第 1 款规定："国家建立责权清晰、管理科学、治理完善、运行高效、监督有力的现代医院管理制度。"由此，我国公立医院建立"现代医院管理制度"被写进医疗卫生行业的基本法。我国公立医院在医疗卫生服务体系中居于主体地位，是国家深化医疗体制改革的关键，也是人、财、物等资源高度密集的事业法人，管理不善将造成社会风险和廉政风险叠加。2018 年以来，我国医疗卫生体制改革进入深水区，国家通过"三医联动"着力解决老百姓"看病难、看病贵"的沉疴，医疗机构则是诸多改革项目的重点和靶点。

然而，现代医院管理制度的内涵是什么？如何保障"现代医院管理制度"的实现？推进公立医院法治化建设、完善公立医院法人治理体系无疑是实现这一目标不可或缺的关键环节。法治既是建立现代医院管理制度的重要手段，也是建立以法人治理结构为核心的现代医院管理的保障。近年来，我国加快了医疗卫生行业立法进程，医疗卫生行业的专门法律法规已经超过 14 部，且在不断增加立法供给，初步形成了中国特色的医药卫生法律体系，为公立医院的法治建设提供了前提和保障。2019年，国家卫生健康委办公厅下发了《关于进一步加强医疗卫生事业单位法治建设的通知（试行）》，明确提出了加强医疗卫生事业单位法治建设的目标任务，该通知从国家治理能力和治理体系现代化的高度出发，要求把法治建设融入医疗卫生事业单位管理运行的全过程。因此，不断深入推进我国公立医院法治化建设，不仅是完善医药卫生领域法治建设的时代要求、实现“健康中国”战略的必由之路，还是公立医院自我完善、高质量发展的重要内容。

一、我国公立医院法治化建设的内涵及其意义

（一）我国公立医院法治化建设的内涵

法治（rule of law）的基本内涵包括三个方面：一是法具备普遍的约束力；二是法作为治国理政的基本手段和方式；三是指民主的法律化。[①] 中国的法治化进程已经进入历史的新阶段，推进公立医院法治化建设，实际上是法治意识、法治思维、法治价值、法治文化在公立医院的重构。国家通过《卫健法》进一步确立了我国公立医院“公益性”和“法治化”原则，将公立医院法治建设与深化当前医药卫生体制改革、推进国家治理体系和治理能力现代化等相结合，法治融入公立医院运行管理全程。在公立医院发展过程中，发挥法治引领和保障作用，逐步打造公立医院从“人治”到“法制”再到“法治”的发展路径。

（二）公立医院法治化建设的基本特征

公立医院法治化建设作为法治社会建设的一部分，其基本特征不仅包含法治的基本精神、基本原则，还明显具有医疗卫生行业自身的特点。

1. 公益性原则。我国公立医院必须坚持“公益性原则”，已经被写进《卫健法》。诚然，公立医院的“公益性”源自公立医院的组织目的性，特别是公立医院作为我国医疗卫生服务体系的主体，承担诸多法定和政府指定的公共卫生任务。此外，我国医疗基本法进一步明确，公立医院“公益性”也是在不断反思既往公立医院一度出现的“逐利

① 参见谷春德：《中国特色社会主义法治理论与实践研究》，中国人民大学出版社2017年版，第244－245页。

性”倾向的基础上矫枉过正。

2. 依法办事原则。“良法善治”是现代医院管理制度实现的前提，公立医院在医疗服务和日常管理过程中要以宪法、行政法和医疗卫生领域相关法律法规为根本遵循。医院在制定重大决策和规章制度时要审查与现有法律法规的适配性，按照“上位法”的要求制定并完善医院的管理制度，并在管理中严格执行。此外，医疗服务是医院管理的核心，规范临床医疗行为，也要严格以国家相关法律法规为准据，确保医疗行为的合法合规。

3. 以人为本原则。党的十八大以来，习近平总书记提出“以人民为中心”的发展思想，并融入“民为邦本”“得民心者得天下”的传统中华文化的思想要素。① 这一理念与法治的基本价值殊途同归。法治的基本要义是限制公权力、保护好公民的合法权利，“以人为本”是建设社会主义法治国家的基础。公立医院必须把坚持其公益性作为其基本的社会属性，坚持以患者为中心的理念，以维护健康、解除病痛为根本任务，同时，需要以维护好医院干部职工的总体利益，调动干部职工干事创业的积极性，努力实现患者满意和医院干部职工满意的良好局面。

4. 公平性原则。公立医院必然要求其秉持公平性的基本目的。公平既是法治的基本要义，也是基本医疗卫生服务的价值追求，还是推动公立医院法治化建设过程中不可背离的目标。同时，公平要在与效率的平衡中实现质量和服务的最优化。当下国家推进的公立医院绩效考核，质量、公平、效率、可持续发展、满意度是考核的核心指标，也是保障公立医院服务均等化实现公平性的“紧箍咒”。

阳光是最好的“防腐剂”，公开透明是保障医院健康发展的基础。公立医院的重大决定部署不仅要符合上级主管机关的要求，更需要赢得医院干部职工的支持，让更多干部职工参与到医院重大事项的决策中来，以减少医院决策中的主观性、片面性。此外，公立医院“三重一大”重要事项的决策应贯彻党委领导下的院长负责制和民主集中制，

① 冯玉军：《全面依法治国新征程》，中国人民大学出版社 2017 年版，第 8 – 10 页。

避免“一言堂”带来的决策法律风险和廉政风险。

（三）推进公立医院法治化建设的意义

我国医疗体系综合水平在2018年世界卫生组织（WHO）的报告《世界健康报告》中排名第六十四位，我国医疗的服务和管理水平还有较大的上升空间。推进公立医院法治化建设是我国“大卫生、大健康”发展理念的一项重要内容。同时，在当前医患矛盾越发冲突的背景下，法治化建设有助于事前预防诊疗行为中的不当行为，化解医疗纠纷事中处置的矛盾激化和医疗损害司法途径的妥善解决。法治化建设有助于优化医院内部管理结构，规范行政管理办事流程，规避招采、财务、人事等关键环节的潜在风险，助推公立医院新时期高质量转型发展。

二、公立医院法治化建设的现实困境及其展望

（一）公立医院法治化建设的现实困境

1. 公立医院的法律属性定位不清，影响医院本身与上级主管机关权利义务的边界。我国《民法典》明确规定，公立医疗机构属于事业单位法人，即指从事非营利性的各项社会公益事业的各种组织，具有独立的法人代表，但事业法人权利的边界在现有法律体系中很难厘清。实践中，行政主管机关往往对所辖范围内的公立医院的改革方向具有关键的决定权，这种“一刀切”的统一管理不完全适用于我国分级诊疗制度下的各级各类公立医院，使公立医院在推进改革发展过程中，难以撼动自身原有的管理结构体系，很难摆脱过多的行政干预。①

2. 与政府之间的管理权限不清。我国现行事业单位管理体制下，卫生行政部门一般直接监管各级别的公立医院，但这种管理主要是采用上下级行政命令和检查的方式，并没有把监管与法治相结合。造成“所有权”、“监管权”和“经营权”混乱。公立医院的上级监管部门有时不止一家政府机构，如部分医科大学附属医院就存在省卫生行政主管部门、地方政府和大学多重管辖。公立医院管理机构内部所划分

---

① 参见钟翠霞：《公立医院改革法治化评析》，载《郑州航空工业管理学院学报（社会科学版）》2014年第8期。

的医务、人事、财务、纪检等部门也对应不同的归口管理负责机关。多重管辖、多机构管理造成公立医院内部改革受制于各方面的掣肘，而无所适从。①

3. 公立医院现行管理运行中法治意识淡薄，缺乏专门的法律人才。我国公立医院的领导班子成员大多具有临床医疗背景，少有职业管理者或者法学背景，因此在医院管理的重大决策中存在一定的法律风险。此外，医院管理中内部的规章制度延续性强，跟踪国家政策和法规不断调整更新能力较弱，且缺乏遵循上位法与本单位实际情况结合的能力。

4. 公立医院现有法治管理机构"有名无实"。我国公立医疗机构没有明确要求配置专门的法务部门，法务工作缺少统一的抓手，多数医院法治工作由医务、办公室等部门代管，没有取得应有的效果。且大多数情况下只是对医务人员做普法教育工作，没有法律专职人员，没有深入医院管理的各个环节，无法真正地把医院法治化建设贯彻到医院的管理体系中来。

5. 政策的调整变化较大，需要通过立法途径固化政策成果，并使之保持较长时间的稳定。政策的优势在于灵活，成本较低，但缺点也十分明显，因领导人的更替或者重大事件推动而变化或调整，从而带来政策的不可预见性。比如，自2010年以来，我国对公立医院混合所有制改革的探索由于政策的反复导致医疗机构无所适从，而立法则具有相对的稳定性。② 因此，对于医疗体制改革中方向性的问题，应通过立法渠道加以固化。

（二）公立医院法治化建设的主要挑战

1. "政事分开""管办分离"不够彻底。2008年发布的《关于深化行政管理体制改革的意见》明确指出，要推出事业单位分类改革，按照政事分开、事企分开和管办分离的原则。公立医院作为一种特殊的公法人制度，其法律地位与组织形式应该得到进一步的明确，这也

---

①　李昕：《公立医院法律制度研究》，法律出版社2018年版，第23－33页。

②　参见谈在祥等：《论我国〈基本医疗卫生与健康促进法〉第四十条"两个不得"的适用》，载《中国医院管理》2020年第10期。

是现代医院管理制度建立的前提。① 从法理上讲，行政主管机关只负责医院的审批和监管，不参与具体运营管理。但在实际过程中，“时时报、事事报”，主管机关对公立医院内部治理的“发言权”仍旧很大，对公立医院日常经营的干预和控制几乎是常态化的。如何能够真正地实现公立医院独立自主的法人治理结构，理顺与上级主管之间的权利义务边界，确立公立医院独立自主和管理权迫在眉睫。

2. 法律人才队伍不健全，投入资金力度不够。公立医院领导班子很少有法律专业的专职人员，在公立医院市场化竞争、自收自支的背景下，重业务轻管理的观念根深蒂固，法治化建设短时间内无法创造直接的经济效益，对法治化建设的重视程度和投入成本不足。另外，医院行政管理人员薪资待遇水平一般、晋升不易，优秀的法律工作者基于现实方面的考虑不愿意全职在医院工作。

3. 党委领导下的院长负责制在执行过程中存在认识偏差。2018 年中共中央办公厅出台《关于加强公立医院党的建设工作的意见》，提出了切实加强党对公立医院的领导，落实公立医院党委领导下的院长负责制，通过制度保障，防止公立医院决策中个人或少数人说了算。但这项制度在公立医院是新生事物，如何落实是关键，公立医院还需要有较长的适应过程。客观上，我国既往公立医院存在职工代表大会和党代会不定时召开或长期不召开的现象，部分公立医院主要领导干部的职权缺少有效的监督，医疗腐败乱象丛生。

4. 院内制定的规章制度与现行相关法律是否适配缺少专业的事前审查，制度执行过程中法治部门的介入监管也存在难度。我国近年来医疗卫生行业立法提速，大量的法律法规的普及与适用，既需要时间和实践来消化，更需要公立医院自我积极主动地加强法律应对，特别是陈旧的院规院纪的适法性问题，必须对照新的法律法规的内容与要求进行全面的废、改、立。

（三）公立医院法治化建设的问题展望

目前我国公立医院法治化建设仍处于探索、起步阶段，相关的法

① 参见钟东波：《现代医院管理制度建设的两个基本问题》，载《中国卫生资源》2017 年第 2 期。

治实践和理论认识还不够深入，分析其他发达国家和地区关于公立医院法治管理方面的成功经验和有效探索，对解决我国公立医院现有的管理困境，具有较好的指导借鉴作用。

1. 美国公立医院的法律顾问制度。医疗改革是世界性难题，各国概莫能外。美国的公立医疗机构承担着社会救助义务，美国大部分医院的法律顾问制度主要有聘请院外律师事务所的专职律师和建立医院内部法律顾问部门（称为法律事务部）。一般法律事务部的负责人也是医院管理层的一员，能够直接参与医院重大决策的制定、实施，为医院的各项工作提供法律的帮助和指导。依托法律审批程序和内部网络系统，在实际工作过程中提高工作效率。①

2. 德国“两级三头”管理模式。德国通过立法赋权公立医院公营造物法人的地位，其属性为保育性营造物，通过分权和授能实现其公益性。② 公立医院的内部管理结构主要分为两级管理和三个方面。纵向上，公立医院普遍实行院、科两级管理形式。横向上，医院管理分为行政、医疗和护理三个方面。医院院长负责全院的整体管理方向，医疗院长和护理院长由资深的医疗专家和护理专家担任。行政院长主要由具有经济学或者法律方向的专业人士担任，提高了现代医院管理的专业性。“三头”业务管理的方式也有利于医院内部分权和监督。

3. 日本独立行政法人的治理模式。2000 年开始，日本通过国家立法的形式，推进公立医院独立行政法人的治理结构的完善。《独立行政法人国立病院机构法》第 3 条规定，“独立行政法人国立医院机构的目的在于，通过医疗之提供、医疗相关调查、研究以及技术人员的研修等业务的实施，谋求对国民健康有重大影响的疾病之医疗以及其他医疗，作为国家之医疗政策，提高机构应承担之责任，由此贡献与提高及推动公共卫生”。其改革重新定位政府—市场—社会的关系，形成优势互补，从而提升独立行政法人的组织效率、主动性、自律性和透明性。③

---

① 参见岳靓等：《美国部分医院法律顾问制度实践分析》，载《中国医院》2018 年第 8 期。

② 参见马怀德：《公务法人问题研究》，载《中国法学》2000 年第 4 期。

③ 参见杜创国：《中国事业单位改革与日本特殊法人改革之比较》，载《经济社会体制比较》2008 年第 4 期。

4. 新加坡公立医院“所有权和经营权”分离模式。新加坡在管理体制上，依据公司法，将公立医院设置为公司法上的非营利性私法人，以非营利性和国家控股的方式保障公立医院的公共目的性。实践中，新加坡医疗系统主要由基础医疗单位、各种综合性医院和专科医院组成。其中大部分新加坡人的首选就是去综合性医院中的各大公立医院就诊。新加坡公立医院在“指导性竞争”政策下实行董事会领导下的院长负责制，新加坡政府全资重组公立医院，但又保证了医院自身管理的自主权，做到所有权和经营权的完全分离，更好地制定符合医院发展的路线。医患纠纷处理通过法律程序处理而非医院内部解决，建立高度透明的公开信息制度。引入商业会计系统，做到更精确的成本核算，也倒逼形成内部严格的财务标准和实行问责制。

三、公立医院法治化建设的实现路径思考与建议

（一）以制度化建设为基础，搭建法治医院建设的“四梁八柱”

1. 国家加快推进医疗卫生机构的法律体系的不断完善。“科学立法、严格执法、公正司法、全民守法”，是全面落实依法治国基本方略的新方针，是建设“法治中国”的基本要求，同时是实现“法治中国”的基本标准。法律是制度建设不可或缺的重要载体，我国教育领域法治化的进程明显优于医疗行业，当下我国社会主义基本法律体系已经初步建立了以《宪法》为核心，其他法律、行政法规和地方性法规为补充的医疗卫生系统法律体系，全面推动医疗法治化建设的时机已经成熟。2019 年 12 月 28 日通过的《卫健法》更是引领公共卫生事业发展的基本法，填补了医疗卫生领域基本法立法空白，也为公立医院法治化建设提供了重要的法律依据。在此基础上努力建设法律部门，形成医疗卫生行业的法律体系，推动医院法治化的实现未来可期。

2. 推动公立医院法人治理的改革。在我国，政府尽管是公立医院的举办者，但依然应该回归作为公法人的治理结构，必须以强化法人化改革回应“管办分开”与“政事分开”。[①] 公立医院法人治理的关键

① 参见陈薇薇：《法人治理结构下公立医院法治建设策略研究》，载《中国卫生法制》2020 年第 3 期。

在于通过立法赋权使公立医院具备独立的人格，能够独立享有权利、承担义务，作为法律主体参与社会活动，从而实现公立医院管理中的自主权、经营权、资源与责任的统一。在这方面，上海市政府设立申康医院发展中心，组建去行政化的独立事业单位，保障公立医院管办分离，确立政府办医的责任主体和国有资产运营和管理的责任主体，各家市属医院作为独立的事业法人由院长行使经营管理责任，强化了医院的自主权和经营权，成为全国公立医院改革的样板，取得了较好的成效。①

3. 建设以医院章程为统领的现代医院管理制度体系。《卫健法》明确要求建立医院章程。各级公立医院应以医院章程的建立为核心，明确医院权利与义务的边界，同时，将医院事务制度化、法律化，严格依法办事，依规形成法治环境，确保各项工作都要做到有法可依、有章可循，各环节管理要做到有条不紊、运作有序，使医院管理规范化、法治化②，具体包括：（1）通过厘清公立医院的权利边界，在符合法律、行政法规规定的框架下，制定规范的内部行政管理运行规则，健全完善“三重一大”民主决策制度等。（2）规范临床工作管理制度，把医疗安全和医疗质量作为建设制度的核心问题。（3）定期召开法治建设工作会议，研究工作中新问题，通过咨询法律顾问、民主意见征集等方式，不断修订医院内部现行制度。

4. 加强运营管理的法治化制度路径的推进。（1）第一责任人制度。在公立医院党委领导下的院长负责制的前提下，公立医院党委书记或者院长应当作为推进医院法治建设的第一责任人，把法治化建设定位为医院改革发展的重点工程，医院内部管理的各个部门树立好法治化建设的重要性，与法治部门配合协调统一，各项工作严格按照法律法规和制定的院内制度。（2）建立法治化建设评价监督体系。《卫健法》第97条指出：公民、法人和其他组织可以对公立医院进行社会监督。基于公立医院公益性、公有性的属性，在公立医院法治化建设的进程中，可以引导社会公众的监督、上级部门巡查监管，逐步实现医院自

① 参见李卫平、黄二丹：《以“管办分开”理顺公立医院治理结构——上海申康医院发展中心公立医院治理改革剖析》，载《卫生经济研究》2010年第7期。

② 参见马怀德：《公务法人问题研究》，载《中国法学》2000年第4期。

治、政府监管、社会监督、职工参与的法治化改革监督机制。

（二）以合法性审查为依据，推动医院运行管理合法合规

1. 推行法律顾问制度。2016 年中共中央办公厅、国务院办公厅印发《关于推行法律顾问制度和公职律师公司律师制度的意见》，提出事业单位探索推进建立法律顾问制度。公立医院通过聘请专业法律团队提供法律咨询提升医院法治化水平。院外兼职法律顾问可以节约人力成本，提供更为专业的法律服务。但其主要是用于事后的法律求助，无法像内部法律部门一样将法律审查嵌入管理的全过程，法律顾问作为医院兼职顾问的形式，虽然可以为重大决策提供合法性审查，但无法影响整个医院的重大事项决策。单一的院外法律顾问制度无法满足大型公立医院的实际需求，应通过内部设置法治工作机构加以补充。

2. 医患关系的法治化。在公立医院法治化建设过程中，不仅要医院内部运行法治化，也包括医患关系的法治化，医患关系的建立基于医疗服务的提供，从广义上也是一种民事主体之间的合同履行关系。[①] 医院要通过法治化建设规范管理流程、遵守医疗行为法律法规，有效避免违法行为所造成的不利后果。同时，医疗机构应依据《卫健法》《民法典》《消费者权益保护法》等相关法律，明确、尊重和保护就诊患者的平等医疗权、知情同意权、隐私保护权、获得赔偿权等各项权利，使医患关系回归法治轨道，在法律框架内解决医患矛盾。

（三）以专业化队伍为目标，培养法治化建设中坚力量

1. 成立专门的法治工作机构。根据医院等级和实际工作需求，成立单独的法务部或者外聘兼职的法律顾问。医院要在每年预算中留出适当比例的资金投入法治化建设。大型公立医院应当成立专门法务部门，招聘具备法律执业资格的法律专业人员。同时，国家应当允许在大型公立医院设置公职律师，以满足公立医院发展的现实需求。法务部门应主要承担的任务如下：一是合同审查，主要包括审定招标采购合同、基建工程招标合同、对外合作合同和职工聘用合同等；二是承担对外法律诉讼、调解工作；三是为医院重大决策提供法律参考；四

---

① 参见马建军：《医患矛盾本质及其法治化解决策略》，载《人民论坛》2015 年第 23 期。

是处理法律事务方面的医院紧急突发状况；五是开展全院普法宣传教育，为医院职工提供法律咨询、援助。① 虽然设置院内工作机构人力资源成本高、培养相关专业人员时间耗费较长，但更有利于医院整体管理机构的优化调整，将法治意识嵌入公立医院行政、医疗工作的“事先—事中—事后”，能够实现全流程、无死角的监督、控制。

2. 打造院内法治沟通平台。院内依托现有的即时通信软件和院内网络系统搭建临床一线与法治行政部门的快速沟通反馈路径。临床一线职工可以及时与院内法务部门反馈医疗工作中可能存在的法律纠纷。借助院内网络平台介入招采、设备、人事、财务、基建等部门工作，提高法治监督效率，化解潜在风险。

（四）以法治文化建设为抓手，构建法治建设的长效机制

依法治院不仅需要完善法律法规和管理制度，还需要建设医院的法治文化，形成文化层面的自觉，从而建立公立医院法治建设的长效机制。法治文化建设是医院法治化建设工作的重要支撑，让法治信仰和法治思维在公立医院内部树立起来，养成学法、懂法、知法、守法的自觉性，公立医院应定期组织形式多样的法治文化活动，如法律知识培训讲座和法律知识测试，医务工作者在职教育中增加法律培训学分。加强公立医院法治化建设研究，在理论和实践上形成更多成果，推进公立医院法治化建设进程。

① 参见杨超等：《我国建立医院法律顾问制度相关讨论与政策建议》，载《中国医院》2018 年第 8 期。

第二章　新时期城市大型公立医院功能与定位

2020年6月1日，《卫健法》正式施行。《卫健法》作为我国卫生与健康领域的第一部基础性、综合性法律，对我国医疗卫生事业的发展起着关键性的导向作用。而城市大型公立医院作为我国医疗卫生行业的中坚力量，应以《卫健法》的精神内涵为指引，明确自身定位，规范医院职能，促进我国城市大型公立医院的可持续发展。

一、问题的提出

关于我国城市大型公立医院功能与定位问题的讨论由来已久，核心问题是通过明确其功能定位，真正推进分级诊疗的实现。长期以来，我国医疗卫生资源总量庞大、种类丰富，但是各级医疗机构资源配置的合理性、公平性有待优化，医疗资源“下沉难”的问题日益凸显，城市大型公立医院拥有更多优质医疗资源，但又陷入长期超负荷运转的“窠臼”，老百姓“看病难、看病贵”的现象难以改善。而这种“大医院病”使大医院尤其是城市大型公立医院在收治患者与医疗资源集聚上极具优势，进而可以更好地提升自身医疗技术、购置先进设备、吸引高端人才，不断加强自身在区域医疗市场的垄断地位，形成“虹吸效应”，造成垄断的循环。为解决这一困局，新一轮医疗卫生体制改革以促进优质医疗资源的下沉为目标，努力推进医疗资源配置的合理化，一方面以医保预付、DRG付费等手段限制大型医院盲目扩张；另一方面积极推进分级诊疗，明确各级医疗机构的职能定位，大力推进基层医疗机构以及民营医院的发展。在这一大背景下出台的《卫健法》，以国家新医改的宏观政策为导向，总结了近年来的成功经验，并对我国医疗卫生行业，尤其是城市大型公立医院未来发展的功能与定位提出了法律层面的规范与要求，城市大型公立医院应顺应新的发展趋势，积极调整战略，明确功能地位，把握高质量发展机遇。

二、《卫健法》对公立医院的新要求与新医改的实践

《卫健法》作为医疗卫生健康领域的基本法，从法律政策学的角度，对我国大型城市公立医院今后的发展提出了诸多明确要求，更加突出医疗卫生服务的公益性原则，强化分级诊疗的落实与推进措施，提出从疾病治疗到健康促进的转变等一系列前瞻性的要求。重点突出了“保基本、强基层，建立基层医疗服务网络和全方位全周期医疗服务体系”。

（一）确立了为人民健康服务、坚持公益性原则的基本宗旨

《卫健法》第3条规定，“我国医疗卫生与健康事业应当以人民为中心，为人民健康服务。医疗卫生事业应该坚持公益性原则”。这是包括城市大型公立医院在内所有医疗卫生事业单位的共同宗旨，也是新医改的主基调，医疗服务关乎人民的生命和健康，其与生俱来的公益性特征与市场经济的逐利倾向是难以相容的。这一原则的确立是党和国家对我国医疗卫生事业发展方向的进一步明确，也是对既往公立医院发展过程中市场行为的反思与匡正。可以预见，这一原则将在未来长期得到强化，国家会通过政策与法律的手段加以保障。

（二）明确了大健康的目标，强调全周期和全方位的健康保障

从治疗疾病到服务健康是现代医学发展过程中不断总结和反思的结果，近些年来，随着医改的不断推进，我国医疗机构数量越来越多，医院条件也在不断改善，但患者人数不断激增，国民健康水平没有明显改善，已经引发社会各界的深思。我国传统中医理论中就一直重视“治未病”的思想，随着人们健康观念的不断转变，“未病先防”是未来医疗事业发展的必然要求和选择。《卫健法》第36条规定，“各级各类医疗卫生机构应当分工合作，为公民提供预防、保健、治疗、护理、康复、安宁疗护等全方位全周期的医疗卫生服务”。该法第6章“健康促进”进一步明确了有关健康科普、教育、信息发布等方面的具体要

求。城市大型公立医院无疑将在其中承担重要任务。《卫健法》同时提出，自己是健康的第一责任人，总书记也多次强调健康是幸福生活最重要的指标，健康是“1”，其他是后面的“0”，没有“1”，再多的“0”也没有意义。从国家战略层面重视疾病的预防，提升全面健康素质，且在《卫健法》中将居民健康指数纳入对各级政府考核的目标，这对于提升全面国民健康水平有着十分重要的意义。

（三）将新医改经验上升为法律，保障新改革成果的法治化

《卫健法》将新医改中许多行之有效的政策用立法形式确定下来，如第30条明确国家推进基本医疗服务实行分级诊疗制度，并在第34条规定，加强县级医院、乡镇卫生院等基层医疗机构及城乡卫生服务网络，提升基层医疗机构满足分级诊疗承接要求的能力。在鼓励社会办医方面，第41条明确国家鼓励社会办医并在诸多领域享有与公立医院相同的权利和政策优惠。第40条在分类管理上，仅对公立医疗卫生机构合理设置并控制规模，未对社会办医进行限制，但对公立医院与社会资本的合作提出“两个不得”，以此保障公立医院的公益性。[①] 在建立现代医院管理制度方面，第45条规定国家建立权责清晰、管理科学、治理完善、运行高效、监督有力的现代医院管理制度，并要求医院制定章程，建立和完善法人治理结构，提高医疗卫生服务能力和运行效率。此外，《卫健法》对于新医改中有关医保和药品价格形成及采购机制的相关经验也予以吸收肯定。

（四）提出了分类管理的构想，将“收支两条线”写进法条

《卫健法》第39条规定，“国家对医疗卫生机构实行分类管理……以政府资金、捐赠资产举办或者参与举办的医疗卫生机构不得设立为营利性医疗机构。医疗卫生机构不得对外出租、承包医疗科室。非营利性医疗卫生机构不得向出资人、举办者分配或者变相分配收益”。而第40条更是进一步规定，“政府举办的医疗卫生机构应当坚持公益性原则，所有收支均纳入预算管理，按照医疗卫生服务体系规划合理设置并控制规模”。这将会彻底改变公立医院的经济运营模式，乃至整个

① 参见谈在祥等：《论我国〈基本医疗卫生与健康促进法〉第11条“两个不得”的适用》，载《中国医院管理》2020年第10期。

医院的管理模式。公立医院是我国医疗卫生机构的主体，承担着保障老百姓生命健康的重要使命，现行医疗机构的绩效分配机制大多数是体现“多劳多得，优绩优酬”的机制，“收支两条线”的落实，可能会加剧公立医院短期发展的“阵痛”。[①]

（五）加强对医院监管，保障医疗的公益性实现

《卫健法》第86条规定，“国家建立健全机构自治、行业自律、政府监管、社会监督相结合的医疗卫生综合监督管理体系。县级以上人民政府卫生健康主管部门对医疗卫生行业实行属地化、全行业监督管理”。这一规定打破了目前“医”“药”两条线，主管部门各负其责的分治格局，引入了行业自律和社会监督机制，[②] 努力建立严格规范的医疗卫生行业综合监督制度。此外，《卫健法》根据《宪法》首次提出国家和社会尊重并保护公民的健康权，对患者权利的保护要求进一步提高，并明确了医院和医护人员泄露公民个人健康信息的法律责任。从实践来看，当下公立医院绩效考核、国家医保的飞行检查、九部委的纠风机制，党建、纪检、行风、审计等全方位、无死角地加强对公立医院发展全过程的监管，确保公立医院健康发展。

三、落实《卫健法》明确功能定位的思考与建议

（一）加强党的领导，以人民为中心，坚持办院公益性

所谓公立医院的公益性，就是在保证公平与效率的基础上，同时满足普通民众都能享受适合自己的并且质量较高的医疗卫生服务[③]。这是当下公立医院必须转变医院发展理念。落实《卫健法》要求，城市公立医院要以人民健康服务为出发点，提升服务意识，转变医院管理运行和发展理念，为社会提供更多优质的医疗卫生服务。一方面必须全面落实好公立医院党委领导下的院长负责制。加强党的建设，坚持公益性，全心全意为人民服务，突破个人、单位和行业利益藩篱，时

① 参见王晨光、张怡：《〈基本医疗卫生与健康促进法〉的功能与主要内容》，载《中国卫生法制》2020年第2期。

② 参见陈艺、胡新宇、程瑜：《社会整合视角下医院公益性》，载《解放军医院管理杂志》2019年第11期。

③ 参见韩建宁、刘福清：《分级诊疗制度下大型公立医院与基层医疗卫生机构共赢发展的途径》，载《现代医院》2019年第6期。

刻牢记医改初心，始终从人民利益出发，才能使办院的公益性原则不断深化。另一方面，必须全力落实好公益性政策措施。坚持公益性，政府不仅应承担起公立医院公益性的财政义务，而且要对公立医院制定以公益性指标为导向的考核体系。公立医院要充分提高公益性认知，完善收费机制和分配机制，减少不必要的收费项目，将结余更多地向医务工作者进行分配倾斜①，调动广大医务工作者对公益性政策的响应热情和工作积极性，提高服务质量。

（二）顺应分级诊疗政策导向，科学厘清公立医院功能和定位

首先，公立医院必须在落实分级诊疗体系中明确自身定位。分级诊疗对于各级医院的功能有了较为系统的定位，对于城市大型公立医院而言，作为区域内有着一定影响力的医学中心，存在利用垄断地位进行无序扩张与轻重病通吃之疑，不仅压缩了基层医疗机构的生存空间，致使自身盲目扩张、医务人员沉浸于“赚快钱”的循环中，也磨灭了向危重症和疑难杂症集中攻关的精力与决心，拉低了技术水准，长此以往也会丧失技术优势。对患者来说，这一现象导致城市大型公立医院病种结构缺乏特征性，常见病多发病均在大型医院就诊，致使床位紧缺，急症重症患者不能即时入住，病情被延误。② 城市大型公立医院要充分利用自身的特色专长和技术优势，致力打造区域性的医疗技术高地，逐步形成提供危重症救治和疑难杂症诊疗的区域医学中心，这不仅是分级诊疗的政策要求，也是医院自身可持续发展的必然要求。

其次，积极参与医联体建设，形成医院未来发展的核心竞争力。参与医联体的建设工作，将城市大型公立医院的优质资源下沉到基层，提高基层医疗机构自身的实力，吸引患者在基层就诊；同时，为了保障上级医疗机构在分级诊疗体系中利益不受损，建议在上级医疗机构设立基层卫生部门或社区管理中心，以实现双向转诊和上下联动机制，促进信息的双向反馈。③ 以专科或专病建设为基本单元，让技术流动，

---

① 参见陈艺、胡新宇、程瑜：《社会整合视角下医院公益性》，载《解放军医院管理杂志》2019 年第 11 期。

② 参见韩建宁、刘福清：《分级诊疗制度下大型公立医院与基层医疗卫生机构共赢发展的途径》，载《现代医院》2019 年第 6 期。

③ 参见姚银蓥、熊季霞：《基于博弈论与激励相容理论的我国分级诊疗体系分析》，载《中国医院管理》2017 年第 12 期。

抓好医院文化浸润工作，从而促进紧密型医疗服务集团的建立，做到“联体”又“联心”，[①] 根据医院的自身条件，努力将医院建设成“区域医疗中心”，推动医院发展迈上新台阶。

（三）推进转型升级，实现内涵建设和核心竞争力的提升

《卫健法》提出合理设置并控制公立医院规模。为了向公民提供优质的全方位全周期的医疗卫生服务，实现大健康的奋斗目标，城市公立医院必须要从之前“摊大饼”式的规模扩张向内涵提升转变。进行内涵提升，根本是办院理念、学科建设、管理能力和医疗技术的提升。提升医院发展理念，既是国家政策的外部导向，也是医院可持续发展的内在要求。打造全院干部职工共同认可、为之奋斗的发展目标，改变医疗市场化的陈规陋习，贯彻国家政策导向，向行业标杆看齐。提升医院管理水平，是从规模扩张到内涵提升的必然要求。加强制度建设，及时更新制度，狠抓制度落实，以制度管权、管人、管事。学习借鉴先进管理经验，积极利用信息化手段加强管理，积极发现日常管理不足并予以改进，努力从粗放式管理转变为精细化管理。当前，《卫健法》提出的公立医院收支均纳入预算管理、药品耗材零差价等，无疑对医院的管理模式、经济运行提出了很大挑战，必须大幅度降低药耗占比，降低运营成本，提升医院经济运行效率和效益，特别是要通过精细化管理，降低和去除运行中不必要的冗余投入和因管理不善造成的结构性资源浪费。加强对医院各种项目的可行性论证，科学决策，降低浪费风险，梳理医院运行的财务情况，寻求降低成本的有效方式，从而为社会提供更多优质服务。加强内部管理，医院要在坚持公益性原则的基础上，不断开源节流、降本节耗，在平均住院日、日间病房、快速康复方面下功夫，加快医院周转，提升运行效率。发挥全体医务人员的主观能动性，贯彻节能减排的理念。后勤部门应结合工作实际，制订医院降低能耗的可行方案。[②]

提升医疗技术，注重临床科研，加强学科建设，构筑科学的人才

---

① 参见杜杏利等：《大型公立医院在医联体建设中的责任思考与探索》，载《中国医院》2019 年第 12 期。

② 参见熊威等：《分级诊疗背景下大型公立医院发展策略思考》，载《卫生软科学》2018 年第 8 期。

队伍，以科研促进临床医疗，以临床医疗为科研搭建平台，在特色技术上下功夫，打造学科品牌，攀登医学高峰，形成核心竞争力。此外，必须落实从严治党要求，加强党风廉政建设，发挥纪检、审计、行风等相关部门职能，努力预防腐败，积极消除隐患，及时查处问题，减少因腐败造成的国有资产损失和医院运行效率低下等问题，加强医院行政管理人员工作作风建设和一线医务人员职业精神的培养，提高工作效率，减轻患者负担，提升人民群众对公立医院的体验感和满意度。

（四）不断提升依法规范行医，提升依法治院水平

一方面，要切实抓好规范执业，管好医疗行为。《卫健法》对诸多医院管理规范的要求上升到了立法高度。随着国家成立医保局，多部门联合发力加强对医疗卫生行业的管理，注重医疗规范，强化对欺诈骗保行为的打击，这不仅是对患者生命健康负责，也是对医院和医务人员自身的保护。同时，随着医保政策不断改革，注重行医规范、遵守临床路径，也有助于医院更好更规范地获取经济效益，高度关注患者权利保护。《卫健法》与《民法典》分别从公民和自然人的角度对“健康权”进行了明确规定，我国无论是“公法”还是“私法”都在推进对国民健康权的法定化，[①] 逐步加强对患者的权利保护。此外，《卫健法》强调对患者个人健康信息和知情权的保护，医生在进行诊疗服务时要充分履行告知义务，医院要做好相关患者信息保护的制度机制和工作规范，购置必要的信息保护设备，切实保护患者个人信息。同时，要高度重视医院临床试验中的伦理管控、数据安全与患者隐私的保护，这是《卫健法》明确的导向和要求。

另一方面，必须切实规范与社会资本合作方式。《卫健法》明确禁止公立医院与社会资本合作举办营利性医疗机构。这意味着之前存在的社会资本通过与公立医院合资设立新院区以及“一址两院”的模式将为《卫健法》所禁止。同时，对于公立医院接受社会捐赠问

① 参见曹永福：《我国加强国民健康权法治保障的伦理思考》，载《医学与哲学》2020 年第 17 期。

题要加强监管，在医院运营中以“捐赠”为名，变相给单位行贿的现象在国内医疗机构都有发生。① 而“IOT 托管”模式虽未改变政府医院的非营利性性质②，但是在《卫健法》强调坚持公立医院公益性的背景下，以提供“医院管理服务”收取医院管理费的方式，是否存在被认定为“变相分红”的风险，有待后续立法进一步明确。此外，公立医院在《卫健法》颁布之前与社会资本共办的营利性存量合作，尤其是仍处在合同有效期限内的营利性合作，如何在符合国家医改政策的前提下，既满足行业发展规律要求，也符合现代社会契约精神，推动公立医院法治化建设，保障各方利益的实现，仍然有待进一步探索。③

四、结语

《卫健法》是我国医疗卫生行业的基本法，为推动医疗卫生行业的法治化建设奠定了坚实的基础。该法总结了近年来医改的实践经验，对深入推进落实分级诊疗制度、明确我国大型公立医院的功能定位以及规范运行提出了更高要求，对于我国卫生健康事业的长远发展具有重要而深远的意义，为城市大型公立医院未来的发展指明了方向。解决好大型公立医院的功能与定位问题，就为我国医疗行业既往无序化发展提供了“一剂良方”，但作为我国卫生与健康领域的基础性、综合性法律，在实际操作层面中，还存在诸多细节性问题需要结合实践继续探索。诚如伯尔曼所言，“法律必须被信仰，否则它将形同虚设”，从良法善治出发，深入落实《卫健法》的精神，加快我国公立医院法治化进程，路虽远，行必至，实现健康中国的梦想，未来可期。

---

① 参见谈在祥、杨海涛、孙煦：《重大公共卫生事件下公立医院接受社会捐赠的法律应对》，载《医学与哲学》2021 年第 8 期。

② 参见胡晓华、郭达、易王瀚：《健康中国在路上——〈中华人民共和国基本医疗卫生与健康促进法〉解读》，载《健康中国观察》2020 年第 2 期。

③ 参见谈在祥、孙煦：《现代医院管理制度下我国公立医院法治化建设研究》，载《卫生经济研究》2021 年第 6 期。

第三章 《卫健法》第40条“两个不得”的适用

一、问题的提出

我国《卫健法》已于2020年6月1日起正式实施，作为医疗卫生行业领域的基本法，其第40条第3款规定了“两个不得”：政府举办的医疗卫生机构不得与其他组织投资设立非独立法人资格的医疗卫生机构，不得与社会资本合作举办营利性医疗卫生机构。长期以来，我国公立医院卫生机构与社会资本合作办医问题一直十分敏感、争议颇多，且国家政策规定时有反复。如2010年国务院《关于进一步鼓励和引导社会资本举办医疗机构意见的通知》（国办发〔2010〕58号）规定，“引导社会资本以多种方式参与包括国有企业所办医院在内的公立医院改制，积极稳妥地把部分公立医院转制为非公立医疗机构”。2015年国务院办公厅印发《关于促进社会办医加快发展若干政策措施的通知》（国办发〔2015〕45号）规定，“积极引入社会力量参与国有企业办医疗机构重组改制”“公立医院资源丰富的城市，可选择部分公立医院引入社会资本进行改制试点”。

表3－1 2009—2019年我国公立医疗机构与社会力量合作办医的政策梳理

年份	文件名称	发文机关	相关主要条款
2009	中共中央、国务院《关于深化医药卫生体制改革的意见》（中发〔2009〕6号）	中共中央、国务院	1. 鼓励和引导社会资本发展医疗卫生事业； 2. 积极引导社会资本以多种方式参与包括国有企业所办医院在内的部分公立医院改制重组； 3. 适度降低公立医疗机构比重

续表

年份	文件名称	发文机关	相关主要条款
2010	《关于进一步鼓励和引导社会资本举办医疗机构意见》（国办发〔2010〕58号）	国务院办公厅	1. 引导社会资本以多种方式参与包括国有企业所办医院在内的公立医院改制，积极稳妥地把部分公立医院转制为非公立医疗机构； 2. 主要对象是公立医院改革试点地区和国有企业所办的医院的剥离
2013	《关于促进健康服务业发展的若干意见》（国发〔2013〕40号）	国务院办公厅	1. 鼓励企业、慈善机构、基金会、商业保险机构等以出资新建、参与改制、托管、公办民营等多种形式投资医疗服务业； 2. 放宽中外合资、合作办医条件；完善政府投资补助政策，通过公办民营、民办公助等方式，支持社会资本举办非营利性健康服务机构
2013	《关于加快发展社会办医的若干意见》（国卫体改发〔2013〕54号）	原卫生部	1. 提升非公立医院机构的“学术地位”； 2. 非营利性医院优先纳入医学高等院校教学医院范围； 3. 鼓励大型公立医疗机构对口支援非公立医疗机构。扩大公立医疗机构医务人员多点执业，实现医务人员合理流动
2015	《关于促进社会办医加快发展若干政策措施的通知》（国办发〔2015〕45号）	国务院办公厅	1. 推动国有企业办医院分离移交或改制试点，建立现代法人治理结构；积极引入社会力量参与国有企业办医疗机构重组改制。 2. 公私医疗机构开展多种形式的人才交流与技术合作；鼓励具备医疗机构管理经验的社会力量通过医院管理集团等多种形式，在明确责权关系的前提下，参与公立医疗机构管理。 3. 鼓励企业、慈善机构、基金会、商业保险机构等社会力量办医，扩大卫生资源总量；鼓励社会力量以出资新建、参与改制等多种形式投资医疗，优先支持举办非营利性医疗机构。公立医院资源丰富的城市，可选择部分公立医院引入社会资本进行改制试点

续表

年份	文件名称	发文机关	相关主要条款
2016	《关于开展医疗联合体建设试点工作的指导意见》（国卫医发〔2016〕75号）	原国家卫生计生委	提出“允许”社会办医疗机构纳入医联体
2017	《关于推进医疗联合体建设和发展的指导意见》（国办发〔2017〕32号）	国务院办公厅	提出“鼓励”社会办医疗机构纳入医联体
2017	《关于支持社会力量提供多层次多样化医疗服务的意见》（国办发〔2017〕44号）	国务院办公厅	1. 支持社会办医机构引入战略投资者与合作方，加强资本与品牌、管理的协同，探索委托知名品牌医疗实体、医院管理公司、医生集团开展经营管理等模式。 2. 支持社会办医机构强强联合、优势互补，培育高水平、规模化的医疗集团。 3. 允许公立医院根据规划和需求，与社会力量合作举办新的非营利性医疗机构。严格落实公立医院举办特需医疗有关规定，除保留合理部分外，逐步交由市场提供。 4. 鼓励公立医院建立完善医务人员全职、兼职制度，多点执业制度，加强岗位管理，探索更加灵活的用人机制
2019	《卫健法》	全国人大常委会	1. 支持和规范社会力量举办的医疗卫生机构与政府举办的医疗卫生机构开展多种类型的医疗业务、学科建设、人才培养等合作； 2. 政府举办的医疗卫生机构不得与其他组织投资设立非独立法人资格的医疗卫生机构，不得与社会资本合作举办营利性医疗卫生机构； 3. 国家鼓励政府举办的医疗卫生机构与社会力量合作举办非营利性医疗卫生机构； 4. 非营利性医疗卫生机构不得向出资人、举办者分配或者变相分配收益

然而，从上述的政策和法律沿革来看，正是在国家政策的支持和引导下，我国医疗卫生体制改革的实践、各级地方政府对于公立医院所有制改革的探索从未停止。由于我国医疗卫生服务供给总量不足，且各级财政无法维系庞大的公立医疗卫生系统所需要的资金，因此，近年来我国从政策上一直鼓励社会资本办医，民营医院如雨后春笋般涌出。① 民营医院在数量上已经超过公立医疗机构，但由于医疗机构对人才和学科的依赖，造成民营医院所承担的医疗服务的"量"和"质"又远低于公立医疗机构，公立医疗机构的主体地位无法撼动。② 此外，如果离开高水平的公立医院的支持，不少社会资本举办的民营医院将举步维艰。因此，2014年前后我国多地探索公立医疗卫生机构与社会资本合作举办混合所有制医疗卫生机构。北京、江苏、浙江、湖北、重庆等地公立医疗机构与社会资本合作举办的一大批混合所有制医院已经成为改革的试点。

我国《卫健法》从保障人民健康权出发，"两个不得"进一步明确公立医疗机构的公益性。从既往医疗卫生行业的实践看，公立医疗机构"承包科室""出租药房""院中院"等合作模式，皆因社会效果差、群众反映强烈、损害医疗公益性，普遍被行政主管部门采取"一刀切"的办法加以禁止。《卫健法》因强化公立医疗机构的公益性和保障国民健康的现实需要，在公立医疗机构与社会资本合作方面阻断了既往政策的延续性。新法颁布后，对既往公立医疗卫生机构与社会资本合作办医的存量部分是继续采取以往的"一刀切"加以取缔，还是遵循"法不溯及既往"的基本法治精神、本着实事求是原则，依法依规，妥善处理，是立法部门与各级政府必须要充分考量的现实问题。

二、对《卫健法》第40条立法主旨的系统考察

我国《卫健法》第40条虽着墨不多，但其实践意义重大，涉及未来公立医疗卫生机构的收入与支出、对外合作等核心问题，为了说清

---

① 参见阚为、孙虹：《公私医院合作办医与政府作用机制研究》，载《湖南社会科学》2015年第6期。

② 参见谈在祥、杨海涛、孙煦：《重大公共卫生事件下公立医院接受社会捐赠的法律应对》，载《医学与哲学》2020年第8期。

“两个不得”适用的法理，必须系统考察《卫健法》第40条相关条款的政策严格与内在逻辑。

（一）对《卫健法》第40条第1款的考察与分析

《卫健法》第40条第1款规定：政府举办的医疗卫生机构应当坚持公益性质，所有收支均纳入预算管理，按照医疗卫生服务体系规划合理设置并控制规模。“所有收支均纳入预算管理”简单讲就是对公立医疗卫生机构预算进行全额管理，实施财政的“收支两条线”。应该说立法的初衷是好的，是想从根本上扭转既往公立医院在发展过程中的“逐利”倾向，确保公立医院公益性的实现。公立医疗卫生机构收入与支出分离，类似政府机关和全额拨款的事业单位，未来即使公立医院挣钱再多与收入分配无关，支出预算外即使收入再多，也不得用于分配。

这一条款的潜在隐患在于有可能会削弱公立医疗机构现有经济运行模式的竞争激励机制，不利于调动医务人员的工作积极性，影响公立医疗卫生机构提供医疗服务的“量”和“质”，如果待遇得不到保障，将会导致大面积的人才外流。此前，乡级医院医务人员绩效改革的情况看，这一模式容易导致医务人员不愿意给患者看病。此外，我国公立医疗卫生机构数量庞大，收支不挂钩，基础预算如不扎实，假设长期收不抵支，将给地方财政带来沉重负担。因此，合理规划公立医疗卫生机构设置，限制其规模，防止无限扩张，必然成为各级政府主动作为应有之义。

此外，公立医疗机构“收支两条线”在我国各地一直以来多有实践，从效果上看，对于乡级医院、社区医院等小型医疗卫生机构颇受欢迎，可以从财政上保障医务人员的基本待遇，稳定基层卫生人才队伍，对于医疗卫生行业的“保基本、保基层”有重要意义。但这一政策对大型公立医院而言，由于医院医务人员绩效分配的复杂性，这一措施将难以体现“效率与公平”“竞争激励机制”的实现，对绝大部分大型医疗卫生机构现行的运营模式或将是严峻的挑战和考验。

（二）对《卫健法》第40条第2款的考察与分析

《卫健法》第40条第2款规定：“国家鼓励政府举办的医疗卫生机构与社会力量合作举办非营利性医疗卫生机构。”这一条款虽然非强制性条款，但具有极强的指引作用，即国家希望社会力量与公立医疗卫生机构合作办医，应当是“非营利性”。逐利是资本的天性，社会资本与公立医疗机构既往的合作，乱象丛生，从体制上设定合作为“非营利性”，能够有效避免既往因逐利而影响医疗机构公益性的问题。

医疗体制改革是世界性难题，吸引社会资本办医是国际上常用的做法。我国多措并举支持社会资本举办医疗机构，一方面，可以减轻政府的财政负担；另一方面，可以满足人民群众多层次的医疗服务需求。当下，社会资本举办独立的营利性医疗卫生机构已经遇到发展的“瓶颈”，不少独立运行民营医院发展举步维艰。由于医疗行业对学科、人才、技术的要求明显高于其他行业，迫切需要高水平的公立医院以各种形式进行支持与帮助，公立医疗机构与社会资本合作举办混合所有制营利性医疗卫生机构的探索与实践，能够在一定程度上减轻社会资本办医的顾虑，吸引更多优质社会资本投入医疗卫生行业。“非营利性医疗机构”的指向，使大部分社会资本可能会因无法分配利润，而很难再涉足医疗卫生行业的投资。

法律的指引与政策的导向已经十分明确，公立医疗机构是我国医疗卫生行业的“主力军”，限制社会资本的逐利性，防止过度市场化，确保医疗的公益性是当下立法的价值取向。这就需要各级政府必须加大对医疗卫生行业的资金投入，才能保证我国庞大的公立医疗卫生机构平稳健康发展。

（三）对《卫健法》第40条第3款的考察与分析

《基本医疗与健康促进法》第40条第3款规定：政府举办的医疗卫生机构不得与其他组织投资设立非独立法人资格的医疗卫生机构，不得与社会资本合作举办营利性医疗卫生机构。“两个不得”的提出是坚持公立医院公益性的体现，从我国公立医院在行业的主导地位来看，这一规定也是保障人民生命健康的重要选择。

首先，关于第一个“不得”，即“政府举办的医疗卫生机构不得与其他组织投资设立非独立法人资格的医疗卫生机构”，这一规定是既往国家医疗卫生行业乱象所秉持的管控政策的延续。我国公立医疗卫生机构快速发展过程中，各地曾经出现后来广为诟病的公立医院“承包科室”“共建病区”“出租药房”，与社会资本合作举办各类非独立法人的“院中院”“医疗中心”等非独立法人医疗机构。社会资本借助公立医院的外壳逐利，严重损害了公立医院公益性和人民群众的生命健康权，对外合作项目也加剧了医疗卫生行业滋生各种腐败问题。我国就该类合作的管理从未放松，在《医疗机构管理条例》《关于城镇医疗机构分类管理若干问题的意见》《医疗机构工作人员廉洁从业九项准则》等政策文件中均已明令禁止。因此，该类合作项目在我国公立医疗卫生机构中存量不会太大，且公立医疗卫生机构在该类合作中居于主导地位，通过立法固化既往医改措施的成效，敦促公立医疗卫生机构彻底铲除特定历史时期畸形产物，能够实现政治效果、法律效果和社会效果的统一。

其次，“两个不得”中的第二个“不得”，即“公立医疗卫生机构不得与社会资本合作举办营利性医疗卫生机构”。这一条款是社会普遍关注的条款，如何对待存量的该类合作项目也必将是实践中的难题。由于此前国家政策对公立医疗卫生机构与社会资本合作举办混合所有制营利性医疗卫生机构持支持态度，特别是2010年以后，几乎一直鼓励公立医院与社会资本在合作办医上进行体制机制的探索和实践。各级地方政府针对支持公立医疗卫生机构与社会资本合作举办混合所有制医院进行了大胆的尝试，近年来，各地有一大批存量的该类合作项目，且在当时的政策背景下多为合法合规的项目。面对我国医疗卫生行业的基本法——《卫健法》的新要求，既往合作的存量混合所有制医疗卫生机构将何去何从？是沿用既往医疗卫生行业对群众反映强烈的医疗问题“一刀切”的做法，还是本着“法不溯及既往”的基本法治精神，遵循实事求是的原则，依法依规妥善处理好存量混合所有制合作，是摆在当下各级党委政府必须认真考量的重大现实问题。

此外，综合分析《卫健法》第40条第3款，本部分以为内在逻辑性和关联度不足。第1款从立法层面规定公立医疗卫生机构财政“收支两条线”，这一规定与第2款、第3款之间并无内在逻辑关系。且第2款“鼓励”社会资本与公立医疗机构合作举办“非营利性”医疗机构，综合第3款“两个不得”的要求，“鼓励”实际上是“必须”，第2款与第3款内容具有一致性，“鼓励”一词反而可能会导致对第40条第3款的误解。

三、对第40条中“两个不得”适用建议及其展开

《卫健法》第40条“两个不得”如何适用，对于未来公立医疗机构对外合作的增量来说必须按照法律要求不折不扣地执行，法谚云：“法律必须被信仰，否则它将形同虚设。”然而，对于公立医疗机构与社会资本合作的存量，特别是此前政策允许的混合所有制改革的试点，需要坚持“法不溯及既往”的基本法治精神、“实事求是”的原则和“契约”精神，加以妥善处理。

（一）应当遵循“法不溯及既往”的原则，否认新法对存量合作的溯及力

我国《立法法》第104条规定：法律、行政法规、地方性法规、自治条例和单行条例、规章不溯及既往，但为了更好地保护公民、法人和其他组织的权利和利益而作的特别规定除外。因此，法律不得溯及既往不仅是司法原则，还是立法原则。《卫健法》对社会资本与公立医疗机构的合作项目的规定是否可以追溯？本部分认为当然不可。

彻底取缔“两个不得”中第一个“不得”：政府举办的医疗卫生机构不得与其他组织投资设立非独立法人资格的医疗卫生机构，并非对“法不溯及既往”原则的违反。我国卫生行政主管部门通过政策法规，明确“不得承包或者变相承包科室”、“不得出租药房”以及各类非独立法人的“医疗中心”和“院中院”等合作形式。社会资本借助公立医疗机构的无形资产、营业资格、技术品牌等类似合作模式，已经为政策法规所禁止。通过立法加以固定政策的成效是指引、敦促医疗卫生行业主管部门进一步彻底清理既往存量违规项目。从实际操作层面看，社会资本与公立医疗卫生机构合作举办的非独立法人的医疗机构所依托的主体是公立医疗卫生机构，政府具有主导权和决定权，终止合作项目也会相对比较容易。

对“两个不得”中的第二个“不得”：公立医疗机构不得与社会资本合作举办营利性医疗卫生机构。本部分认为，必须要坚守“法不溯及既往”的基本原则，不宜采取过去“一刀切”加以禁止的做法，应当彰显法治政府的自信。实践中，政府举办的公立医疗卫生机构与社会资本合办营利性混合所有制医疗卫生机构的情况存量不少。因涉及

相关医疗卫生机构所有权权属的问题，面广量大，已经超出了公立医疗机构（政府）自身主导的范围，如果采取“一刀切”的做法，可能无法实现政治效果、法律效果与社会效果的统一，却必然违反“法不得溯及既往”的基本法治精神，也会给各级政府因终止该类合作项目带来沉重的经济和社会负担。

（二）应当坚持“实事求是”的原则，对存量合作项目妥善处理，保证医疗机构公益性

医疗机构的“营利性”与“公益性”并不必然矛盾。以高校为例，我国民办营利性高校，经过数十年的发展，不少民办高校已经脱颖而出，并且实现了高等教育“公益性”与“营利性”相得益彰。

诚然，公立非营利性的医疗机构能够最大化“公益性”，但人民群众的医疗卫生服务需求是多元化的，存量中部分“公立医疗机构与社会资本合作举办营利性的医疗卫生机构”也绝非洪水猛兽，可以作为公立医疗机构的有效补充，继续发展好、管控好。

因此，笔者认为，不宜采取“一刀切”的办法，将所有存量的公立医疗机构与社会资本合办的营利性医疗机构回归当前的法律要求。特别是对那些社会效益和经济效益良好，合作方都比较满意的营利性医疗机构，可以继续保留。对于群众反映强烈，公益性差的合作项目可由地方政府主导对所有权进行清理，终止合作，或者通过协商将营利性医疗卫生机构调整为“非营利性”。

（三）应当遵守“契约”精神，选择性适用“情势变更”原则，彰显法治政府的胸怀

契约精神是建设法治社会和法治政府的必然要求，而大陆法系国家民法中常有“情势变更”原则。一般而言，我国公立医疗卫生机构与社会资本合作协议文本中，多有“因国家法律法规的调整”等条款，作为协议终止或无效的特别规定。如果协议中有该类条款，也为社会资本与公立医疗机构（政府）合作举办的营利性医疗卫生机构的“和平分手”解除契约提供了法律依据。当然，也可根据“情势变更”原则①，通过法律途径协商处理。

---

① 史尚宽：《债法总论》，中国政法大学出版社2000年版，第546－547页。

（四）对《卫健法》第40条“两个不得”适用的具体建议

1. 建议尽快出台《卫健法》相关司法解释，便于更好地指导司法实践。《卫健法》固化了我国医疗卫生体制改革的实践成果，但仍然有部分条款需要通过司法解释增强其适用性。此外，《卫健法》第40条第1款规定的公立医疗卫生机构“收支两条线”的规定，需要通过由点到面、自下而上逐步推开，特别是对于大型城市公立医疗卫生机构实施起来要慎之再慎，避免引发连锁性不良反应。

2. 建议社会资本与公立医疗机构合作的“非独立法人医疗卫生机构”的存量合作项目，通过卫生健康行政主管部门明确加以全面彻底禁止。

3. 建议对公立医疗卫生机构与社会资本“合作举办营利性的医疗卫生机构”存量项目，不采取“一刀切”的做法加以禁止，而应该遵循实事求是的原则，按照“法不溯及既往”的基本精神，由各级地方政府主导，根据合作运营情况，依法依规合理处置。保留的混合所有制营利性医疗卫生机构，各级政府必须进一步加强监督，确保医疗机构的公益性，也可通过协商将混合所有制营利性医疗卫生机构调整为“非营利性”。总之，必须坚持用法治思维和方法妥善处理存量合作项目，杜绝增量项目，最终实现政治效果、法律效果与社会效果的统一。

第四章　公立医疗机构与社会资本合作办医的政策与法律边界

罗马医学家盖伦曾说："作为医生，不可能一方面赚大钱，一方面从事伟大的艺术——医学。"① 医疗的公益属性是医学应有的重要属性之一，而马克思的《资本论》则认为，逐利是资本的天性，如果资本有超过100%的利润，它就敢践踏一切人间的法律。② 公立医疗机构与社会资本合作办医在我国是一个颇有争议的地带，也是实践中的难题，我国在这一领域的卫生政策与法律探索多有反复。2019 年年底《卫健法》颁布，有医疗卫生领域"宪法"之称的该法第 41 条和第 42 条对公立医疗机构与社会资本的合作办医进行了严格约束。正确理解法条的立法主旨、科学厘清公立医疗机构与社会资本合作办医的合法性边界，对于指导我国医疗机构和社会资本合作将十分有益，本章尝试在现有政策与法律框架内对社会资本和公立医疗机构合作办医进行系统性考察。

一、我国公立医疗机构与社会资本合作办医政策与法律历史沿革

近年来，我国积极引入社会资本与公立医疗机构合作办医，有效填补了国家在医疗服务领域的投入不足，促进了公立医疗机构通过与

---

① 卢启华主编：《医学伦理学》（第 2 版），华中理工大学出版社 1999 年版，第 38 页。

② ［德］马克思：《资本论》（第 1 卷），郭大力、王亚南译，人民出版社 1958 年版，第 839 页。

社会资本竞争与协作，实现医疗质量升级、效率提升等方面的社会期待。同时，政府针对社会资本参与医疗实践中产生的诸多问题，从多方面加以管控，以保障医疗的公益性要求。从政策和法律历史沿革来看，近10年来，鼓励社会资本办医是我国一以贯之的国策。从实际效果来看，经过多年的政策支持，我国民办医疗机构的数量已经超过了公立医疗机构；但从总体上看，民营医疗机构的社会贡献度、民众的信任度和核心竞争力远远落后于公立医疗机构。从政策的导向来看，政府希望通过政策的支持，公立医疗机构的帮扶，最终发展壮大民营医疗机构，进一步减轻财政投入的压力，实现多元化办医的格局，目前看这一政策预计短期内很难实现。

二、当下公立医疗机构与社会资本合作办医的政策与法律边界

《卫健法》固化了我国历年来医改中好的政策与措施，其中对于公立医疗机构与社会资本的合作办医提出了新要求，其第40条第2款规定：国家鼓励政府举办的医疗卫生机构与社会力量合作举办非营利性医疗卫生机构。第41条第1款规定，国家支持和规范社会力量举办的医疗卫生机构与政府举办的医疗卫生机构开展多种类型的医疗业务、学科建设、人才培养等合作。

（一）公立医疗机构与社会资本合作办医可为模式

基于《卫健法》第40条第2款之规定，国家鼓励政府举办的医疗卫生机构与社会力量合作举办非营利性医疗卫生机构。对这一条款的理解，需要从以下方面进行考量。

关于医疗卫生机构的概念，狭义的医疗卫生机构，在该条款中主要指“医疗机构”。2016年颁布的《医疗机构管理条例》第2条规定，本条例适用于从事疾病诊断、治疗活动的医院、卫生院、疗养院、门诊部、诊所、卫生所（室）以及急救站等医疗机构。上述医疗机构既可以是营利性机构，也可以是非营利性机构；既可以是企业性质，也可以是事业单位性质。广义的医疗卫生机构，包括专业的公共卫生机构，根据2019年国家卫生健康委员会和中商产业研究院发布的医疗卫生机构的统计数据，还包括疾病预防控制中心、妇幼保健机构、专科疾病防治院（所、站）、卫生监督所（中心）计划生育技术服务机构和

其他机构。

关于“社会资本”，我国目前对社会资本尚未有明确的概念和标准，其主要是区别于政府力量而言，相对比较宽泛，一般是指社会团体、企业组织、各类基金会、事业单位和其他机构各类社会组织。有学者认为，社会资本是区别于国有资本、涉外资本之外其他投资主体。[①] 而根据国家财政部发布的《政府和社会资本合作模式操作指南》（已失效），其将社会资本定义为已建立现代企业制度的境内外企业法人，但不包括本级政府所属融资平台公司及其他控股国有企业。例如，大学将符合条件的政府举办的公立医疗机构通过合作共建成为大学附属医院，这一行为显然符合本条款中“鼓励”的范围。此外，我国香港特区邵逸夫基金会在内地冠名资助建设多所“邵逸夫医院”。又如，国内一些大型企业集团与公立医院合作或以注资的方式合办非营利性的公立医疗卫生机构的行为都是政府鼓励和支持的合作方式。

本条款的关键在于合作举办的医疗机构的性质必须为“非营利性”，即设立的医疗卫生机构一般不能以营利为目的，或者盈利部分不能对投资主体之间进行分配，只能用于医院的建设和发展。“合作举办”就可以是兴办，也可以是与既有政府举办的公立医疗机构的联合。《卫健法》第41条第1款规定，国家支持和规范社会力量举办的医疗卫生机构与政府举办的医疗卫生机构开展多种类型的医疗业务、学科建设、人才培养等合作。该款的理解重点在于：社会力量举办的医疗卫生机构，包含社会资本举办的营利性医疗机构和非营利性医疗机构。两者合作办医的主要类型包括医疗业务、学科建设和人才培养等方面。从文义理解合作是双向的，既可以通过合同约定双方的权利和义务，实现政府举办的公立医院从医疗业务、学科建设和人才培养方面支持社会力量举办的营利性医疗机构或非营利性医疗机构；反之亦然。此外，2017年国务院颁布的《关于推进医疗联合体建设和发展的指导意见》（国办发〔2017〕32号）明确提出，“根据社会办医疗机构意愿，可将其纳入医联体”“鼓励医联体通过技术支援、人才培养等方式，吸

① 参见邓英、陈蓉：《湖南省农村社会办医的困境及其法律对策研究》，载《管理观察》2019年第12期。

引社会办医疗机构加入并发挥作用”，其产权归属保持不变，原财政补助经费渠道不变。

实践中，如果社会资本设立的营利性医疗机构或者医疗集团托管、注资，或者参与公立医疗机构改制等活动，存在制度的“瓶颈”，第40条第2款要求成立公立医疗机构非营利性的性质不能变，即公立医疗机构即使产生利润，也不能用于投资主体的分红，如此，社会资本投资的回报通过何种方式得以实现？从国内的案例看，社会资本实现回报的方式主要有：通过其自身的产业链优势，在医院基础设施建设、医药流通供给、医养结合、特需医疗等方面来实现。如国内复兴医药集团注资部分医疗机构合作办医的模式。

（二）公立医疗机构与社会资本合作办医的禁为模式

《卫健法》第40条第3款明确作了公立医疗机构与社会资本合作办医的禁止性规定，即“政府举办的医疗卫生机构不得与其他组织投资设立非独立法人资格的医疗卫生机构，不得与社会资本合作举办营利性医疗卫生机构”。这一条款规定了合作的红线，打破了既往政策在这一领域的尝试。

1. 严禁公立医疗卫生机构与社会资本合作举办非独立法人医疗卫生机构。该条款的前半部分规定：“政府举办的医疗卫生机构不得与其他组织设立非独立法人资格医疗卫生机构。”该条款是对2015年国务院颁布的《关于促进社会办医加快发展的若干政策措施》的限制，国务院文件当时明确社会资本通过特需经营、公建民营、民办公助等模式，举办非营利性医疗机构，未明确禁止社会资本与公立医疗机构合作举办营利性机构。近年来，我国地方政府和公立医疗机构在探索社会资本进入公立医疗机构的路径中所形成的、包括后来被广为诟病的合作方式——公立医院承包有关科室给社会资本参与分成、公立医院有关科室与社会资本合作约定收益分成、社会资本通过在公立医疗机构投放大型医疗设备获取高额回报、社会资本与公立医院合作举办非独立法人的院中院（中心）参与分成等方式为法律所禁止。同时，《卫健法》第39条第4款进一步明确医疗卫生机构不得对外出租、承包医疗科室。当然，从法律效果上看，强化了医疗机构的公益性，也无疑将增大医院的经营成本和盈利能力的压力，政府层面需要从制度上予以保障投入和稳定医务人员的收入水平。

2. 严禁公立医疗卫生机构与社会资本合作举办营利性医疗卫生机构。该条款后半部分即对此进行了规定。进一步明确公立医疗卫生机构与社会资本合作的路径，那就是只能设立非营利性医疗机构，不能改变医疗机构的性质，而且“非营利性医疗卫生机构不得向出资人、举办者分配或者变相分配收益”。这一规定是对既往公立医疗卫生机构改变性质，从非营利性转制为营利性与社会资本合作分成模式的否定，同时是对一部分大型公立医院与社会资本合作成立营利性新的医疗机构模式的否定。

上述法条涉及溯及力的问题，即对既往已经采取上述合作模式的是否产生法律效力的问题。我国《立法法》第104条明确规定：法律、行政法规、地方性法规、自治条例、规章不溯及既往，但为了更好地保护公民、法人和其他组织的权利和利益而作的特别规定除外。该条文前半部分肯定了“法不溯及既往”原则，后半部分是对“法律溯及既往”的例外规定。本部分认为，应该遵循法不溯及既往的基本原则，尊重历史过程中已经形成的客观事实，既往契约待合同到期后予以中止。但从各地的做法来看，普遍采取了“一刀切”的做法，对存量合作项目采取明令取消的方式，即承认该款规定具有法律溯及力。

（三）常见合作模式合法、合规性评析

随着医改不断进入深水区，“三医联动”加强、药品和耗材带量采购，不少公立医院的营利能力不断减弱，甚至入不敷出，负债累累，亟须社会资本“输血”。另外，我国幅员辽阔，医药行业有着巨大市场，社会资本参与公立医疗机构投资的动力很强，纵观各地对社会资本参与医疗机构的改革多有尝试。值得注意的是，成文法总是滞后于丰富多彩的社会生活，公立医疗机构与社会资本合作办医的形式依然多样，在《卫健法》的框架中，厘清合法与非法的边界也殊为不易。

1. 社会资本通过无偿捐赠或长期试用，为公立医疗卫生机构提供医疗设备，并通过供应该设备配套使用的耗材谋取利益行为合法合规性评价

公立医疗机构有权接受社会捐赠，但必须具备以下几个前提：（1）以法人名义接受捐赠。即只有医疗机构法人或者医院的基金会

才有权接受捐赠，医院下属科室和个人无权接受社会捐赠。（2）获捐财物必须由单位财务部门统一管理，需要履行严格的财务管理制度。（3）不得附加影响公平竞争的其他捐赠协议条款。（4）捐赠财物用于公益性非营利性业务活动。① 因此，社会资本无偿捐赠医疗设备通过其配套的耗材营利模式合法合规性的前提是：（1）该设备只能捐赠给公立医疗机构法人，一般为医疗机构或者其所属基金会。（2）该设备捐赠后应按照国有资产管理程序办理入库。（3）该医疗设备所使用的耗材不应具有排他性或者唯一性。（4）该设备使用的耗材必须通过合法合规招采程序进入接受捐赠的医疗卫生机构。

对于通过以“长期试用”的方式提供给医疗机构，从现有法律和制度框架属于违法行为，《卫健法》第 38 条、第 39 条规定，非营利性医疗卫生机构不得向出资人分配收益，禁止伪造、变造、买卖、出租、出借医疗机构执业许可证。“长期试用”的行为可被视为医疗卫生机构“出借执业许可”，因为提供医疗设备的公司不具有医疗执业许可，而通过医疗机构“长期试用”设备的所有权仍属于公司，并通过公立医疗卫生机构开展了诊疗活动，因此，该行为属于变相“出借”执行许可证书，系法律法规所禁止的行为。

2. 公立医疗卫生机构通过融资租赁方式采取分期付款采购使用大型医疗设备行为的合法性考察

当下，大型公立医疗机构普遍面临资金困境，医疗行业政策严禁公立医院举债建设，金融机构的贷款以及其他集资行为都被明令禁止，导致公立医疗机构资金筹措的渠道单一。② 同时，医疗机构之间的竞争日趋激烈，各家医院对于先进的大型医疗设备的需求非常迫切。2016 年国务院办公厅下发的《关于促进医药产业健康发展的指导意见》第 11 条规定：探索医疗器械生产企业与金融租赁公司、融资租赁公司合作，为各类所有制医疗机构提供分期付款采购大型医疗设备的服务。该条款为公立医疗机构通过与融资租赁公司、金融租赁公司采用分期

① 参见郑大喜：《公立医院接受捐赠内部控制、账务处理与信息披露》，载《现代医院管理》2018 年第 3 期。

② 参见郭琳、车士义：《医疗健康产业的融资模式与风险管理》，载《金融理论与实践》2017 年第 5 期。

付款的方式采购大型医疗设备提供了政策依据。《卫健法》未对此作出禁止性规定。因此，本部分认为公立医疗卫生机构采用分期付款的方式从金融或融资租赁公司采购医疗设备的行为不为法律所禁止，是医疗机构可以开展的一项融资业务。

3. 公立医疗卫生机构出让药房等部分非医疗服务项目有第三方托管行为合法合规性评价

随着药品带量采购的深入实施，公立医院药房从过去的“聚宝盆”和“摇钱树”，变成了医院运营过程中迫切希望丢弃的“成本包袱”和“经营负担”。近几年，我国不少医疗机构开始尝试让第三方机构进行“药房托管”，以减轻医疗机构的成本负担。所谓“药房托管”，即医院药房在所有权不发生变化的前提下，医院通过契约的形式，将药房交给具有较强经营管理能力的医药企业进行有偿经营与管理，而药房的所有权仍旧属于医院。2016 年据《经济参考报》调查，此前全国范围内，约有半数以上的二级及以下医院已实施或计划实施药房托管。但总体看来，其发展历程几经起伏，多数试点以失败告终，实施的效果并未达到预期。相反，在部分试点凸显了很多问题，并未实现遏制药价虚高的政策初衷，甚至背道而驰。2018 年 11 月 26 日，国家卫健委、国家中医药管理局联合下发《关于加快药学服务高质量发展的意见》，该意见第 6 条规定：“坚持公立医院药房的公益性，公立医院不得承包、出租药房，不得向营利性企业托管药房。”此后，北京、山东、四川、广东、青海、江苏等省市分别发文呼应，禁止公立医疗机构与第三方机构开展药房托管业务。因此，公立医疗机构出租、承包药房的“托管”行为不具有合法合规性。

此外，我国大型医疗卫生机构为了进一步优化流程、降低成本、提高效率，纷纷开展药品、耗材的 SPD（Supple，Processing and Distribution）模式。其中开展比较多的是医用耗材的 SPD，SPD 配送商通过信息系统进行医用耗材的供应、库存、加工、物流等集中管理统一配送，实现医院耗材的订购、验收，并高效及时配送至临床一线的物流管理的模式。这一管理模式在欧美、日本等国滥觞已久，实践效果明显。国内不少大型医院的尝试也证明了这一模式对于降低医院经营成本、提高耗材配送效率、加强耗材使用的质量管理等方面成效显著。需要关注的是，SPD 模式容易造成配送商对医疗机构数据信息的泄漏、耗材供应的垄断以及可能存在利益输送等诸多问题。但这一模式未被法律法规和国家卫生行政部门所禁止，公立医院开展药品耗材的 SPD 合作不具有违法性。从长期看，这一合作模式与药房托管行为有异曲同工之处，也因此具有较强的政策不确定性和决策风险，这一模式在高度重视医疗机构公益性的当下，有可能随时会被国家叫停。①

4. 公立医疗卫生机构、社会资本“托管”医疗卫生机构行为合法合规性边界考察

公立医院托管，指公立医院产权所有者（委托方，一般为政府）通过签订托管合同，将公立医院的经营管理权交由具有较强经营管理能力，并能够承担相应风险的医疗集团或医院（受托方），受托方有条件地管理和经营委托方的全部或部分资产，并实现资产增值保值的一种医院经营管理方式。

实践中，双方的合作既可以是公办民助，也可以是民办公助，多见于大型城市三级公立医院托管二级以下医院或医疗管理集团等社会资本托管经营不好的公立医院，常见形式包括直接托管和医疗联合体。2018 年，为规范医联体建设，《医疗联合体综合绩效考核工作方案》出台，从制度层面确认其合法合规性。一般而言，托管方与被托管方通过协议，由被托管方承担合理的人力成本和管理费用。托管行为是否合法，取决于以下几个方面：（1）不得涉及公立医院所有权性质的变更及改变公立医院非营利性的性质。（2）托管协议不能约定合作利润分配事宜。托管方可以通过目标管理，合理约定管理费用和人力资源成本，但利润分配为《卫健法》所明文禁止，也不得变相分配经营利润。（3）落实管办分离原则。即公立医院的举办者，地方政府不能参与管理。②（4）其管理体制可在医院层面成立理事会或管委会，实现托管方对被托管方实质性经营管理。

---

① 参见吴涛等：《从风险管控视角谈医院 SPD 项目在资产全生命周期中的管理》，载《中国卫生经济》2018 年第 10 期。

② 参见阚为、孙虹：《公私医院合作办医与政府作用机制研究》，载《湖南社会科学》2015 年第 6 期。

5. 公立医疗卫生机构与社会资本合作共建“互联网医院”的合法合规性考察

2018年，国家卫健委和国家中医药管理局联合发布了《互联网诊疗管理办法（试行）》、《互联网医院管理办法（试行）》和《远程医疗服务管理规范（试行）》（国卫医发〔2018〕25号）。这三个文件明确规定：“互联网医院必须有实体医疗机构。”即没有实体医疗机构的互联网医院从事诊疗行为将被视为违规，不能存在脱离实体的互联网医院。第三方申请举办互联网医院取得牌照的前提，必须要跟一家实体医疗机构建立紧密的合作。互联网企业依托实体公立医院，同时与其他医院在线上广泛合作的模式从现有政策文件来看，是被政策所允许的，同样所依托的实体公立医院，应当连带承担因其诊疗行为所产生的法律责任。

6. 公立医疗卫生机构与社会资本合办病理、影像、检验中心的合法合规性考察

医疗活动的诊断环节至关重要，而现代医学发展到今天，医学诊断对设备和技术的依赖也日益增强。其中病理诊断是外科手术的前提和基础，病理医生的诊断水平异常重要，从发展现状看，国内大多数医院的病理科不断萎缩，技术力量呈下滑趋势，因此建设区域性高水平病理诊断中心符合医疗卫生体制改革的现实需要。此外，影像和检验的诊断对大型设备依赖性强，投入资金要求高，特别是诊断结果影响治疗的方案和效果，社会资本介入该领域的意愿强烈。基于最新的法律法规的要求，公立医疗卫生机构与社会资本合办该类中心合法合规的前提是：（1）该中心如需进行利润分成，一般应该由社会资本或者第三方独立设置，并取得诊疗资格。其关键点在于如果是营利性法人机构，同时应取得病理、影响、监测医疗准入资格。（2）公立医疗机构参与该类中心的合作，一般主要是基础技术、人力资本的投入，可以收取技术服务费用和人力资本的合理回报。（3）如果该类中心是依托公立医疗卫生机构的行业医疗准入资格进行运营，则不能进行利润分成，否则可能构成出租、出借医疗机构执业资格或者违反公立医院“利润分成”的禁止性条款。

三、建议与展望

（一）立法层面应大力支持公立医院与社会资本采取多种形式的合作办医

医疗卫生体制改革是国际性难题，“看病难、看病贵”在世界上多数国家也是普遍存在的现象。政府对医疗卫生投入的有限性与国民对医疗服务需求的无限性是无法弥合的一对矛盾。因此，从体制机制上调动社会力量参与医疗卫生事业是被各国证实的行之有效的途径。当下，医改进入深水区，也面临诸多迟迟得不到破解的难题。分级诊疗制度落实情况差，大医院人满为患，小医院门可罗雀的现象依然存在。大型公立医院社会贡献度大，但过去数十年的发展主要依赖于“以药养医、以耗养医”，在“药耗带量”政策不断落地的情况下，如何通过增加医疗服务费用和政策投入，调动医务人员的积极性、实现大型公立医院可持续发展，是医疗体制改革下一阶段面临的新问题。

民营医疗机构的数量在过去的十年已经实现了大规模的增长，截至2019年9月底①，我国拥有民营医院21,671个，占比64.5%，公立医院11,918个，占比35.5%，但公立医院的诊疗达到23.6亿人次，民营医院只有4.2亿人次，公立医院的医疗贡献度达到85%。从数量上看，社会资本举办的民营医疗机构已经远超公立医院，早期发展中“多而不强”“公益性差”“可信度低”等问题客观存在，并被广为诟病。当然，近些年不乏优秀的民营医疗卫生机构，正在不断涌现。

良法是善治的前提。因此，从立法上支持公立医院与社会资本多渠道的合作办医，② 其目的就是要在公立医院人才、技术和学科的拉动下，全面带动民营医院的内涵发展，做大做强民营医疗卫生机构，从而提升我国医疗服务保障水平。民营医院与公立医院错位发展，在提供高端医疗、特需医疗服务等方面发挥优势和特长，一方面满足了社会不同阶层人群对医疗服务的特殊需求；另一方面节约了医保资金的

① 《2019年1—9月中国医院行业发展现状及2020年行业发展趋势预测》，载中国产业信息网，http：//www.chyxx.com/industry/201912/816667.html。

② 参见金嘉杰等：《政府鼓励和引导政策下中国社会资本办医的发展状况》，载《中国卫生政策研究》2017年第9期。

支付，缓解医保资金和政府投入的不足。

（二）突破所有制权属，尝试社会资本参与经营不善的公立医疗机构改革

随着医改的不断深入，公立医疗机构的发展显示出强者愈强、弱者愈弱的局面。部分公立医疗机构社会贡献度低，经营困难，资不抵债，逐渐成为政府和社会的负担，也是社会不稳定的因素。允许社会资本参与濒临绝境的公立医疗机构转制改革，借助社会资本在资本和管理上的优势，尝试让这部分公立医疗机构起死回生，应当是不错的选择。现有的法律与政策的设计，公立医疗机构与社会资本不允许成立营利性医疗机构，无法实现资本投入的回报，势必影响社会资本的积极性，关闭了社会资本参与公立医院改制的大门。笔者认为，在保证不造成国有资产流失的前提下，鼓励社会资本参与投资部分公立医疗机构、风险与利益共担，有利于部分濒临绝境公立医疗机构摆脱发展困境，实现政府、医疗机构、社会资本等多方共赢。

所有制的权属限制是当下公立医院与社会资本合作的瓶颈和禁区。因此，着眼长远，从制度设计上，应该逐步打破这一瓶颈。我国国有企业与社会资本合作具有丰富的经验，英、美等国通过 PPP 模式实现社会资本广泛介入医疗卫生行业，可以借鉴此模式。现行的立法和政策对权属的限制，属于对社会资本介入公立医疗机构的过度反应。没有利益回报的投资对社会资本而言是难以想象的，也是不可操作的。约定好社会资本参与公立医疗机构改制的范围、合理的资产收益回报，对于当下和未来的中国医疗卫生行业都有着十分积极的意义。

（三）完善社会资本与公立医院合作办医的监管体系，确保医疗的公益性

医疗的公益性不排斥医疗机构合理的营利能力和水平，相反在现有制度框架内，医疗机构较强的营利能力能够保障其更好地实现其公益性。诚然，从我国社会资本介入医疗行业发展历程看，既往粗放的监管和行业的不自律，对医疗公益性造成的负面影响是巨大的。对此，政府采取审慎、严禁的态度，切实有效的监管措施是十分必要的。首先，卫生行政主管部门要严格准入制度，参与医疗卫生行业的社会资本需要取得相应的准入资格，应优先考虑医药相关财团法人，或者非

营利性法人组织。社会资本只有具备良好的商业信誉、相应的经营和管理能力、必要人力和技术支撑等，才能保障合作的顺利开展。其次，要加大处罚力度，通过患者、第三方评价机构、医疗服务质量的监督，对发现存在重大违法违规问题的合作方，要予以严惩，直至取消其行业准入资格，通过严格的处罚措施，来保障合作后医疗公益性的实现。①

① 参见熊林平等：《社会资本进入公立医院政策演进分析》，载《中国医院管理》2011 年第 7 期。

第五章　重大突发公共卫生事件下公立医院接受社会捐赠的法律应对

2020年年初，一场突如其来的新冠疫情在全球范围内蔓延，新型病毒传染性之强、传播速度之快始料未及。我国大型公立医院在应急医疗救护中一如既往、义不容辞地承担了主要的救治任务。然而，应急救护物资成了制约医疗救助的瓶颈，众所周知，疫情开始时市场上现存的医用防护物资很快被抢购一空，公开渠道很难在短时间采购到医院所急需的应急物资。形势所逼，国内老牌公立医院，如北京协和、四川华西、山东齐鲁、湖南湘雅等多所医院率先在国内外发布公开接受社会捐赠公告，赢得了社会各方力量的广泛支持，及时有效缓解了医院应急物资短缺状况。同时，医院公开募捐的行为引发了诸多合法性争议。本章拟在现有法律法规及政策框架内探讨公立医院接受社会捐赠的法律应对，构建突发公共卫生事件等应急状态下公立医院接受社会捐赠的法治化路径。

一、重大突发公共卫生事件公立医院接受社会捐赠必要性与法律基础

（一）公立医院是突发公共卫生应急医疗救护的主体

在我国医疗卫生服务体系中，公立医院居于主体地位，也发挥着主要作用。我国历次医疗卫生体制改革都积极鼓励支持社会资本办医，但逐利是资本的天性，以营利为目的的部分民营医院罔顾医疗的公益性，损害了民营医院系统的公信度，加之医疗行业专业性强，对人才、

学科依赖性大，导致民营医院发展缓慢，民众对公立医院的信赖程度普遍较高。国内绝大多数的三级医院都是公立医院，医疗技术水平、医疗服务能力等方面都明显优于民营医疗机构。目前，我国现有医疗卫生机构中，尽管民营医院的数量在不断增加，截至2022年12月底，我国拥有民营医院2.5万个，占比67.6%，公立医院1.2万个，占比32.4%，但公立医院的诊疗人次达到23.6亿人次，民营医院只有4.2亿人次，公立医院的医疗贡献度达到85%，[①] 公立医院在我国医疗卫生体系中的主体地位难以撼动，是决胜“健康中国”战略的主要力量。

公立医疗机构在突发公共卫生事件中责无旁贷，成为应急医疗救助的主力军。从2003年SARS疫情到如今仍在蔓延的新冠疫情，以及诸多突发公共事件的医疗救助，公立医院几乎承担了绝大部分医疗应急救护任务。新冠疫情发生后，按照国家的统一部署，军队和各地公立医院紧急驰援武汉，国家卫生健康委结合疫情现状、人力资源储备及受援地市医疗资源缺口等情况，统筹安排19个省份对口支援湖北省除武汉市外的16个市州及县级市，采取“省包市、市包县、院包科”的措施，迅速推进疫情防治。

（二）公立医院应急救护物资的供给缺乏系统性保障

新冠疫情发生后不到一周，举国出现口罩、防护服等应急救护物资的严重短缺，暴露我国应急救护物资储备系统的漏洞，“平战结合”的体制机制尚未形成。尽管国内早在1997年就开始建立中央和地方两级医药储备制度，2019年年底颁布的《卫健法》第63条也明确规定“国家建立中央与地方两级医药储备，用于保障重大灾情、疫情及其他突发事件等应急需要”，但这一系统没有在此次疫情防治中经受住考验。当然，医用应急物资储备客观上也有其现实的困境：一方面占用较大的资金，人力物力的支出较大；另一方面医用物资存在保质期短、需要及时更换，且很少发挥作用等问题。

我国公立医院自身医用物资使用量大、覆盖面广，品种规格多、对资金需求量大，库存量有限，常态下通过现有医药供给系统能够满

① 《2019年1—9月中国医院行业发展现状及2020年行业发展趋势预测》，载中国产业信息网，http://www.chyxx.com/industry/201912/816667.html。

足日常需要。常规物资储备在 1 个月左右，应急医疗救护物资如口罩、防护服等一般不超过 10 天。因此，公立医院在遇到突发公共卫生事件时，应急医用物资会很快消耗殆尽，正常的供应系统一旦无法提供物资保障，公立医院应急救护将难以运转。在发达国家，医疗机构通过接受社会捐赠，为医院发展提供支持是常态。①

（三）社会捐赠可实现公立医院对应急物资高效配置

公立医院在突发重大公共卫生事件背景下，必须通过多渠道筹集应急医用物资，才能满足需要。长期以来，我国大型公立医院在服务健康中国战略中积累了较好的品牌效应和社会认可度。重大突发公共卫生事件发生时，公立医院作为应急救治的主力，奋战在一线，一旦发起公开募捐，能够快速赢得人民群众的广泛支持。此次疫情发生后，从国内多所大型公立医院接受社会捐赠的实践表明，普通民众、海内外华人会以最大的热忱积极响应、千方百计把最需要的紧缺物资送到医院，解决医院的燃眉之急。

此外，医药不分家，公立医院和医药企业具有良好的合作关系，医药企业也具有较强的医用应急物资筹措能力，综合多方因素，企业愿意在特殊时期履行应尽的社会责任，他们能够通过多渠道实现对公立医院应急医用物资的援助，且提供物资的品规、标准、质量和数量都相对精准，符合医院的要求，但医药企业在捐赠的过程中，因可能存在利益关联而易被诟病。

总之，公立医院在重大突发公共卫生事件中通过及时发布向社会募捐公告，将医院应急所需的紧缺物资种类和数量及时广而告之，通过社会力量实现应急物资的高效配置，赢得更多时间，对有效控制疫情、及时挽救患者具有重要的现实意义。

（四）我国公立医院接受社会捐赠的法律基础

我国对公立医院接受社会捐赠的法律法规的渊源主要见于：《卫健法》《公益事业捐赠法》《慈善法》《慈善组织公开募捐管理办法》《卫生计生单位接受公益事业捐赠管理办法（试行）》等法律法规。上述法

① 参见解锟：《以基金会为主导模式的慈善组织法律架构》，载《华东政法大学学报》2017 年第 6 期。

律法规是公立医院接受社会捐赠的主要法律依据，也是公立医院规范行为、回避法律责任的“定海神针”。

公立医院接受社会捐赠具有坚实的法理基础。2019 年年底，我国颁布医疗卫生领域“宪法性”法律——《卫健法》，其中第 12 条规定，“国家鼓励和支持公民、法人和其他组织通过依法举办机构和捐赠、资助等方式，参与医疗卫生与健康事业”。该条款明确公民、法人和其他组织等社会力量可以对医疗卫生健康事业进行“捐赠”，换言之，公立医疗机构符合直接或间接接受社会捐赠的主体资格。

2016 年颁布的《慈善法》第 8 条规定，我国慈善组织的形式包括“基金会、社会团体、社会服务机构”。该法第 3 条第 3 项、第 4 项规定了慈善组织开展公益性“慈善活动”的内容包括“救助自然灾害、事故灾难和公共卫生事件等突发事件造成的损害；促进教育、科学、文化、卫生、体育等事业的发展等”。公立医院从属性上系国有公益性非营利性事业单位。我国慈善组织根据其不同组织方式，可以分为：（1）公益性非营利性事业单位；（2）基金会；（3）慈善信托；（4）民办非企业单位。因此，从《慈善法》角度解读，公立医院本身即属于慈善组织。此外，近年来，我国不少大型公立医院根据《慈善法》和《卫生计生单位接受公益事业捐赠管理办法（试行）》，为了更加方便接受社会捐赠，相继成立了医院基金会，其性质属于非公募基金。非公募基金与公募基金最大的区别在于：前者以“捐助”基金为前提，后者以“劝捐”为主要手段，可以通过广播、互联网等多渠道向社会发布公告信息，接受公开募捐。① 显然，公立医院成立的非公募基金会也属于慈善组织，受《慈善法》调整。《慈善法》第 22 条同时规定，“慈善组织开展公开募捐，应当取得公开募捐资格”。《慈善组织公开募捐管理办法》第 3 条规定，“依法取得公开募捐资格的慈善组织可以面向公众开展募捐，不具有公开募捐资格的组织和个人不得公开募捐”。公立医院或其所属基金会必须取得公开募捐资格才可以进行公开捐赠，公募资格的取得有严格的程序和标准，实行申请登记制度。

① 参见解锟：《以基金会为主导模式的慈善组织法律架构》，载《华东政法大学学报》2017 年第 6 期。

此外，2015 年为落实《公益事业捐赠法》，原国家卫生与计划生育委员会与中医药管理局发布并实施了新的《卫生计生单位接受公益事业捐赠管理办法（试行)》，作为一部专门的部门规章，对卫生计生单位接收社会捐赠进行规范。该管理办法从总则、捐赠预评估、捐赠协议、财务管理、捐赠财产使用、信息公开与监督等 8 个方面，对卫生计生单位接收社会捐赠管理作出了制度性安排。随着我国卫生行政机构的调整和优化、新的上位法律法规的不断出台，该办法表现出一定的滞后性，对调整的主体范围、医疗机构法人与基金会法人之间的关系、重大突发公共卫生事件下医疗机构公开募捐等关键问题没有很好地回应，均亟须作出进一步修订和完善，以满足经济社会发展的迫切需要。

二、突发公共卫生事件下公立医院接受社会捐赠存在的主要问题

（一）法治意识相对薄弱，越权开展公开募捐

2015 年，原国家卫生与计划生育委员会下发《关于全面加强卫生计生法治建设的指导意见》（国卫法制发〔2015〕1 号）、2017 年国务院办公厅印发《关于建立现代医院管理制度的指导意见》（国办发〔2017〕67 号）等文件，明确提出了公立医院法治化建设的要求。公立医院的法治化需要通过医院管理事务制度化、法律化、规范化实现，各项工作都要做到有法可依、有章可循、运作有序，坚持依法办事、依法管理，形成良好的法治环境。然而，大部分公立医院作为差额补贴的公益性事业单位，面临激烈的市场竞争环境、人才和经费等制约可持续发展的诸多瓶颈，加之既往医疗系统功利主义盛行，法治观点和意识淡薄，重大决策的合法性审查制度缺失，决策失范时有发生。

前文已述，根据《慈善法》和《慈善组织公开募捐管理办法》，公立医院一般不具备公开募捐的主体资格，即便取得公开募捐资格，也需要在募捐方案报送登记的民政部门备案后，方可进行公开募捐。《慈善法》第 101 条第 1 款规定了违规公开募捐的法律责任："由民政部门予以警告、责令停止募捐活动；对违法募集的财产，责令退还捐赠人；难以退还的，由民政部门予以收缴，转给其他慈善组织用于慈善目的；对有关组织或者个人处二万元以上二十万元以下罚款。"

新冠疫情发生后，民政部及时下发了《关于动员慈善力量依法有序参与新型冠状病毒感染的肺炎疫情防控工作的公告》（民政部公告第476号），明确了湖北及武汉地区具备公开募捐资格的慈善组织，并未作出公立医院可以公开募捐的例外性规定，提出“不具有公开募捐资格的组织或者个人，可以依法与具有公开募捐资格的慈善组织合作开展公开募捐活动”。据此，公立医院独立发布公开募捐公告、实施公开募捐行为系违法行为。值得注意的是，2020年2月6日财政部和国家税务总局联合下发《关于支持新冠肺炎疫情防控有关个人所得税政策的公告》，财政部发言人在解读时指出：鼓励社会各界踊跃捐款捐物，缓解医疗救助物资资金的压力，扩大接受捐赠的单位范围，允许直接向医院捐赠。但该条款及发言人的说明只是进一步明确医疗机构可以接受捐赠，并未承认疫情期间公立医院公开募捐的合法性。

（二）接受捐赠主体不适格，带来不利法律后果

公立医院及相关科室具备较强的社会资源和动员能力，发生突发公共卫生事件后，为了更好地应对疫情，可能会出现部分职能部门和临床科室主动发挥各自的优势，多方获取社会力量的捐赠等问题。必须明确的是，我国《卫生计生单位接受公益事业捐赠管理办法（试行）》第4条第5项规定“法人单位统一接受和管理”；第8条规定，卫生计生单位应当明确承担捐赠组织协调管理的牵头职能部门，负责管理日常事务。该办法第20条规定：“捐赠财产应当由受赠法人单位统一接受。”原国家卫生与计划生育委员会下发的《加强医疗卫生行风建设“九不准”》（国卫办发〔2013〕49号，已失效），也明确了“医疗机构接受社会捐赠资助必须以法人名义进行”“严禁医疗卫生机构内设部门和个人直接接受捐赠资助”。

因此，对于公立医院受赠的前提是必须具备独立的法人资格，故适格的受赠的主体只有医疗机构本身及其基金会，任何以职能部门和科室名义受赠的行为均系违规行为，有可能承担相应的党纪或者政纪处罚，数额巨大，受赠方未实现公益性目的，可能会涉及治安处罚，甚至刑事责任。

（三）接受捐赠程序不合规，引发诸多管理责任

公立医院作为非营利性公益性社会组织，受到不可分配约束，在

医保、药耗管控背景下，接受社会捐赠逐渐成为医院融资的重要渠道之一，但同时捐赠项目备受社会关注，从内部控制、财务审计管理、信息披露等诸多方面有严格的程序要求，必须要增进制度化、阳光化。[①] 根据《卫生计生单位接受公益事业捐赠管理办法（试行)》，我国公立医院接受社会捐赠的合法合规的程序一般包括下列环节：医院明确牵头部门负责日常管理→组织对捐赠项目的预评估→形成评估意见→医院对是否接受捐赠进行决策→签订捐赠协议→按照财务审计制度要求办理出入库手续→根据捐赠目的和协议使用受赠物资→及时公开受赠及使用信息→结余物资的处置→接受各级各类监督管理。

上述受赠程序必须严格履行相关法律法规的要求，在突发重大公共卫生事件的背景下，事态紧急，个别程序可以简化，但不能阙如，更不可以由个别领导或者部门负责人自行决策。在捐赠对象中选择上，公立医院很难避免部分医药企业，基于利益的考量，在捐赠的物资时，会附加与本单位采购（服务）挂钩的相关条款，必须仔细加以甄别。如医药企业通过捐赠医疗设备，绑定配套耗材牟取利益，或捐赠检测试剂，打通检测设备到医院的最后一道关卡，均系违法行为。《医疗机构工作人员廉洁从业九项准则》中也明确“严禁接受附有影响公平竞争条件的捐赠资助”。部分医药企业可能会以捐赠为名，有行贿或行业不正之风之实，给公立医院带来管理和廉政风险。此外，不严格执行程序要求，也会出现捐赠物资的财务违规、使用失范等问题。

医院的捐赠项目历来是社会各界关注的重点和焦点，也是医院接受上级巡视、巡查、审计、财务专项检查等检查监督过程中的重点关注对象，程序的阙如或不规范会带来医院领导班子及部门负责人被行政问责，甚至是被追究法律责任。

（四）物资监管、处置缺位，导致相关法律风险

受赠物资的监管既包括物资质量的评估，也包括物资的规范使用，特别是受赠医用物资质量、规格、效期、资质、环保标准等是否符合国家标准与要求，受赠公立医院必须进行严格的审核和评估。突发公

---

① 参见郑大喜：《公立医院接受捐赠内部控制、账务处理与信息披露》，载《现代医院管理》2018 年第 3 期。

共卫生事件下，紧缺的战略医用物资，如口罩、防护服等，对一线医护人员的防护和救治工作发挥着关键作用，也决定着医护人员的生死安危。捐赠的上述物资，一旦出现质量不合格导致医护人员被感染，医疗机构及相关人员需要承担相应的法律责任。

突发公共卫生事件下，社会捐赠物资种类繁多，一般包括医用应急防护物资、药品制剂、医疗设备、耗材试剂、生活物资、日用品、现金等几大类。捐赠物资的处置必须严格遵循财务管理规定，物资分门别类办理出入库手续，如管理缺位可能会造成捐赠物资用于发放职工福利，或者挪用、贪污受赠物资等违法行为。此外，疫情结束后，也可能出现物资积压、大量物资剩余等情况，剩余物资的处置必须根据捐赠协议的约定处置，没有约定的需要退还给捐赠人或者签订相关处理的补充协议文本。随意处置、擅自改变捐赠目的和用途使用受赠物资的，可能会带来管理、审计和财务等方面的法律风险。

三、现行法律法规框架下公立医院接受捐赠的应对建议

社会捐赠日益成为我国大型公立医院重要的筹资渠道之一，医疗机构必须在现行法律法规框架下，强化捐赠过程中的法治思维、程序意识，加大风险防控和信息公开，这样才能实现捐赠工作的法治化和规范化，避免相关法律风险和管理责任。

（一）增进法治思维，推进捐赠工作的法治化

重大突发公共卫生事件具有不可预测性、复杂性和破坏性，公立医院难以预见事件的发生，在应急状态下，容易违法决策。因此，必须强化法治思维，特别是决策的法治化。一般而言，大型公立医院应该做好“平战结合”的准备，每年制订并调整突发事件应急处置预案，预案应经过医院法务部门或者专兼职律师的合法性审查，一旦发生重大突发公共卫生事件应立即启动应急预案。同时，公立医院要及时成立领导小组、工作组和指挥部，集中领导与有效分工相结合，形成合力。接受捐赠工作是医院日常管理重要组成，也是重大突发公共卫生事件中物资保障的重要渠道，公立医院应该根据国家法律法规的要求，制定医院接受捐赠的具体管理办法，成立医院基金会等法人组织和专职部门，制定并完善配套制度，使各环节管理要做到制度完备、有条

不紊、运作有序。

在当下的法律框架和制度设计下，我国公立医院应主动加强与政府部门、公募慈善机构的合作与联系。公募慈善组织尽管在管理运作、社会公信度、公众捐赠意愿等诸多方面存在欠缺，但从制度设计上具有合法性，也是在突发公共卫生事件中可以及时进行公开募捐的法定主体。要把公募慈善机构作为公立医院日常受赠来源的渠道之一，在重大突发公共卫生事件中，及时寻求支援、加强合作，共同发布公开募捐公告，与时间赛跑，最大化发挥社会力量在抗疫救灾中的作用。

（二）加强程序意识，确保捐赠过程合法合规

程序合法合规是确保捐赠过程经得起检验的前提和基础，从事前医院领导班子的集体决策程序，到事中接受捐赠和物资管理发放程序、事后物品处置和公示程序，都应当依法依规。诚然，突发公共卫生事件，时间紧迫、任务紧急，程序要求不可能做到像平常一样面面俱到，可以适当简化，确保及时高效。我国《卫生计生单位接受公益事业捐赠管理办法（试行）》对此也有相应的规定，如第19条规定，“卫生计生单位执行突发公共卫生事件应急处置等特殊任务期间接受捐赠的，可以根据情况适当简化书面捐赠协议”。因此，受赠物资的财务、国资等部门，办理出入库手续也可在紧急情况下登记后及时发放，事态缓和后及时补齐。

捐赠工作需要多部门协同配合才能及时完成，因此，重大突发公共卫生事件下，公立医院应明确捐赠工作的牵头部门和对外联络部门，一般应以综合性部门为宜，如医院党政办，国资、设备、招采、审计、纪检等部门协同配合，按照捐赠流程办理项目预评估，捐赠登记，捐赠协议，物资入库、出库，物资发放、捐赠票据、信息公开等各项手续，部门之间需要密切配合、互相监督。事前预评估工作也可授权分管院领导或者工作组研究决定，属于重大捐赠项目需要集体决策的，如对于接受大额资金或大宗物品的捐赠，原则上按照医疗机构管理权限，需要分别由党委会或者院长办公会会议决策是否接受捐赠。疫情结束后，需要按照捐赠目的或协议要求，将受赠物资使用情况及时告知捐赠人。剩余物资一般应退还捐赠人，变更用途的应该事先征得捐赠人同意。

（三）强化风险防控，严防法律与廉洁等风险

一般而言，捐赠主体的心态可以分为慈善公益型、社会责任型、从众型、以图后报型。客观上，公立医院受赠物资使用的公益性要求与部分医药企业捐赠功利性本质的回报要求之间存在矛盾，公立医院及其基金会不具备公募基金资格与突发公共卫生事件应急需求之间存在冲突。公立医院接受社会捐赠存在可能存在主体不适格的法律风险、医药企业借机行贿的廉洁风险，还有受赠物品的质量风险及财务管理、社会舆情等风险因素。[①] 因此，公立医疗机构必须严格做好法律风险和廉洁风险等风险的防控。

要排查捐赠全过程各类风险点，强化监督的实效性。要针对风险点及时完善各类制度，强化全程监督。要强化事前捐赠行为的风险防控，对捐赠项目严格预评估、提前干预、多部门联合实现有效监督，在接受可能存在利益关联的医药企业捐赠时，必要时可以引入第三方社会力量进行捐赠项目预评估。要加强集体决策监督，特别是对医疗机构主要负责人的监督，受赠情况纳入其经济责任审计。要强化事中监督，综合院内纪监审、财务、国资等力量，形成专门监督与专业监督部门的协同机制，严格实体审查与程序审查，定期查看制度落实情况、原始登记、物资出入库、使用分配情况。要强化事后监督，及时对重大捐赠项目情况进行院内外审计，并及时对社会公布审计结果。

要依法依规接受捐赠，规范捐赠协议，避免捐赠人利益回报。医疗机构是复杂的社会机器，涵盖医院管理者、医务人员、患者、医药企业、医疗设备、药品耗材、后勤保障等多元主体，形成了复杂而庞大的利益链条。借助耗材或者设备的捐赠，医药企业可以高效打通进入医院的最后一道关卡，而捐赠协议是公立医院和捐赠人权利义务的法定文书，也载明了捐赠财产来源、捐赠意愿、捐赠目的、捐赠履行、使用途径、违约责任的主要依据，要坚决避免捐赠协议中附带利益回报条款，加强对捐赠协议内容的审查，避免公立医院事后承担不利后果。

---

① 参见张利：《突发公共卫生事件一级响应下医院接受捐赠的风险管理和应对》，载《卫生经济研究》2020 年第 3 期。

（四）做好信息公开，及时回应社会各界关切

阳光是最好的“防腐剂”，诚实是疫情的“夺命刀”。及时公布突发公共卫生事件下公立医院物资的受赠和使用情况，可以更多地赢得社会的信任和支持，也是公立医院的法定义务，可以有效避免暗箱操作可能带来的腐败问题和法律责任。

我国《公益事业捐赠法》第22条规定：“受赠人应当公开接受捐赠的情况和受赠财产的使用、管理情况，接受社会监督。”《卫生计生单位接受公益事业捐赠管理办法（试行）》第40条规定：“受赠单位应当建立健全受赠信息公开工作制度，通过便于公众知晓的方式，真实、准确、及时、完整地向社会公开受赠相关信息，提高受赠使用和管理工作的透明度。”该办法第41条规定：“受赠单位应当向社会主动公开以下信息：（一）捐赠接受管理制度；（二）捐赠接受工作流程；（三）捐赠管理部门及联系方式；（四）受赠财产情况；（五）受赠财产使用情况；（六）受赠项目审计报告；（七）受赠项目绩效评估结果；（八）依照法律法规应当公开的其他信息。”

公立医院采取何种渠道向社会公布物资受赠和使用信息，我国《卫生计生单位接受益事业捐赠管理办法（试行）》第43条也有相关规定：“受赠单位应当在单位门户网站或当地主要新闻媒体等向社会公开受赠信息。”相较公开信息，公立医院更需要重视的是捐赠的登记信息、入出库信息、使用信息要能够随时接受捐赠人及公众的查询和监督。

四、结语

伯尔曼认为，“法律必须被信仰，否则它将形同虚设”。我国公立医院是医疗卫生机构中的主体，这一现状短期内将不会改变，新一轮医改通过医保管控、带量采购等政策措施，直指以药养医、药价虚高等医疗卫生机构的沉疴。欢呼雀跃的同时，更需要关注的是公立医院的多渠道筹资途径的开放和医务人员待遇的保障，没有医务人员在一线与病魔的抗争，健康中国的明天将很难实现。

诚然，当下我国医院法治化建设任重而道远，本章尝试从法律解释的视角进一步规范公立医院在突发公共卫生事件中接受社会捐赠的

行为，但反思公立医院集体违法行为本身也说明是医院在不得已情况下作出的抉择。法谚云，“法律不强人所难”。慈善公益事业发展过程中，能否将公立医疗机构作为受益的主体之一，抑或从立法上赋予公立医院或其基金会公开募捐的权限，助力公立医院多元化筹集保障医院可持续发展的经费和物资。

第六章　急诊“伤医”现象成因及其法律应对

一、我国急诊“杀医”“伤医”的现状

急诊即医疗机构的急诊医学科（室）或者急诊医学中心，英文为“emergency treatment”，它一般集急诊、急救和重症监护为一体，是现代医院中病患来源最复杂、病种最多的科室之一，负责处理突发疾病、意外伤害，是所有的急诊病人收入其他科室治疗前的“第一站”。[①] 急诊是目前医患矛盾突出、“伤医”事件频发的重点科室，不少急诊医护人员的个人身心安全正在遭受威胁，严重地破坏了急诊的诊疗秩序和医患关系。本部分试图通过数据分析，发现急诊医患矛盾集中的成因，探求急诊“伤医”现象背后的政策与法律缺位，提出完善我国急诊医患关系法律治理的路径。

（一）近年来，我国急诊“杀医”“伤医”的数据分析

本节以百度搜索引擎为数据来源，搜索关键词“急诊杀医”“急诊伤医”“急诊暴力事件”，搜索数据时间为2018年1月1日至2023年7月1日，对近5年来急诊“伤医”现象进行初步整理。通过剔除重复无效数据和不可靠消息来源，集中分析近5年来有媒体广泛报道的急诊“伤医”事件28起，“伤医”的暴力实施者中，21起为陪同就医的病患亲友，4起为病患本人，1起为病患和陪同人员共同施暴。但新闻报

① Ding R., McCarthy M. L. & Desmond J. S. et al., *Characterizing Waiting Room Time, Treatment Time, and Boarding Time in the Emergency Department Using Quantile Regression*, Academic Emergency Medicine, 2010, 17 (8): 813 – 823.

道中，很少跟进施暴者最终的处罚结果，大部分施暴人的手段为行政处罚，除“民航总医院杀医案”行凶者孙某于2020年1月16日被北京市第三中级人民法院一审判处死刑外，绝大多数报道仅跟进到报案和审理阶段。同时，在中国裁判文书网，高级检索2016年至2022年“伤医”字样，共检索相关裁判文书75件，其中与急诊相关案件23件，约占案件总数的30.6%。

此外，基于中国医师协会发布的2022年《中国医师执业状况白皮书》，我国有64%的医生经历过医患冲突，并且有近30%的医患冲突会升级为暴力冲突。急诊科室作为很多病患入院治疗的“第一站”，医护人员遭受的暴力伤害经常比其他科室更直接、更强烈。新京报也曾对媒体公开报道过的伤医事件进行数据分析，在2015年至2018年，40%的暴力伤医事件发生在急诊科室。据医法汇网站发布的我国2022年医疗损害纠纷大数据报告，通过检索的2022年我国医患损害赔偿的926份案件，分析其中发生在急诊科室的共计231件，占比高达25%，位列各科室排名第一，且从近几年的数据看明显呈现逐步递增趋势。①

（二）国际社会急诊伤医案件的普遍现状

2018年，美国急诊医师协会（American College of Emergency Physicians）进行的一项调查发现，47%的急诊医师受访者表示曾遭受医患暴力冲突，超过6成的受访者表示，在过去一年里遭遇过袭击。施暴者主要来自就诊者及其家属。英国国家医疗服务体系（National Health Service，NHS）的一份调查报告显示，该国平均每天都会有200多起针对医务人员的暴力攻击，急诊医务人员所占比例明显较高。

二、急诊医务人员易受患者伤害的成因

（一）急诊医疗自身的独特性

首先，急诊作为医院收治病人的重要窗口之一，在24小时开放时间内患者人流量大，就诊病因复杂，但患者普遍病情有急、难、危、重的特点且具有预见性差，疾病广而杂。进言之，患者之间的病情差

① 《我国2022年医疗损害责任纠纷大数据报告》，载医法汇网2023年8月14日，https：//baijiahao. baidu. com/s？ id = 1756411626110985053&wfr = spider&for = pc。

异也较普通门诊更大，在实际工作中会存在就诊顺序和病情轻重之间的矛盾；急诊值班医生配备不充足和医技检查科室的部分时段不开放，导致有些夜间就诊患者往往采取简单、保守治疗，离就诊治疗预期相差较远，无法满足患者的实际需求；一般医疗机构的急诊必须包含停车、挂号、收费、相关检查检验、开药、急救和手术等功能区域，但分配给急诊的医疗用房的空间很难完全满足每个功能的合理分布，急诊布局和功能划分不合理，可能会造成急诊患者和陪同人员就诊体验比较差。

其次，患者及其亲属面对就诊结果易产生非理性行为。急诊患者的病情一般具有不可预见性和紧急性。按照马斯洛需求层次理论，生命至上和安全至上是人类最根本的生理需求。由于医学专业知识的门槛性较高，医患之间对治疗知识认知的信息不对称，会导致患者对医生的不信任，而部分患者通过互联网搜索引擎等快捷途径检索到的医学知识往往科学性和针对性较弱。例如，“民航总医院杀医案”中，加害人孙某亲友称，在来民航总医院急诊就诊前，病人出现“有些喘”症状，先去了朝阳区小庄医院住院，出院时身体各项指标检查合格。而在民航总医院急诊科输液后，本想离院的魏某因状况不佳而在该科继续治疗，身体情况却每况愈下，出现了高烧不退、昏迷等情况。当急诊患者的病情发展没有好转甚至出现死亡时，人在面临突如其来的自己和亲友生命安全不确定时，病人和家属可能因为付出金钱和治疗痛苦后没有得到预期的效果造成易怒和不理性，这时发泄对象便会直指最密切的医护人员，表现为不遵医嘱、不配合治疗，进而引发医患矛盾激化，“伤医”“杀医”现象频现。

同时，我国急诊医疗服务总体能力和水平有待提升。急诊不同于其他科室，既要负责接诊就诊患者，还要收治暂时无法收治入院的其他病人，床、护比配比往往达不到国家卫健委要求的3∶1，繁重的医疗工作量和高度紧张的压力，可能会造成急诊医护人员无法做到对每位患者耐心细致的病情解释和说明。另外，急诊医生与一般专科医生相比，急诊面临的疾病谱比较广。一般而言，急诊科医务人员面对具体病种时其专业水平会有所欠缺，所以患者病情平稳后需要及时转入相应专科诊治。[①]

（二）急诊室患者危重症患者滞留现象常见

“民航总医院杀医案”造成医患矛盾冲突升级的一个重要导火索是患者在急诊科滞留，迟迟没有转到普通病房。本案中孙某家属称，他们和医院的另一矛盾在于能否将母亲从急诊科转向住院治疗，但得到的回应是医院没床位。造成急诊患者滞留问题的一个主要原因是国内分级诊疗制度执行不彻底，危急重症患者因存在潜在医疗风险较大、占用医保资金较多，临床专科收治意愿不高，因而，医院会出现临床科室床位紧张，急诊患者无法转入的问题。医院部分病房周转率不高，大量病床收治平诊和慢性病患者都会造成急诊患者无床可转的局面。

部分急诊患者的病种复杂，[②]病情发展迅速，部分医院的医疗技术水平、管理能力不足，在处理急诊患者时效率不高，经常会出现多科室对接诊患者推诿。特别是节假日，不少科室为了避免“麻烦”，不愿意接受来自急诊的疑难重症患者和跨学科的复合疾病患者。

（三）现行医疗保险制度设计存在一定缺陷

“三医联动”以来，医保政策成为医院改革和发展的风向标。首先，医保资金总额控制，不足以覆盖医院的开支，医保欠费现象普遍，有的地方政府甚至挪用有限的医保资金作为其他用途。医院为了生存，把有限定额的医保资金逐月分解到科室，确保不因超额导致医院实际收益受损。其次，有一些严重的疾病，如果医保资金不足以支付诊疗费用，政府又不能给予足够的财政支持，则可能不能及时纳入医保范围。在“民航总医院杀医案”中，孙某亲友称，患者魏某在急诊治疗下去意味着无法使用医保而需要自费。病情严重复杂的魏某，会较多占用科室医保额度，导致医院平均住院日增加，各级政府主管部门对大型公立医院绩效考核的多项指标因此会受到不良影响，医院临床医科往往也不愿接收。此外，新一轮医改中药品、耗材带量采购的扩容基本取消了药品、耗材加成，但政府对医院的投入没有增加，医疗服

① 参见谈在祥、吴松婷、陈雨晴：《三级公立医院急诊危重病人滞留成因及其管理对策》，载《中国医院管理》2021 年第 2 期。

② 参见郝亚兴：《急诊抢救室患者滞留状况的临床特点及护理对策》，载《首都食品与医药》2019 年第 18 期。

务费也没有明显的提升，医生实际收入下降明显，工作积极性一定程度上会受到影响，也会影响医疗质量，激化医患矛盾。

（四）医患关系紧张造成防御性医疗的形成

近年来，我国相继出台《民法典》《医疗纠纷预防与处理条例》等一系列法律法规，较好地保护了患者的权利，但部分条款对医务人员科处的法律责任十分严格，一定程度上加剧了医务人员的责任负担。[①]现在很多医院都要求医生努力成为“三师型”，即律师、会计师和医师，首先要学会如何规避法律责任，其次要算好“医保”的经济账，最后才是如何做好一名医生，由此医疗界正在形成“防御性医疗”现象。其典型特征表现为“过度检查”“谨言慎行”“责任规避”。医学对相关学科的依赖很强，借助高科技的诊疗设备的辅助检查，有助于明确或者排除相关疾病诊断。一般而言，辅助检查做得越多，对疾病诊断的明确性就越高，误诊的概率就越小，发生医疗纠纷自己就越安全。另外，大量的辅助检查有利于提高医院的效益和医生的收入。在医患关系如此紧张的今天，医生的“一只脚在医院，另一只脚在法院”，基于功利主义因素考虑，就不难理解当下医疗界形成了所谓的“防御性医疗”，医务人员基于自我保护产生的保守、功利，显然不愿意收治病情危急、占用医保资金、风险极大的患者，这一点在急救医疗服务中尤为明显。

（五）媒体的不合理报道引发“模仿”效应

恶性医疗纠纷发生后，媒体需要做的是引导缓和医患矛盾，而不是渲染情绪。部分媒体在报道“伤医”事件时，为了吸引公众眼球，经常会用很多“刺激性”词语或者具有引导倾向的片面报道，激化医患矛盾。部分伤医事件的详细报道，会刺激潜在伤医施暴者效仿。长期以来，媒体对“白衣天使”的形象一度被“妖魔化”，社会心态严重扭曲，加剧人们对医疗机构和医务人员的偏激情绪和逆反心理。媒体推波助澜，医生污名化，不利于和谐医患关系的营造。[②]

---

① 参见谈在祥：《论紧急情况下医师知情同意义务之豁免——兼论〈侵权责任法〉第五十六条之完善》，载《中国卫生法制》2016年第5期。

② 参见唐霄等：《从法律视角探析构建和谐医患关系的路径》，载《中国卫生法制》2021年第2期。

三、建立和完善急救医疗法律保障体系的建议

面对急诊医疗领域爆出的“伤医”“杀医”事件，有关部门应当起草、修订相关的法律法规，提高医疗卫生行业的法治建设水平，从立法、制度和政策层面来保护医务人员人身安全、遏制暴力伤医事件的发生。

（一）借鉴国际社会治理暴力伤医的主要做法

虽然世界各国现行的医疗和法律体系各不相同，但是对待暴力伤医零容忍的态度是世界各国及地区的普遍共识。尽管暴力伤医是全球的痛点，但各国基于文化和传统，积极应对暴力伤医的政策与法律措施，他山之石，可以攻玉，学习与借鉴有助于补充和完善我国现有的法治体系。

2019 年 10 月，英国政府引入国民健康保险制度减少暴力策略（NHS violence reduction strategy）。要求英国的医疗机构要加强预警机制来应对暴力事件，并且在立法角度加重对暴力“伤医”的惩戒力度。通过《刑事司法与移民法》法律修正案，增设国民健康服务机构内滋扰行为罪。增加暴力事件的通报力度，提升施暴者的最高刑罚，由 6 个月提升至 1 年。[①] 美国政府通过专门立法来控制预防医疗机构暴力行为。美国职业安全卫生管理局早在 2004 年就发布了《医疗和社会服务工作者预防工作场所暴力指南》,[②] 通过在护士站安装防弹玻璃、配备金属探测器和紧急情况下提供“安全房”等措施，建立工作场所暴力零容忍环境。日本政府在 1973 年建立医生协会医生赔偿责任保险，当出现暴力事件时由医生协会为其会员提供职业责任保险，当出现医患矛盾时，也能通过医生协会这一第三方机构得到中立、及时和客观的处理。[③]

---

① 参见刘秉军：《暴力伤医是全球性痛点》，载《检察风云》2020 年第 6 期。

② *American College of Emergency Physicians Crowding*, Ann Emerg Med, 2006, 47（6）: 585.

③ 参见赵敏：《日本医生赔偿责任保险述评》，载《中国医院管理》2010 年第 4 期；林凯程等：《基层党组织在现代医院管理制度中的作用探讨》，载《中国医院管理》2019 年第 4 期。

（二）通过法治途径，完善我国现行医保政策

医保是老百姓的“救命钱”，不是“唐僧肉”，如何用好有限医保资金是各级政府的必须高度重视的政治任务。一方面，我国医保资金筹资途径比较单一，总体而言，“入不敷出”的现象长期存在；另一方面，低水平、广覆盖的问题也是导致当下医患都不满意的客观事实。目前，如何通过法治途径，多渠道筹集医保资金、强化医保资金监管，保护医疗机构和医务人员的积极性显得尤为迫切，公立医院的医务人员离职问题已经初步显现。对于急诊医生，考虑其工作的特殊性质，要给予专项补助，以调动其服务的积极性。同时，对于急诊的院前急救、急诊和临床专科医疗服务之间的有效衔接等问题要加强相关立法，从体制机制上保障急诊医务人员的自主与安全，降低保护性医疗的负面影响。

（三）明确医疗机构公共场所的法律属性

将医疗机构在立法层面定义为公共场所有极其重要的意义，根据《刑法》第291条之规定，犯聚众扰乱公共场所秩序罪情节严重的，对首要分子处5年以下有期徒刑、拘役或者管制。刑法所规定的“公共场所”是指车站、码头、民用航空站、商场、公园、影剧院、展览会、运动场或者其他公共场所，其他公共场所是否包含医疗机构，并没有权威的法律解释，换句话说，医疗机构并没有明确地包含在公共场所内。如果从立法角度加以明确，那么只要伤医者的行为构成情节严重，就可以对首要分子适用该法，以加大对潜在暴力伤医者震慑作用。从执法角度，医疗机构明确定义为公共场所，也有助于公安机关的前期介入，通过行政的强制措施防止伤医事件的恶性发展。

我国首部地方医疗基本法规《深圳经济特区医疗条例》于2017年1月1日起实施。该条例将医疗机构执业场所定义为提供医疗服务的公共场所，这就意味着医疗机构及其卫生技术人员的执业活动受法律保护。但全国层面上的现有的刑法和行政法规还未实施，加快明确医疗机构公共场所的法律属性的落实落地，在司法实践中还有很长一段路要走。

（四）健全和完善“暴力”伤医法律法规

暴力伤医涉及的公共安全罪法律考量。暴力伤医并没有设立单独

的罪名，大部分暴力伤医案件多以故意伤害罪等一般违法犯罪行为处理。没有考虑到犯罪场所——医疗场所和所侵害的犯罪客体特殊性。医务工作相较于其他职业具有特殊性，医务工作者完成的本职工作还承担保障公共卫生的社会属性。

伤医事件不仅涉及医疗机构内部安保，更是整个社会角度下的公共安全问题。威胁甚至伤害医务工作者、妨碍医疗机构的正常医疗工作会危害公共安全。暴力伤医事件经常具有突发性，行凶者的犯罪对象虽然是特定的医务工作者，但这种“特定”的联系是通过“不特定”“随机”的就诊搭建的，其他符合危害公共安全罪所侵害对象的不特定性。危害公共安全罪相较于其他侵犯公民人身权利罪，刑法定义所侵害的犯罪客体更为重要，刑法惩罚更为严厉。是否可以把针对范围较广的医务人员暴力伤医行为和造成严重后果的犯罪行为纳入危害公共安全罪考量的范畴，而非普通医疗纠纷或者故意伤害罪、故意杀人罪，将医疗机构定义为上文所述的“公共场所”，加大惩戒力度。

完善暴力伤医法律规制。徒法不足以自行，当下中国需要积极构建以法律为基准，行政法规为主体，各行内准则为补充的伤医法律体系，在执法、司法实施过程中贯彻落实现行有关“暴力”伤医法律法规是解决问题的关键。《卫健法》明确规定：医疗卫生机构执业场所是提供医疗卫生服务的公共场所，任何组织或者个人不得扰乱其秩序，医疗机构内部秩序的维护从“内部安保”，走向“公安介入”。不少医疗机构内设置公安机关的派出机构，有利于维护医疗卫生人员的人身安全、人格尊严不受侵犯。新法也禁止任何组织和个人威胁、危害医疗卫生人员人身安全，侵犯医疗卫生人员人格尊严。

《卫健法》是我国卫生健康领域第一部基础性法律，对基本医疗卫生服务、医疗卫生机构、医疗卫生人员、监督管理、法律责任等方面对医闹、伤医行为作出了综合性规定。但在实施过程中，该法的宣示性的象征意义大于实际意义，诸如“禁止任何组织和个人威胁、危害医疗卫生人员人身安全”等内容，只提到了行为模式的禁止，但缺少明确的法律后果，对执法、司法缺少直接的指向。在与其他法律法规的对接上也缺少配套规定，这需要在该法正式实施后，根据实际情况加以完善配套法律法规。

推进暴力伤医黑名单制度。2018年10月16日，中央28部门联合印发《关于对严重危害正常医疗秩序的失信行为责任人实施联合惩戒合作备忘录》，该备忘录规定将对实施或参与涉医违法犯罪活动，被公安机关处以行政拘留以上处罚，或被司法机关追究刑事责任的严重危害正常医疗秩序的自然人实施联合惩戒。但在"暴力伤医黑名单"制度实施之后，根据公安部提供的相关信息，在"信用中国"网站公示仅有193人列为严重危害正常医疗秩序失信行为人。这与几乎每天都在发生的暴力伤医、扰乱医疗机构秩序的报道并不成正比。28部门中应设立牵头部门，落实该备忘录中的4种联合惩戒实施方式，公安部门及时向卫生健康委通报行为人信息，更重要的是，行为人归属地公安和卫生健康委要畅通信息对接，及时通报，牵头部门定期检查各相关部门联合惩戒是否落到实处，莫让"黑名单"成为一纸空文。①

加强对涉医无良媒体的惩戒和处罚，应该强化医生救死扶伤形象的正面宣传。对于为博眼球，恶意丑化医生，或操纵舆论达到非法目的的宣传，要通过法律途径及时纠正和惩戒。对于群众对医疗的过度期待要及时引导，出现重大的医患纠纷要及时导入法律解决的轨道，防范舆论审判。

此外，在医疗纠纷产生初始，探索多元化的救济渠道，除申请行政调解、提起诉讼外，通过双方自愿协商、申请人民调解和其他途径，努力完善医疗纠纷多元化解决机制，从体制和机制上保障多元救济途径的畅通和有效，从而改变患方优先选择"私力救济"的模式，防范医疗纠纷进一步恶化为暴力伤医事件。

四、结语

"医者仁心"是中国传统文化中对医务人员道德情操的最美好期待，然而医者作为职业的本质属性，无法抹去其作为谋生手段的印迹。但是，无论从职业成长的特点抑或生命健康的可贵，高素质的医务人员都是人类社会弥足珍贵的财富，保障医务人员的合法权益，特别是

---

① 参见岳远雷、刘涵：《患者黑名单制度法治化建构研究》，载《医学与社会》2020年第3期。

人身安全毋庸置疑应成为全社会道德与法律的底限。针对当前急诊医疗纠纷多发，医患关系恶化，暴力事件频频发生，必须通过法治化路径，健全法律体系，为医务人员提供法律保障，强化对医患关系加强正确引导、防范和化解医患暴力冲突，重塑医患伦理的基础，方能构建温暖、安全、有序和和谐的医患关系。

第二篇

医疗知情同意权及其豁免

第七章 医疗行为的概念与特征

一、中国古代医疗行为的概念

“医”，中国古代做“醫”和“毉”。东汉许慎在《说文解字》中这样解释：“古者巫彭初作醫。”可见，巫医同源，医术系从巫术发展而来。“醫”从字的构成上看，分由三个部分组成：“医、殳、酉”。“医”弓弩矢器也，即古代士兵的武器。从匚从矢。《国语》曰：“兵不解醫。”“匚”是容器，“矢”是箭，“医”是装着箭的箭袋。兵不解醫，意思是士兵不离武器。古代的“殳”也是一种武器，一般指长矛。“酉”《说文解字》言：“八月，黍成，可以酌酒。”“酉”指盛酒的容器，引申为“酒”，酒在中国古代很早就被先人用于消毒和麻醉。《说文解字》对“醫”具体这样解释：治病工也。殹，恶姿也；醫之性然，得酒而使，从酉。王育说，一曰殹，病聲。酒所以治病也。《周礼》有医酒。① 古代的“醫”就是指治病的人，“殹”即士兵受伤后的姿势，原意是指被武器击中的声音，此外还指被武器击中后士兵的“恶姿”。从《说文解字》的内容看，中国古代“醫”的概念，源自对被武器击伤的士兵的救治，士兵饮酒用以麻醉，外敷酒用以消毒，然后由“治病工”施行各种手术：或取出箭头，或清理伤口，或截肢以保命等。由此可见，早期的“醫”与今天所指的外科手术相当。

中国传统医学历经几千年的文化与实践的浸淫，一度卓然于世界。《内经》《难经》《神农本草经》《伤寒杂病论》等经典著作确立

---

① （东汉）许慎：《说文解字》，九州出版社 2001 年版，第 872 页。

了其独特的理论体系和实践基础。中医以阴阳二元论和五行学说来阐释人体的生理现象和病理变化及其相互关系，融合生理、病理、诊断、用药、治疗、预防于一体。强调人与外界环境的统一性。其内容涵盖以脏腑、经络、气血、津液为基础的病理、生理学；以望、闻、问、切“四诊”为方法的诊断学；以阴阳、表里、虚实、寒热“八纲”等一整套临床诊断治疗学；以寒、热、温、凉“四气”和酸、甘、苦、辛、咸“五味”概括的药物性能的药物学；以“君臣佐使”“七情和合”进行药物配伍的方剂学；以经络、腧穴学说为主要内容的针灸治疗学等。① 可见中国古代传统医学中的医疗行为涵盖的内容非常广泛，具体而言可分为诊断行为和治疗行为，前者常见于“望、闻、问、切”，后者常见于药物方剂、针灸、推拿、按摩及骨伤等外科手术治疗等。

二、日本医疗行为的概念

在日本，有学者也将医疗行为分为广义和狭义两种。前者系指出于医疗目的而实施的行为，包括疾病的预防和治疗，生育的处置、按摩、针灸等符合医疗目的的行为；后者系指在广义的医疗行为中，只能由医师实施的行为。学者根据主体不同，将医疗行为分为医师的医疗行为和非医师的医疗行为，且认为非医师的医疗行为是不具危险性的医疗行为。有学者认为，狭义的医疗行为是主要的，其核心是医师的诊疗行为。所谓诊疗，是诊断治疗疾病、预防疾病、矫正畸形、助产等，向患者使用医学知识和技能的活动，具体包括诊断和治疗两个环节，前者系采取一定的途径以确定疾病的病因和选择治疗的方法，后者系以治疗疾病、促进健康为目的由医师所实施的行为，涵盖手术、给药、注射、处置、康复理疗等手段。也有学者将医疗行为分为三种（如图 7－1），第一层次为最广义的医疗行为，泛指一切行政上的医疗行为，不以诊疗为目的，统称为医行为；第二层次介于第一层次与第三层次之间，指未经病患同意的专断医疗行为；第三层次为具有阻却违法之医疗行为，是最狭义的医疗行为。松仓丰治教授认为医疗行为

① 郑守曾主编：《中医学》（第 5 版），人民卫生出版社 2000 年版，第 7－11 页。

系指有关疾病的诊断治疗、预防、畸形矫正、助产、堕胎及各种基于治疗目的及增进医学技术的实验行为。① 也有学者认为治疗行为是以诊疗为目的的行为，诊断是治疗的前提，预防是事前的治疗，包括在治疗的概念之中，而不具有治疗目的的整形美容手术，向第三者采血和采皮，及以实验为目的的行为，并不被纳入医疗行为的概念，不属于医疗行为之范畴。② 比较有代表性的观点是大谷实教授将医疗行为分为医学上的医疗行为和行政法上的医疗行为。医学上的医疗行为须具备“医学适应性”和“医疗技术正当性”。“适应性”指治疗方法和手段在专业上一般是得到承认的，即便患者发生死伤结果，也不能追究医师的刑事责任。“正当性”是指行为人的行为在医学上是正确的，即符合医疗技术的性质。③ 日本行政法上的医疗行为又称“医业”，是指以医疗行为为业务活动，日本《医师法》第17条规定，非医师不得从事医业，其对医疗行为的主体进行了界定。而客观上医疗行为，特别是伤害性医疗行为，其外在表现是违法的，只有对于符合“以治疗为目的”“医疗技术的正当性”“患者同意”，才可视为正当行为。④ 该观点受德国医疗刑法学界的影响较深，德国医疗刑法将患者“医疗知情同意权”视为基石，强调患者承诺的重要性。比如，学者（Engisch）就认为所谓医疗行为是指医生为了治愈患者的疾病，就治疗的本质、意义和范围向患者进行了全面和充分的说明，获得患者的同意，根据治疗标准所进行的处理。⑤

---

① ［日］松仓丰治：《医师的法律》，载大阪医师会编：《医疗与法律》，第17页。

② ［日］木村龟二主编：《刑法学词典》，顾肖荣、郑树周译校，上海翻译公司1991年版，第190页。

③ ［日］大谷实：《医疗行为与法》，弘文堂1997年版，第198页。转引自臧冬斌：《医疗事故罪中医疗行为的法律界定》，载《甘肃政法成人教育学院学报》2003年第2期。

④ ［日］中村敏昭：《日本学术及民事判断上之医师的说明义务与病患的同意》，载［日］中村敏昭等：《医疗纷争与法律》，台北，文笙书局2004年版，第1页。

⑤ Ggl. Engisch, Die rechtliche Bedeutung der ärztlichen Operation, in Stich/Bauer (Hrsg.), Fehler und Gefahren bei chirurgischen Operation, 4. Aufl., Bd. Ⅱ, 1958, S. 1523. 转引自冯军：《专断行医疗行为的刑事处罚及其界限》，载刘明祥主编：《过失犯研究——以交通过失和医疗过失为中心》，北京大学出版社2010年版，第169页。

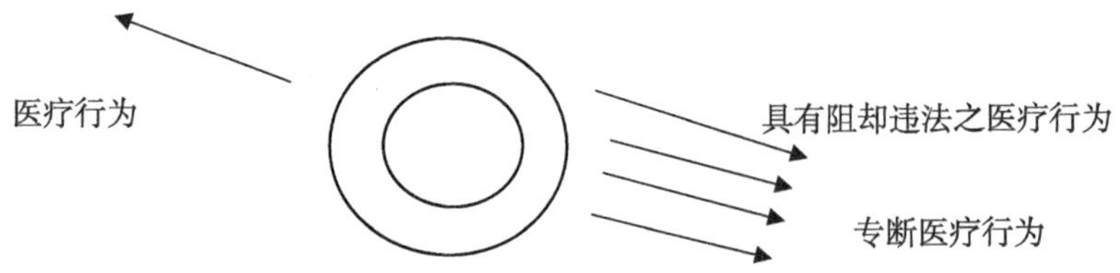

图 7－1　医疗行为的划分

大谷实教授将医疗行为进一步定义为："医师基于医学知识、技能而对疾病及其预防所进行的诊疗行为，以及不是由医师进行的以反复实施可能会给人的健康带来有害结果的行为的意思所从事的行为。"①

日本学者关于医疗行为的概念，总体上采取相对抽象的定义方式，通过属性与特征加以分类，虽然基本能涵盖医疗行为的定性问题，但是抽象定义的本身就具有模糊性，比如，何谓医学的"适应性"和医疗行为的"正当性"就不易明确的界定。另外，就医疗行为广义的概念，日本学者在定义的发掘上显得相对狭隘，不能很好地涵盖相关内容。

三、我国医疗行为辨析与匡正

我国没有法律上明确的医疗行为的概念，相近概念见于国务院卫生行政主管部门在 1994 年 8 月 29 日制定的《医疗机构管理条例实施细则》。该细则明确提出了"诊疗活动"的概念：通过各种检查，使用药物、器械及手术方式等方法，对疾病作出判断和消除疾病、缓解病情、减轻痛苦、改善功能、延长寿命、帮助患者恢复健康的活动。该定义实际上也采取了狭义的医疗行为的范畴，前半部分是具体的施于病患的医疗手段与措施，后半部分从医疗行为的目的出发，列举医疗行为的主要功能与效果，对医疗行为的概念采用了具体与抽象相结合的定义方式。此外，1987 年颁布的《医疗事故处理办法》（已失效）和 2002 年颁布的《医疗事故处理条例》，都将医疗事故定义为违反诊疗护

① ［日］大谷实：《医疗行为与法》，弘文堂 1997 年版，第 198 页。转引自臧冬斌：《医疗事故罪中医疗行为的法律界定》，载《甘肃政法成人教育学院学报》2003 年第 2 期。

理规范、常规，过失造成患者人身伤害的事故。可见，我国行政法规中关于医疗行为的主要内容被界定为诊断、治疗和护理行为。

我国的学者对医疗行为的内涵和外延也多有探讨，然众说纷纭，莫衷一是。目前，主要的学说观点如下：民法学者王利明教授认为，医疗行为是指医疗机构及其医务人员借助其医学知识、专业技术、仪器设备及药物等手段，为患者提供的紧急救治、检查、诊断、治疗、护理、医疗美容以及为此服务的后勤和管理等维护患者生命健康所必需的活动的总和。① 学者龚赛红认为，医疗行为概念的内在本质应当在于医疗的医学判断及其技术应用，凡缺乏医师的医学判断及其技术而对人体实施的行为都不是医疗行为。② 学者臧冬斌认为，医疗行为应当是指对疾病的预防、诊断、治疗、护理对身体的矫正、助产、堕胎等以医学知识与医学技术行为为准则，直接作用于人体、导致人体的形态和/或功能发生一定变化或恢复的医学行为的总称。③ 也有学者认为，“医疗行为”指医务工作者出于正当目的，经就诊人或其监护人、近亲属、关系人同意，对其身体进行健康检查、疾病治疗或计划生育手术的行为。④ 综合境内外对医疗行为的基本认识，争议集中在医疗行为是否必须以诊疗为目的，医疗行为的主体是否必须为医务人员，医疗行为是否必须具有侵害性，医疗行为是否必须直接作用于人体以及其他有关医疗行为的界定问题，本部分尝试一一回应之。

医疗行为是否必须以诊疗为目的？笔者持否定观点。在我国，每一位医学生入学时必须宣誓的医学生誓词中有“竭尽全力除人类之病痛，助健康之完美”之语。可见，消除疾病、促进健康是医疗职业的基本要求。在以疾病为中心的医疗模式中，疾病是诊疗的对象，消除疾病是医疗行为的目的。医疗行为的基本功能就是对“疾病”的“诊疗”，而促进健康则是对医疗职业更高要求，就此职能而言，医疗行为的目的就已经超出了“诊疗”范围。例如，预防医学旨在对疾病的预

---

① 王利明主编：《中国民法典学者建议稿及立法理由——侵权行为篇》，法律出版社2005年版，第265页。

② 龚赛红：《医疗损害赔偿立法研究》，法律出版社2001年版，第2页。

③ 臧冬斌：《医疗犯罪比较研究》，中国人民公安大学出版社2004年版，第49页。

④ 王政勋：《正当行为论》，法律出版社2000年版，第346页。

防所采取的预防接种等措施；又如，康复医学对病愈后的患者，为恢复功能所采取的康复、理疗、训练等措施，都已经超出传统医疗行为的“诊疗”之目的。另外，从民事法律关系上看医疗行为，德国实务与通说的见解认为，患者与医师或医院之间缔结之医疗契约（Arztvertrag），属劳务契约，[1] 医疗行为即医方根据契约的内容而提供的医疗给付。然而，随着社会的发展，医患之间缔结契约的内容是不断变化的，作为给付提供的医疗行为，也绝非始终以“诊疗”为目的。以整形美容、变性手术、流产、断骨增高、器官捐赠等手术为例，其目的也已经不再是单纯的“诊疗”。我国三级以上医院基本都设有整形美容科，整形美容就是应人们需求的不断变化而产生的新兴医疗行为。随着科技的飞速发展，基因科技、生殖医学、生物医学等正在不断改变人类社会生活和人类本身。以基因医学为例，通过改变人的基因，将会改变人类及其后代的智力、能力、性格等，一旦该项技术应用于临床，由此带来的需求将是巨大的，相应医疗行为之目的，则是使人或其后代具备某种超常的能力或其他。科技的发展与人类的欲求都难以预测，尽管医学对人体的结构与功能，乃至疾病的机理的不确定领域的探索，终会随着医学的发展而逐步深入，而不可预测性的人性需求则将始终是一个永恒的难题。

医疗行为的主体是否必须为医务人员？本节认为，应该将医疗行为分为医学上的医疗行为与法律上的医疗行为，前者不必要求行为主体必须是医务人员，后者行为主体则必须为医务人员。诚如大谷实教授所认为的，医学上的医疗行为只要符合“医学的适应性”和“医疗技术的正当性”即可，无论行为主体是否属于医务人员。比如，医学上常用的心肺复苏术，随着这类急救医学知识的普及，越来越多的非医务人员能够掌握和应用，在病人发生心搏骤停时，及时施行相关技术能够起死回生。从医学上讲，非医疗主体实施心肺复苏术的行为，无疑是医疗行为，而法律上的医疗行为则必须要求行为主体为医务人员，世界各国对于医疗职业都有严格的准入资格。据我国《执业医师

---

[1] Katzenmeier，Arzthaftung，2002，S. 99 ff. 转引自朱柏松等：《医疗过失举证责任之比较》，华中科技大学出版社 2010 年版，第 29 页。

法》（已失效）、《护士管理办法》（已失效）以及卫生行政主管部门的有关规定，根据医务人员所从事的专业性质可分为医师、药剂人员、护理人员、医疗技术人员四类，其他行为主体即便从事具有医学适应性与正当性的行为，仍不能归入法律意义上的医疗行为。笔者认为，法律上医疗行为的概念，必须将非医务人员所从事的医疗活动排除在外，否则，医疗行为因过度泛化，无法厘清法律的边界，故而无存在的地位与价值。

医疗行为是否必须直接作用于人体？我国不少学者均认为医疗行为须直接作用于医疗对象的人体，① 对此笔者有不同意见。诊断是医疗行为的重要内容，中医常见的诊断行为，如望、闻、问、切，其中望诊、闻诊、问诊均不需要直接作用于医疗对象，而现代医学中用于探索病因的诊断方法与医疗技术，也不要求必须作用于人体，比如，便检、毒物筛查、基因诊断等，其作用对象可能是人体的排泄物、呕吐物或者是毛发等。信息化医疗中的远程诊疗活动，医患之间在时空上的距离也决定了医疗行为不可能直接作用于施治对象的身体。现代心理医学中的一些心理治疗措施也非直接作用于人体。由此可见，医疗行为必须直接作用于人体论断，于医学上不切实际，于法律上也无此必要。

医疗行为是否必须具备人身损害或危险性？从刑法基本理论中关于业务过失犯的基本原理来看，必然要求刑法上的医疗过失应具有人身损害或危险性。从医疗活动的特点看，医疗行为的对象是人，其最终必然通过各种途径作用于人体（非直接作用于人体），就诊断行为而言，各种检查措施多对人体有损伤，倘若误诊则又可能导致一系列人身危险。手术本身多以破坏人体组织、器官完整为前提，人体试验则具有更多不确定的风险，药物治疗多有副作用产生（民间有“十药九毒”之说）。矫形（如口腔整形、牙齿种植等）也具有一定的侵害性。随着新兴科技不断与医学相融合，医疗行为潜在损害或将有增无减。医疗行为对人体的“侵犯”而造成的损害，系行为本身的伴生物，其

① 参见臧冬斌：《医疗犯罪比较研究》，中国人民公安大学出版社2004年版，第49页；莫洪宪、杨文博：《医事刑法学中医疗行为概念的新界定》，载《国家检察官学院学报》2011年第4期。

保护的利益远大于其所损害的利益。

其他医疗行为的辩正。现代医学的发展导致医疗分工日益细化，如一个外科手术的完成，需要的医疗团队可能会包括麻醉、影像、病理、检验、超声、药剂、生物治疗、内科、外科、护理等医务人员的参与，各个环节都不可或缺，涉及诊断、治疗、康复等诸多方面。有学者根据医疗行为的重要性程度，将其分为主医疗行为和辅助医疗行为。目前，比较有争议的主要有预防、护理、医学美容、辅助生殖与堕胎等医学行为。《黄帝内经》在《素问·四气调神大论》中提出："是故圣人不治已病治未病，不治已乱治未乱，此之谓也。夫病已成而后药之，乱已成而后治之，譬犹渴而穿井，斗而铸锥，不亦晚乎。"① 预防医学的发展历史久远，"治未病"也是医学的最高境界，其医疗行为的属性是毋庸置疑的。1980 年，美国护理学会（American Nurses Association）将护理定义为，"护理是诊断和处理人类对现存的或潜在的健康问题的反应"。本节认为，这种"反应"并不当然属于医疗行为，实际上有一部分常规护理行为不具备医疗行为的属性。比如，进食指导、看护、器械管理、办理住院、出院相关手续等，而有关发药、注射药物、临床协助、监测体温、血压、脉搏等行为，系执行"医嘱"之行为，是医师诊断和治疗行为的延伸或组成部分，理所当然属于医疗行为。关于医学美容行为，2000 年原卫生部颁布《关于加强美容服务管理的通知》，将美容行业分为生活美容和医疗美容两种，生活美容包括美容知识咨询与指导，皮肤护理、化妆修饰、形象设计、美体等服务项目，因不涉及相关诊疗活动，故不应纳入医疗行为。医学美容系运用手术、药物、医疗器械以及其他具有创伤性或者侵入性的医学技术方法对人的容貌和人体各部位形态进行修复与再塑之行为。我国卫生行政主管部门将医疗美容科规定为一级诊疗科目，可见，在我国医疗美容行为系医疗行为。值得探讨的是，倘若将"不孕"理解疾病，那么辅助生殖即可以作为治疗性医疗行为。②

综合境内外法学与医学的理论与实践，笔者认为，广义的医疗行

① 杨永杰、龚树全编：《黄帝内经》，线装书局 2009 年版，第 8 – 9 页。

② 曹菲：《医事刑法的基本问题研究》，载《环球法律评论》2011 年第 4 期。

为应当是医务人员、医疗机构或具备医学知识及技能的人员或机构，借助于医学知识、医学技术所提供的以满足人们特定需求为目的医学行为的总称。其主体只需具备医学知识与技能即可，且不必以诊疗为目的，其形式与内容随着社会的发展而不断发生变化，或根据医疗契约加以确定。狭义的医疗行为是指医务人员或医疗机构为满足人们对疾病的预防、诊断、治疗及增进健康之需求，或满足人们对生殖、美容以及其他特定需求，经就诊人同意，应用适切的医学知识及技能对人体结构、功能、机能进行恢复、优化或外形进行修复、重塑之业务行为的总称。狭义的医疗行为的概念将医疗行为分为治疗性医疗行为和非治疗性医疗行为。前者以消除疾病、促进健康为目的，医师采取适切的预防、诊断、治疗的措施，包括处方、麻醉、手术、给药、病历记载、输血、换药、拔牙、病理、血检、畸形矫正、康复、助产等行为；后者系指医学美容、人体试验、辅助生殖、器官捐献、变性、断骨增高等非以诊疗为目的的医疗行为。治疗性医疗行为应具备相应的医疗水准外，还应征得患者的有效同意，即符合知情后同意的基本准则。没有经过患者知情后同意，即便是符合医学上的适切性，也只能称为“专断医疗行为”，专断医疗行为的本质是与伤害罪的构成基本一致。

四、医疗行为的特征

综上所述，笔者认为法律上医疗行为大抵可以归纳为以下五个基本特征：医疗行为主体的特定性、医疗行为目的的正当性、医疗行为的专门业务性、医疗水平的适切性、医疗行为手段的风险性。

（一）医疗行为主体的特定性

法律上医疗行为的主体应为医务人员。所谓医务人员一般是指接受过专门的医学教育和培训，掌握相应医疗知识与技能，通过严格的资格考试取得相应的从业资格，并在相应的医疗领域从事医疗实践的人员。根据我国《执业医师法》（已失效）、《护士管理办法》（已失效）以及原卫生部的有关规定，医务人员主要有以下四类：第一，医师，即依法取得执业医师资格或者执业助理医师资格，经注册在医疗、预防、保健机构中执业的专业医师。技术职称有主任医师、副主任医师、主治医师、住院医师。第二，药剂人员，主要包括中药、西药配给、发放或指导临床用药的技术人员，其技术职称有主任药师、副主任药师、主管药师、药师、药剂士、药剂员。第三，护理人员，主要包括主任护师、副主任护师、主管护师、护士、护理员。第四，医技人员，主要包括病理、口腔、理疗、检验、同位素、营养等技术人员，分为主任技师、副主任技师、主管技师、技师。具有相应医疗从业资格，方能从事相关医疗业务，不具有行医资格的人从事相关医疗行为即构成非法行医。

（二）医疗行为目的的正当性

医疗行为一般以除人类之病痛、助健康之完美为目的，而医疗过失行为须发生在医疗行为中，其目的的正当性与否直接影响医疗过失行为的性质。如大陆法系国家刑法多规定有非法堕胎罪，我国也有非法进行节育手术罪。常因医疗行为目的不正当，从而导致行为性质迥异。此外，若行为人无合法行医资格，在我国该医疗行为被视为非法行为，有可能会构成非法行医罪。然而，大陆法系业务过失并不排除非法业务行为中的过失，所谓非法业务一般是指未取得从事某种业务的合法条件而为之，行为人借此能取得社会公众之信赖，非法业务过失较一般业务过失处罚要重。

（三）医疗行为的专门业务性

医疗过失犯系医疗业务过失致危害结果发生，其医疗业务性特征完全符合刑法上“业务”之要件。医疗行为具有“反复继续性”。术业有专攻，今天医疗行为的分科已非常精细，外科医师都有其精于从事的专业，反复继续长期而为之。医疗业务符合刑法上“业务”所具有的“基于社会生活之地位”之特征，即为社会生活或法令所容忍，被赋予平常人不得行使并具有排他性的特别权力。医疗行为通常承认医师在能达到治愈目的范围内，为适应疾病的多样性，应赋予医师自由裁量的权利。针对同一种疾病所实施手术、检查的方案可能会有多种选择，医师可以选择同种治疗方案或不同的治疗方案。比如，腹腔手术，医师可以选择一般的切开腹部的手术方案，也可以选择微创内窥镜手术等。此外，医师还必须考虑到个体的差异性，比如，患者的年龄、体重、过敏体质等不同，因而在药物的剂量、手术方案等选择等方面应允许医师在合理的业务范围内的裁量权。

（四）医疗水平的适切性

医疗水平的适切性，是指该医疗行为是维持、恢复患者的生命健康所必需的，并应遵照医学上一般承认的医术标准作为基本指针而实施。医学科学的专门性、复杂性、综合性，要求从业者必须经过专门的教育和培训，具备相应的能力和水平。考虑到疾病的表现与正常生理互相交织，医师须具有借助各种辅助检查手段准确诊断各种疾病的专门知识和良好的判断力。疾病的治疗需要借助于药物或手术等方法，医师须熟练掌握其适应症、副作用、并发症、后遗症之处理，并作出最佳之选择，尽“最善注意义务”。英美法一般以合理人（reasonable person）标准来衡量医师的所实施的医疗行为是否适切。日本理论和实务界一般以“当时的医疗水平”作为衡量的唯一标准。[①] 我国《民法典》第1221条规定：“医务人员在诊疗活动中未尽到与当时的医疗水平相应的诊疗义务，造成患者损害的，医疗机构应当承担赔偿责任。”因此，医疗水平的适切性以医疗行为是否达到当时的医疗水平为判断标准。笔者认为，考虑到我国地区发展不平衡，医疗技术水平受地域及医疗机构等级影响较大，所以，应当综合考虑医疗机构的级别、所在地域经济社会发展状况等诸多因素，判定医疗行为是否适切。

（五）医疗行为手段的风险性

尽管自古以来医术被视为“仁术”，医者应具有“仁心”，然而医术本身为达到诊疗之目的，所用的检查方法、药物、手术等各种治疗手段，大都对患者身体具有明显的侵入与损害，易致患者组织器官损伤或机体功能残损，甚至会出现患者病情加重或死亡的结果。比如，医疗急救和麻醉中常常切开患者气管行气管内插管术以保持患者呼吸道通畅，该行为本身是严重的“伤害”行为，但与保护患者生命相比是必要且值得的。可以说，医疗手段的风险性由此带来的损伤和危险，是医疗行为本身所固有的特征。医疗充满风险，这种风险对医方而言承担的是职业风险，对患者来说承担的是医疗风险。具体而言，这种风险主要有以下几个方面的来源：第一，医学知识的局限性。世界上

① 夏芸：《再考“医疗水平论”及医疗过失判断标准》，载《东方法学》2011年第5期。

已知的疾病有6万多种，而人类认识疾病的过程受制于诸多因素，对疾病的理解以及诊断治疗的方法是不断发展的，而疾病本身又是不断变化的，比如细菌、病毒的产生耐药，出现突变，对疾病转归认识的局限性造成的风险等。因此，医学知识在任何一个历史阶段都存在局限性。第二，医疗器械和设备存在潜在风险。医疗设备在自动化、机械化、智能化程度不断提高的同时，设备本身的故障或操控失当都可能引起就诊者人身的重大损害。第三，医师自身认识水平和经验的局限性造成的风险。因此，医师无论其医疗水平高低，都无法绝对保证他所实施的医疗行为都能达到预期之成功。且在团队医疗的大趋势下，即便自身医术高超，也可能因团队其他成员的医疗过失，导致医疗行为的失败。第四，医疗知识和技术，常由多数人的反应及效果抽象而来。由于人体生理构造和体质差异，同一医疗行为施于同种疾病的不同个体，其效果可能大不相同。此外，受制于患者表达能力及执行医嘱的条件不同，主诉的准确性及协助治疗的能力各不相同，易致医疗行为效果的不确定。当然，风险性医疗行为的适用有其严格的程序和要求，并以必要为限。因此，德国医疗刑法学界不少刑法学者，坚持医疗行为伤害说，并以正当业务说、患者承诺说、医疗目的说、紧急状态说等理论作为阻却医疗行为违法性的依据。

五、医疗行为的法律属性

医疗行为的“伤害”性和风险性，决定了它在治愈疾患的同时，对患者身体的完整性、生理机能或健康造成一定的损害，外科手术领域尤为明显。医疗损害在从形式上与刑法上的伤害有所相同。在大陆法系的刑法上医疗行为常常被评价为伤害行为的一种表现。但是，医疗行为具有救死扶伤的目的，明显欠缺伤害的故意，当然不构成伤害犯罪。因此，在法学理论上始终有医疗行为“伤害说”和“非伤害说”之争。①德日刑法理论上对于医疗行为是否正当化的研究已逾百年，已成为医事法律研究中的核心问题。

① 我国学者曹菲认为应将医疗行为分为“治疗行为”和“非治疗行为”，并研究“非治疗行为”正当化依据，笔者认为，非治疗行为作为医疗行为的一种，本身也有伤害性，必须有医学的适切性要求，故两者之间并无实质性区别。

（一）医疗行为伤害说

“医疗行为伤害说”是德国医疗刑法学上极为重要的学说，系从1894年德意志帝国的莱茵法院关于“骨髓癌截肢案”的判决意见发展而来。[①] 从形式上看，医疗行为对身体具有物理的、生物的或直接的侵害，以外科手术为例，如德国学者W. Kahl所言：从外在看两者的残酷都是一样的，因为两者都用刀，都有伤，都有血。德国学者宾丁（Binding）早在1902年就指出：“每当进行侵入性医疗行为均建立在与之相对立的伤害行为的基础上。”[②] 其正当化的依据，在德国刑法解释学上经历了从“业务权说”到“病人承诺说”的变迁。

1. 业务权说

在莱茵判决之前，德国刑法学说一直承认“医师业务权说”，盖以医疗行为为正当业务行为，来阻却其作为伤害行为的违法性。宾丁认为，人类社会生活有赖于各式各样从事不同职业之人的共同参与。所谓从事业务之人，除了立法者、法官、公职人员、检察官、律师等，还包括各式各样从事伦理性、知识性及长期反复执行特定业务之人。医师经国家许可，从事医疗业务，故享有“医疗业务权”。[③] 若医师是据公法上所允许的“业务权限”而进行医疗行为，并尽了“业务上之义务”，则医疗目的即可使医疗手段正当化，医疗行为本身即不应该受处罚。德国的帝国刑法典颁布后，在违法或责任阻却事由中，举出业务权作为刑罚不发生的理由，而莱茵判决则肯定了医师能够正当地、不受处罚地损害患者身体完整性的首要前提是得到患者

---

① 一名7岁的女孩罹患结核性骨髓癌，医生告知其父亲必须进行截肢手术，才能保全其生命。然而，小女孩的父亲明确表示反对截肢手术。医生从小女孩的生命健康出发，坚持为女孩做了截肢手术。手术很成功，但医生仍然被以伤害罪起诉，地方法院判决伤害罪成立。法院认为，医生能够正当地、不受处罚地侵害病人身体完整性，其首要前提是必须取得病人之同意。参见王皇玉：《论医疗行为与业务上的正当行为》，载《台大法学论丛》2007年第2期。

② “Von jeher hat das Wundenheilen den löblichen Gegensatz zum Wundenschlagen gebildet.” Vgl. Binding, Lehrbuch des Gemeinen Deutschen Strafrechts besonderer Teil, Band 1, 2. Aufl. 1902, S. 56. 转引自马跃中：《医师刑事责任之探讨——以告知义务、因果关系与信赖原则为中心》，载《军法专刊》第57卷第6期。

③ 王皇玉：《论医疗行为与业务上的正当行为》，载《台大法学论丛》2007年第2期。

同意。[1] 由于业务权说缺乏充分的理论依据，德国学者对此阐述甚少，当今鲜有主张“业务权说”作为医疗行为正当化依据。莱茵法院之判决表明，即便医师从事业务的行为资格，系国家所授予，医生并不当然享有对患者实施医疗行为的支配权。即便业务本身具有正当性，但行使业务权的行为也未必全都是正当。因此，有学者对行为是否正当的判断，提出了一些概括性的看法，即必须依业务种类性质以及所用的方法是否符合一般性习惯，以及是否超过业务的范围及必要的限度。[2] 比如，医师对于腿部受到普通伤害的患者，非治疗上所必要，而将患者的腿锯断，即不能成立业务上的正当行为。[3] 业务权系国家许可的资格，不代表医师取得对患者的强制支配力，不能解释欠缺患者承诺的医疗行为在刑法上的正当性和适法性。一般也只有在紧急情况下（稍有迟延，危险必至），或严重传染性疾病等涉及公共安全的情形，才能依业务权或国家强制力实施对患者的强制治疗权。[4]

2. 社会相当性说[5]

社会相当性理论，源自德国刑法学者威尔泽尔（Wezel）在20世纪30年代末期提出的社会相当性理论，其将“社会相当性”视为一种“植根于历史所形成的共同生活之社会伦理而带来的习惯法上的正当事由”。[6] 日本学者运用社会相当性理论诠释医疗行为的正当性，认为以治疗为目的，并以医学上一般承认的手段、方法实施的医疗处置，属于社会生活中历史地形成的社会伦理秩序范围内的行为，即使侵害了法益，也阻却了违法性。我国台湾地区学者周治平教授认为：“医疗上

---

① RGSt 25，375，380. 转引自王皇玉：《德国医疗刑法论述概说》，载《月旦法学杂志》2009年第7期。

② 韩忠谟：《刑法原理》，北京大学出版社2009年版，第161－162页。

③ 多数学者认为，业务上的正当行为需要满足：从事一定之业务行为、需为合法之业务、需为业务范围内之正当行为。参见张灏：《中国刑法原理及实用》，台北，三民书局1980年版，第132－133页。

④ 我国法律对患者知情同意权的例外主要包括紧急情况、精神病人、法定传染病患者和毒瘾患者的强制治疗。

⑤ ［日］福田平：《新版刑法总论》，有斐阁1980年版，第108页；［日］小林公夫：《治疗行为正当化原理》，日本评论社2007年版，第126－128页。转引自曹菲：《医事刑法的基本问题研究》，载《环球法律评论》2011年第4期。

⑥ Wezel，studien zum System des Strafrechts，ZStW1939，S. 516. 转引自王皇玉：《论医疗行为与业务上的正当行为》，载《台大法学论丛》2007年第2期。

新发明之临床试验行为，为医疗之必要而残人肢体之行为等，莫不对人的生存利益有威胁，且具备形式之违法性，倘若一一入罪，则将无人从事此等业务……在今日社会共同生活之要求上，难谓殊合，所谓社会相当性之理论，用以克服法益说之非时代性。”① 持该学说的学者，试图将医疗行为的社会相当性具体化阐释，并据此阻却医疗行为的违法性。社会相当性理论最大的问题是其概念本身的模糊性，何种行为具有社会相当性，本身就不是事实判断，而是价值判断，因不可避免地渗入行为人的主观偏好与认识偏差，而没有被学界所广为接受。

3. 病人承诺说

1894 年德意志帝国莱茵法院“骨髓癌截肢案”判决中认定，医师在实施治疗行为时，尊重患者的意思自治是最高法理。法院认为：凡是造成身体完整性的伤害，即便是出于急迫之必要行为，仍会构成伤害罪。据此，医师为病患注射缓和痛苦的止痛剂或照射 X 光仍会构成伤害，当然也包括外科手术。其主要的立论基础在于医师的医疗行为对身体产生整体作用之前，将会对身体造成伤害。德国从帝国法院时代乃至德国联邦法院的判决的理念在于确保病患自主权，每个医疗行为均在构成要件层次上被认为伤害行为，唯有产生有效的同意才可以阻却违法，医疗行为无法再以“业务权论”阻却其违法性，只能通过以下三种事由才可以阻却违法；第一，得被害人的承诺（病人之同意）；第二，具有推测之承诺；第三，紧急避难。② 笔者认为医疗刑法上的病人承诺说，与德日刑法作为违法性阻却事由之一的“被害人承诺”在实质上是一致的。作为一种排除犯罪性的事由，其已为德日刑法学广为认可，且刑法上常以病患承诺常作为例证。被害人承诺适用的基本条件包括行为人对受害人同意的权益须有处分权；受害人同意必须是真实有效的；受害人同意须出于对社会有益的意图；损害行为必须符合国家法律与社会的公德。早在 1935 年我国学者陈文彬即在其著述《中国新刑法总论》较早提出正当业务之合法行为中，要使医疗行为成为正当业务行为，而阻却医疗行为的违法性，必须具备

① 周治平：《刑法总论》，1963 年自版发行，第 207 页。

② 王皇玉：《论医疗行为与业务上的正当行为》，载《台大法学论丛》2007 年第 2 期。

病人同意之要件。[1] 自我决定权是人自由价值的核心，尊重患者的自主权是世界范围内人权运动发展的必然结果，并已成为现代医疗伦理的四大基本原则之一。在医疗行为伤害说的前提下，医师具备适切性的医疗行为，通过病人知情同意而成为正当化行为，本质上融合了正当业务与被害人承诺，在理论和实务上得到了相对比较广泛的接受和应用。

（二）医疗行为非伤害说

尽管德国司法实务界普遍将医疗行为定性为伤害行为，但医学界和刑法理论界部分学者对此仍有批判，因此他们提出了医疗行为非伤害说，这是与“医疗行为伤害说”相对立的有力学说。该学说认为，医疗行为本身具有正当性，从整体效果来看，并未侵害患者身体或生命利益，即便没有患者承诺，也不应被解释为伤害行为，并从构成要件上来否定伤害性医疗行为构成伤害罪。在医疗行为非伤害说的前提下，理论上有意图理论、差额理论、社会意义理论等多种观点。

1. 意图理论

该观点认为医师主观上并无加害的意图，故不能仅从形式违法性的角度看到医疗行为侵犯了特定的行为客体，就应该成立伤害罪，而是应该从刑法规范所要保护的“理念上的价值”（Ideeller Wert）角度，亦即从整体的身体、健康利益来评价医疗行为才是正确的选择。[2] 因此，单从医疗目的与医疗行为是为了促进病人生理健康的意图出发，就足以构建医疗行为正当性的基础，而不必将病人同意加进来。但多数学者认为，意图理论是为了阻却伤害罪的构成要件，将行为人特定的主观要素（意图）吸收到构成要件中，而实际上伤害罪的构成要件要素，对行为人有无特定意图根本没有作任何要求。[3] 对此笔者认为，医师的医疗行为具有促进健康的意图，一般情况下可以排除直接伤害的主观故意，但对间接故意或者过失并不能当然排除。

---

① 陈文彬：《中国新刑法总论》，夏菲勘校，中国方正出版社 2008 年版，第 55 – 60 页。

② Jescheck/Weigend，Lehrbuch des Strafrechts，5.，Aufl. 1996. S. 234f. 转引自王皇玉：《德国医疗刑法论述概说》，载《月旦法学杂志》2009 年第 7 期。

③ 曹菲：《医事刑法的基本问题研究》，载《环球法律评论》2011 年第 4 期。

2. 差额理论

德国刑法学者贝林（Beling）、宾丁、阿夫尔（Aufl）等认为医疗行为是否符合伤害罪的构成，关键看行为最终结果是否对身体的整体利益造成侵害，通过利益的差额进行权衡，即便是对身体造成侵害的治疗行为，但只要医疗行为的最终结果是给患者带来更大的健康促进作用，那么，该医疗行为就不符合伤害罪的构成要件。形式上医疗行为所造成的对身体完整性与健康的伤害，被其对更大的生命健康等利益的保护所抵销。比如，贝林从“结果不法”的观点来解释医疗行为，如果医疗行为的投入，其生命、身体、健康利益能够获得保证，从而就结果来看，根本不存在一个侵害身体健康法益结果的不法行为。但是如果是失败的医疗行为，贝林认为，此时仍应构成伤害罪。① 对此笔者认为，差额理论的功利主义色彩过于浓厚，且将医疗行为的价值强加于个人健康法益拥有者之上，并通过行为结果的损益结算加以定性，这种结算的方式有违常情，且有客观归罪之嫌。

3. 社会意义理论

该观点认为，医疗行为的正当化根据只存在于治疗行为自身的“社会意义”，而与其是否客观上增进的患者身体利益无关。医师实施手术行为侵入患者的身体，形式上看是单纯的物理施压，并无任何法律意义的中间阶段，不能作为刑法评价的对象。也只有当医师以医学上不正当手段对身体进行处置时，该行为因侵害了患者身体健康之法益，才应该成为刑法规制的对象。如果医学上的医疗行为是正当的，只是违反患者的自我决定权，那么该行为实际上侵害的是患者的自由法益。社会意义理论解释路径有其一定的合理性。然而，该观点的问题在于：医疗行为有没有造成法益侵害？造成何种法益侵害？并不取决于该治疗行为给患者生命、健康带来的最终结果成功与否，而只是取决于医疗行为的本身的正当性。如此，必然会带来刑法上法益内容的空洞化和极端的行为负价值。

“医疗行为伤害说”与“医疗行为非伤害说”作为医疗行为正当化

---

① Beling, a. a. O., S. 222ff. 转引自王皇玉：《德国医疗刑法论述概说》，载《月旦法学杂志》2009 年第 7 期。

依据的两种刑法解释的路径，各有千秋，也各有缺憾。笔者认为，我国应采取“医疗行为伤害说”：从形式上看，普通故意伤害与过失伤害相较，两者对人的身体造成的伤害结果无本质区别，且医师对于所实施的医疗行为造成的侵害结果主观上是有认识的，而医疗行为作为非加害行为，应属主观上有阻却违法之要件，而不能反推主观要件不成立。此外，刑法构成要件判断法益侵害的标准是客观的，医疗行为符合伤害罪的构成要件的该当性，差额理论可作为违法性阶段进行判断，而不能以对患者身体的整体利益否定构成要件之成立。尽管父权主义医疗目前在我国仍有广泛的市场，短期内“伤害说”可能对医患双方都会造成不解和疑虑，但基于对患者权益的保护和对患者医疗决定自主权这一基本人权的尊重，从长远来看通过刑法这一“最后的手段”加以确定是十分必要的。

第八章　我国患者知情同意权的立法调整及其适用展开

一、知情同意权与患者利益的最大化

患者知情同意权（Informed – consent，IC 理论），被誉为现代医疗法学的基石。在英美法系中，知情同意一般被理解为侵入性或者临床风险较大的医疗干预实施之前医师向患者提供医疗信息，使患者在充分了解的基础上作出其个人医疗决定的过程。大陆法系的日本一般将其翻译为“充分说明与同意”。从赫尔辛基宣言（Declaration – of – Helsinki）、纽伦堡守则（Nuremberg Code）到今天，IC 理论在大多数国家被接受，这一制度设计的生命力显而易见。一般认为，“知情同意权”理论使医疗行为从“父权主义”最终走向患者最佳利益原则，这一规则也被法学界与伦理学界奉为圭臬。从法学视角看医疗知情同意权的理论基础，通说认为，主要从医疗行为的“伤害性”之考量，从“被害人承诺”理论来阻却医疗行为的违法性。医疗上的“被害人承诺”的行为就是基于患者被充分“告知”后作出“同意”。从医学伦理学角度而言，知情同意权理论是基于“患者自主权”和“人性的尊严”的医学伦理基本原则而派生的理论。诚然，医患之间本应是利益的共同体，共同承担除病痛与助健康之完美的使命。然而，医者的职业属性使医疗活动本身也是一种有偿服务，仅仅从道德层面对所有医务人员作出过高的期待，也不切实际。加之医疗的专业性、垄断性和伤害性等与生俱来的特点使其不同于其他行业，医学本身兼具自然科学与社会科学的特点，学科自身有极其特殊的多重属性。对医疗行为的法律规制，无论是民事抑或刑事领域，司法实践中往往会出现过度依赖医疗技术本身的鉴定突出问题。当下，我国医疗诉讼已经成为民事侵权领域的重要的案源之一，根据医法汇近年来的统计，侵犯患者的知情同意权是我国医患民事纠纷裁决中的重要原因之一，占比达25%左右。IC理论的初衷是为了实现“患者的最佳利益”，其最终的效果取决于医疗服务是否有价值、有温度和患者最节约的费用支出。毫无疑问，知情同意权的引入，对既往专断医疗可能给患者带来的危害从制度和程序上进行了限制。然而，近10年来，从知情同意权在我国的实施情况看，它的负面效应也在不断显现。例如，防御性医疗的日益兴起、医患共同决策的低效率等。

何谓“防御性医疗”？一般认为是医务人员在诊疗活动中为避免可能造成的医疗风险和医疗纠纷而采取的旨在自我保护的医疗措施。医患冲突、医疗纠纷和医疗诉讼等问题已经成为困扰临床医生执业的重要因素，为了避免发生这些不利后果，不少临床医生采取增加非必要的检查项目或回避高风险、危重病、高难度手术的患者等应对办法。防御性医疗本质上是医务人员为应对医疗安全的风险，所采取的自我保护的一种违反医疗伦理甚至法律的行为选择，也是我国近些年来医患矛盾不断恶化结出来的恶果，显然，其产生有悖于医学初衷。医学关乎人类生老病死，面临诸多的未知和不确定，因此医学本身需要不断创新，医务人员需要甘冒风险，不断挑战新的问题，才能不断解决人类之疾苦。而对医生合法权益的有效保护才能使其逆人性之趋利避害，使医学在合理正确的轨道上良性发展。

近年来，域外风靡的医患共同决策在我国医学伦理学界备受推崇，就理论本身而言，医患双方通过对疾病系统全面的了解，经过广泛而深入地沟通，科学作出共同决策显然是最理想的路径选择。然而，我国人口基数大、优质医疗卫生资源相对缺乏，医患共同决策在当下必然会影响医疗服务的整体效率。医患共同决策依赖医务人员向患者全面提供所患疾病最新的医学知识以及相关治疗措施的原因和理由，且必须借助于患者本身对相关疾病的深入学习，真正理解相关医学知识与技能。这种近乎苛刻的要求，必然会使医生的工作量进一步加大，且患者受教育程度、知识结构、认知水平和理解能力各异，加之医学本身极强的专业性，必然会导致医疗总体效率大幅度降低。

此外，医疗资源的不合理配置也不利于患者合法利益的保障。从历史上看，我国社会从传统观念到政治体制上，都存在鲜明的等级性与阶级性。这种主体理念上的缺陷是中国医院资源分配不公的根源。自医疗卫生体制改制之初，就以城市为中心，日积月累，城乡之间医院资源和管理水平的差异较为突出。就目前情况而言，全国三甲医院等城市大医院聚集了较多的优质资源，如大型医用设施、技术、优质医疗人员和优秀的技术协作平台等，而其优良资源所造就的高知名度也吸引了大批的病患，正是这样的虹吸效应导致大医院患者就医扎堆，从而扩大了与乡镇医疗资源服务的差距，并使基层医院的资源沉淀受阻。政府财政对卫生事业的投入比例也存在相当的影响，政府投资不足对基层医疗机构发展的滞后也具有不可推诿的责任。

如何在实践中更好地按照法律要求落实患者的知情同意权，减少由于理解或者实施不当产生的负面效应，保障患者利益最大化，促进我国医疗卫生事业健康发展，笔者从知情同意权立法沿革、立法调整入手，分析知情同意权在实践中的法律适用，提出相关完善建议。

二、我国患者知情同意权的立法沿革

“知情同意”一词最初来自英文“Informed consent”，我国通常译为“知情同意”，由于该词的主体不是医生而是患者，所以也译为“知情同意权”。根据布莱克法律词典的解释，Informed consent 的含义为：医生在对患者实施医疗行为时，应该就医疗处理方案、医疗风险以及其他可以考虑采取的措施向患者作出详细的说明，并在此基础上得到患者的同意。[①] 患者知情同意权是患者个人自主权利的体现。[②] 我国《宪法》规定：国家尊重和保障人权；中华人民共和国公民的人格尊严受法律保护，不受任何侵犯。《民法典》第 1002 条规定：自然人享有生命权。《民法典》第 1004 条规定：自然人享有健康权。这些法律法规中的相关规定是对患者知情同意权的概括性规定。而我国有关患者

① 陈燕红：《困境与出路：我国患者知情同意权法律保护与适用的完善建议》，载《河北法学》2014 年第 2 期。

② 孟祥东、董玉宽：《2013 版〈赫尔辛基宣言〉对我国知情同意的借鉴》，载《医学与哲学》2014 年第 8 期。

知情同意权的具体性规定，最早可以追溯到1982年的《医院工作制度》：实行手术前必须由病员家属或单位签字同意（体表手术可以不签字），紧急手术来不及征求家属或机关同意时，可由主治医师签字，经科主任或院长、业务副院长批准执行。该制度首次涉及患者知情同意权履行的相关规定，明确施行手术必须取得“同意”，尽管同意之主体并不是患者本人。

1994年，国务院颁布的行政法规《医疗机构管理条例》第33条强调了患者在接受手术与特殊检查治疗过程中的“同意权”，告知对象也由一开始的病员家属或单位调整为必须在征得患者同意的前提下，取得家属或关系人同意并签字。此外，对其他特殊情况下的处理方案作了相应处理规定。其中，“应当取得家属或者关系人同意并签字”，将签字确认的权利让渡给家属和指代并不明确的“关系人”，也是后来造成医疗实践中如“李某云案件”等个别悲剧事件发生的重要原因之一。1994年，原卫生部制定了《医疗机构管理条例实施细则》，其中第62条将患者知情权的范围从手术、特殊检查或者特殊治疗扩大至自己的病情、诊断和治疗。与《医疗机构管理条例》相比，这一细则突出了对患者“知情权”的重视，同时将保护性医疗措施中“不宜”告知患者的情形首次写进了部门规章。

1998年全国人大常委会通过并施行《执业医师法》（已失效），其中第26条规定了患者或者家属享有对病情的知情权，但医师应注意避免对患者产生不利后果。第37条规定医师在执业活动中，未经患者或者其家属同意对患者进行实验性临床医疗，需要承担法律责任。作为我国医疗卫生领域颁布的一部重要法律，从内容上看，对患者的知情同意权规定比较简约，突出了“患者或者家属”对病情的知情权和同意权，虽未涉及签字问题，但较之前的规定有明显的进步意义，且对实验性临床医疗的知情同意权进行了前瞻性的立法。诚然，患者家属对手术的知情和同意，颇具我国人情社会的特点，没有突出对患者个人权利的保护。

2002年国务院颁布的《医疗事故处理条例》第11条将患者知情权的范围界定为病情、医疗措施和医疗风险等，并规定医疗机构及其医务人员应及时解答患者咨询。第33条对不属于医疗事故的情况作了具体说明，如在紧急情况下为抢救垂危患者生命而采取紧急医学措施造成不良后果的和因患方原因延误诊疗导致不良后果的，这也是对医务人员的告知义务的限缩，从而使知情同意权的履行更加切合临床实际。

2010 年《侵权责任法》（已失效）的颁布明确了患者知情同意权的独立地位，使我国知情同意权制度从行政法规章上升为法律规定。该法第 55 条规定了医务人员必须取得患者“书面”同意的情形：手术、特殊检查、特殊治疗；医务人员必须向患者说明的内容包括医疗风险、替代医疗方案；告知对象为患者本人，只有在明确“不宜”告知的情况下，才需要告知“近亲属”。该法第 56 条规定：因抢救生命垂危的患者等紧急情况，不能取得患者或者其近亲属意见的，经医疗机构负责人或者授权的负责人批准，可以立即实施相应的医疗措施。对紧急情况下医生具有单方行医权作出了规定。该法第 60 条则规定了紧急情况下，医务人员告知后同意义务的豁免。《侵权责任法》（已失效）关于患者知情同意权的相关规定是对 2007 年发生的北京朝阳医院京西分院“李某云案件”的法律回应，纠正了既往法规中必须同时取得“近亲属”和“关系人”签字的问题，对紧急情况下的医方处理办法作了进一步的规定，同时，为了避免医疗活动中患者紧急救治权与知情同意权之间的冲突，规定了特殊情况下的医务人员告知后同意义务的豁免。特别值得注意的是，2010 年 3 月施行的《病历书写基本规范》第 10 条进一步强调患者本人对知情同意的主体性，而其法定代理人或被授权的人以及近亲属则在特定的情况下才被允许对患者的医疗知情同意。

随着医疗卫生行业立法进程加快，继 2010 年《侵权责任法》（已失效）后，2018 年《医疗纠纷预防与处理条例》、2019 年《卫健法》和 2020 年《民法典》等法律法规相继出台，10 年间出台的四部医疗卫生行业重要的关于病患的“知情同意权”的法律法规无疑是必备法条，但相关法律法规关于该项规定的具体内容存在一定的差异，这也带来法律适用的相关问题。

2018 年发布的《医疗纠纷预防与处理条例》第 13 条将特殊检查、特殊治疗规定为存在一定危险性、可能产生不良后果等；将不宜向患者说明的情形规定为患者处于昏迷等无法作出决定的状态或者病情不宜向患者说明等，这一规定与《侵权责任法》（已失效）有所区别，但内容未作重大调整，只是就部分问题的解释更加明确化。

2019年颁布的《卫健法》第32条将患者知情同意权的范围规定为病情、诊疗方案、医疗风险、医疗费用等事项；规定开展药物、医疗器械临床试验和其他医学研究也应取得知情同意，进一步拓展了告知的范围和标准，沿用了《侵权责任法》（已失效）第55条立法的主要内容①。

2020年颁布的《民法典》第1219条对于需要实施手术、特殊检查、特殊治疗的患者，要求医务人员"及时""具体"的说明相关情况，并取得患者"明确"同意。相较于其他法律法规，其法律效力更高，对知情同意权规定更为详细。从"书面"到"明确"是它对知情同意权相关规定的重大调整，意味着只要是"明确"同意，都可以成为患者已经"同意"的关键要件。此外，《民法典》突出了"患者本人"的同意，正本清源，对知情同意权对患者本人的主体资格作了进一步明确。2022年3月颁布的《医师法》第25条沿用了《民法典》第1219条之规定，从而在法律层面上实现了内容的统一。②

《医师法》颁布的同时，《执业医师法》废止。新法增补了知情同意的相关规定，主要体现在紧急医疗救治下的知情同意豁免和说明事项的具体化两个方面。如《医师法》第27条对医师的紧急救治增加以下内容：不能取得患者或者近亲属同意的情况下，经医疗机构负责人或者授权的负责人批准，可以立即实施相应的医疗措施；鼓励医师积极参与公共场所的急救；医师因自愿实施急救造成受助人损害的，不承担民事责任。③

三、国外知情同意权的最新进展及其镜鉴

（一）美国

根据美国《联邦法规汇编》第38法令，在紧急且具备以下条件的

① 李国民：《〈中华人民共和国基本医疗卫生与健康促进法〉的伦理学解读》，载《中国医学伦理学》2021年第9期。

② 杨丽珍：《"告知后同意"：〈民法典〉第1219条第1款的解释论展开》，载《西北大学学报（哲学社会科学版）》2020年第6期。

③ 孟祥菡：《我国人体临床试验受试者知情同意权的法律保护》，载《人权》2022年第1期。

情况下，不经患者明确同意，可以实行强行医疗救治：（1）患者正冒着重大不可避免的伤害；（2）为了防止患者遭受进一步的伤害；（3）强行医治的好处远超过患者自己决定的风险。

美国食品和药物管理局已正式批准电话和电子同意书作为纸质同意书的替代方案。然而，提供电子同意不应意味着放弃全面的信息流程。

（二）英国

信息披露作为知情同意的要素之一，信息披露的内容在英国法中特别重视。英国《患者权利法案》第3条规定，患者是医疗活动的中心，由于在完全相同的治疗情况下，两名患者的信息披露可能存在根本差异。2015年，英国蒙哥马利（Montgomery）判决废除了“应根据合理的医学意见一致认为在当时的情况下应该披露哪些信息来决定是否披露信息”。英国最高法院的结论是，对患者的决定至关重要的信息，应该以“合理的人”和“特定患者”为基础进行判断。英国法律中“合理的人”有一种解释，即在过失法中，特别是在职业过失案件中，合理的人是通过参考一种特定的合理的个人来指定的，将合理的人描述为特定的个人，澄清了合理性是（某种）典型而非共同的特征。在实践中，有一些例子表明“理性的人”会接受患者价值观和信念的一致性。故“特定患者”要求适当尊重患者自主权的医疗保健决策需要以直接响应患者价值承诺的框架和呈现信息的方式向患者披露信息。英国卫生研究局发布了知情同意责任指南，规定合格的知情同意应达到信息披露完整、充分理解和自愿同意的标准。

（三）加拿大

加拿大安大略省内科医生和外科医生的“治疗同意书”指南要求医生记录包括日期、参与者、重大风险、特别风险、病人的特殊情况、不进行干预的风险、是否知情同意、患者个体的具体情况，如工作责任、家庭问题、宗教信仰和保险范围等。①其中患者个体情况是知情同意的实施中充分展现个体化的一部分，医方应考虑不同工种对术后恢

① Hanson M. & Pitt D., *Informed Consent for Surgery: Risk Discussion and Documentation*, Can J. Surg. 2017; 60 (1): 69-70.

复的需求、家庭的负担和紧急决策、民族的特性和禁忌以及保险承担范围等。

（四）日本

日本司法裁判界和学界一致认为：在病情非常紧急、医务人员必须刻不容缓地抢救患者生命的严峻事态下，说明义务的范围和程度应该减轻，甚至有时可以得到免除。① 一些下级判例对医疗紧迫性的成立，支持“重大紧迫两要件说”，即认为存在“生命的重大危险性”和“时间上的紧迫性”时就是紧急事态。然而所谓的重大性和紧迫性更多体现为观念上的抽象概念，无法实际发挥判断医疗紧迫性存在与否的客观标准作用。另外是“不利因素比较说”，即当治疗行为的危险程度小于不立即实施该行为而产生的危险程度，并且能够认为此时忽略患者的自己决定权具有相对合理性时，就应当认定属于医疗急迫性的情况。笔者认为，“不利因素比较说”更贴合实际判断的标准。

在日本的裁判实务中，“侵袭中的扩大侵袭”② 情况一般被作为医疗紧迫性事由处理。对于这种情况，日本法学界多数支持“慎重论”。然而，临床中患者一般会同意手术范围的扩大。所以，对于癌症患者有“侵袭中的侵袭扩大”可能性时，医生应该提前与患者沟通，预先确认患者的意思并在不违反患者意思的前提下实施侵袭扩大行为，这个问题同样可以适用“不利因素比较说”标准。③

四、多元立法背景下我国医疗知情同意权法律适用

目前，我国对于知情同意权的立法多而杂、缺乏连贯性和统一性，在实践中遇到问题如何适用是目前亟待解决的问题。2020 年 12 月 14 日，最高人民法院出台了《关于适用〈中华人民共和国民法典〉时间效力的若干规定》，自 2021 年 1 月 1 日起施行，《民法典》施行后的法律事实引起的民事纠纷案件，适用《民法典》的规定，《民法典》施行

① 新美育文：“インフォームド・コンセントに関する裁判例の変更”，载《年报医事法学》2001 年 16 号，第 104 页。

② “侵袭中的扩大侵袭”，例如，在肿瘤剔除手术中，医师如果发现患者体内还有别的恶性病灶存在，按照临床医疗一般观点应当立即扩大手术范围。

③ 夏芸：《医疗事故赔偿法——来自日本法的启示》，法律出版社 2007 年版，第 398 - 399 页。

前的法律事实引起的民事纠纷案件，适用当时的法律、司法解释的规定，但是法律、司法解释另有规定的除外。此外，我国的法律法规效力方面的适用一般是上位法优于下位法，立法优于法规条例，特殊法优于一般法。在患者知情同意权的法律法规中，《民法典》的效力最高，笔者认为在法条之间的应用产生冲突时，应优先参考《民法典》，若无冲突，应优先考虑法律和法规的特别法，最大限度保证患者的合法权益。同时，新旧法规冲突以一般应以新法规定为准。①

（一）知情同意权的基本法律构造

知情同意权的构成国际上有两种学说：三元素说和五要素说。三元素说认为，知情同意有三个基本元素组成，即信息披露、患者的表意能力和同意中的自愿，主要解决谁来告知、向谁告知、怎么告知、告知什么，以及谁来同意、怎么同意和同意什么的问题。而五要素说认为，知情同意可分两个阶段，即“信息”处理阶段和“同意”决定阶段。应具备五个要素：（1）信息披露，即医疗告知义务，医方在告知内容和过程上应达到法定的合理注意义务标准；（2）表意能力，对于表意能力我国现有法律多认同民事行为能力说；（3）充分理解要求医方告知核心医疗信息；（4）自愿，强调患者的主动性但不排斥医方建议；（5）同意决定，《民法典》将告知方式统一为“明确同意”。五要素说重点在于回答谁来说明、向谁说明、如何说明和说明什么的问题。其中，五要素说更为全面，在探讨知情同意的要素构成上主要选择五要素说。②

（二）知情同意权的告知与同意的主体的认定

根据《民法典》和《卫健法》，医务人员应当及时向患者具体说明病情和医疗措施等情况，并取得其明确同意；不能或者不宜向患者说明的，应当向患者的近亲属说明，并取得其明确同意。而在临床语境中，对限制或无民事行为能力人，习惯上认同监护人在医疗决策中的合法性，潜在预设为监护人的决策最接近患者的真实意愿。故在知情同意权的告知主体方面，首先应是患者本人，只有在患者不具备同意

① 李德旺、叶必丰：《地方变通立法的法律界限与冲突解决》，载《社会科学》2022 年第 3 期。

② 赵西巨：《医事法研究》，法律出版社 2008 年版，第 67 页。

能力或者患者行使该权利对自身不利的情况下，才需要近亲属代为行使该项权利。[①]《民法典》中规定的近亲属的位序：配偶、父母、子女、兄弟姐妹、祖父母、外祖父母、孙子女、外孙子女。

（三）知情同意权的告知内容方面的认定

实践中遇到患者没有被明确告知病情和医疗措施的情况，根据相关法律法规，明确告知主要涉及两个方面，一是告知的内容要具体，使患者要知情；二是告知的标准要有效，得到患者明确同意。此外对于时间把握方面，“及时”一词强调了告知要符合一般的时间要求，不能耽误后期诊疗。

在告知内容方面，根据《民法典》，在一般情况下，医务人员在诊疗活动中的告知内容包括“病情”和“医疗措施”。需要实施手术、特殊检查、特殊治疗的，医务人员应告知患者医疗风险、替代医疗方案等情况。而最新的《卫健法》规定的告知内容较《民法典》更为详细，即在一般情况下，告知内容除了“病情”和“医疗措施”以外，还包括对“医疗风险”“医疗费用”等情况的进一步说明。此外，涉及医学伦理的药物、医疗器械临床试验和其他医学研究也应作为告知内容。综上，患者知情同意权的告知内容在法律适用上应综合最新的《民法典》以及《卫健法》。

（四）关于知情同意权中告知标准的认定

在告知的标准方面，如何定义有效？就患者而言，只有具备同意的能力，他所作的同意才可能有效。[②] 患者同意的能力取决于其理解治疗的性质和目的的能力，包括理解医疗行为的效果、副作用、并发症以及风险等相关信息，理解并接受治疗将对身体所作的处置和不治疗的可能后果，理解医生对其说明的各种危险及副作用等的能力。[③] 这就要求医务人员既要有告知的意识、告知的行为，也要取得告知的效果，即是通过医务人员告知行为，使患者或者近亲属充分理解“病情”“医

① 参见谈在祥：《论紧急情况下医师知情同意义务之豁免——兼论〈侵权责任法〉第五十六条之完善》，载《中国卫生法制》2016 年第 5 期。

② 吕耀怀、王思文：《论同意对人之尊严的尊重》，载《道德与文明》2017 年第 6 期。

③ 李燕：《患者自己决定权研究》，载梁慧星主编：《民商法论丛》2000 年第 2 号总第 17 卷，金桥文化出版有限公司 2002 年版，第 560 页。

疗措施”“医疗风险”“医疗费用”等相关信息。当医务人员处于告知不能的状态时，如抢救生命垂危的患者等紧急情况，不能取得患者或者其近亲属意见，经医疗机构负责人或者授权的负责人批准，可以立即实施相应的医疗措施。这里的医疗机构负责人，一般应为医院院长的法人代表，经授权的负责人在医疗机构中多为分管医疗业务的副院长，但实践中医院领导事务繁多，少有时间能处理这种突发事务，且容易造成应对不及时而延误治疗的情形，大多数医院会把相关权限下放给医院的总值班，总值班有权决定是否采取相应的医疗措施。

（五）知情同意权的告知方式的要求

2018 年的《医疗纠纷预防与处理条例》规定同意方式为书面同意，而《民法典》以及《卫健法》针对这种情况，只规定了要向患者具体说明，并取得其明确同意，并未强调“书面”同意，即医务人员如果得到了患者“明确同意”，无论其同意的方式是否“书面”均应被认可。该法条从“书面”同意到“明确”同意的调整，概因当下很多医院在疑难复杂案例的沟通上采取多种形式，配备了专门的可以录音录像的谈话室，患者同意的证据的形式呈现多元化，这一立法调整有其现实的意义，但从医院的角度，取得患者的“书面”同意，仍然应该作为首选。此外，同意虽以书面形式要求，但告知形式上却不可只停留于文字表面，而应尽具体告知义务。[①] 同意的形式有明示和默示两种，明示的同意又包括书面的及口头的两种方式。通常情况下，书面的、口头的、默示的同意被视为具有相同的法律效力。无论采用何种同意方式，只要能够通过证据加以证明，使患方充分了解所同意的具体内容方均应认定为有效。[②]

（六）患者同意免除的主要情形

“李某云案”“陕西榆林医院产妇跳楼案”等一系列涉及患者知情同意权是否可以豁免的案件将大众的目光转向如何将医疗行为法律正当化的问题上。知情同意之免除可以分为以下情形：（1）紧急情况下的知情同意豁免。由于情况紧急无法取得患者或其亲属同意，不及时

① 陆青、章晓英：《民法典时代近亲属同意规则的解释论重构》，载《浙江大学学报（人文社会科学版）》2020 年第 6 期。

② 黄丁全：《医事法》，中国政法大学出版社 2003 年版，第 266－267 页。

治疗可能加速病情恶化或导致其死亡，如重伤昏迷且无法联系其亲属的患者、休克病人需要紧急心肺复苏患者。《民法典》第1220条的规定正是紧急情况下医疗特殊干预权的体现。（2）法律规定的强制医疗行为。基于社会公共健康、公共利益至上的原则，若患者患有对他人、社会有危害性而需强制治疗的严重传染性或流行性疾病，或对经《精神卫生法》允许限制自由的精神病人作强制治疗时，无须征得患者同意，即可采取强制性治疗，从而对患者的同意权加以限制。（3）不宜告知患者病情的保护性医疗原则。我国法律并没有直接明确规定保护性医疗制度，但《医疗事故处理条例》、《医疗机构管理条例》和《民法典》等都有涉及。由于法律没有对保护性医疗的行使范围作出明确立法解释，也没有统一的行业标准供医方参考，因而有可能会发生法理冲突的情形，笔者的理解是如果如实告知患者必然会导致其产生较为严重的不利后果。比如，患者已经病入膏肓，且明知其心理承受能力极差，告知后必然会加重其疾病的发展等情形。（4）危险性极其轻微的医疗行为或者患者本身非常清楚而不必告知的情形。如日常肌肉注射会感到痛楚以及伴随局部肌肤轻度红肿的现象，而此类痛楚和红肿的危险性都非常微小，是病人自己十分了解的，所以一般不必告知。（5）患者明确表示自愿放弃其知情同意权的情形。如患者对某种疗法已达到熟悉程度，进而对医务人员产生高度信任，表明后续治疗不用告知。①

（七）违反患者知情同意权的法律评价

我国法律体系是以宪法为顶点，以刑法为保障，以行政法、民商法等为支撑的类似金字塔构造，这些规范形成一个体系就是“法秩序”。② 虽然在法秩序内部，按照民法、刑法等不同的理论基础而各自形成了层级高低、处罚力度和内容不同的独立评价领域，但它们相互配合，形成了一个紧密联系的有序体系。③

关于侵犯患者的知情同意权，我国法律更多关注于行政责任，例

① 曹露聪：《患者知情同意权适用的例外》，载《中外企业家》2013年第5期。

② 刘建利：《医事行为的刑法规制》，东南大学出版社2019年版，第58页。

③ 刘艳红：《法定犯与罪刑法定原则的坚守》，载《中国刑事法杂志》2018年第6期。

如，《民法典》第1219条规定，医务人员未尽到前款告知义务，造成患者损害的，医疗机构应当承担赔偿责任；《医师法》第55条规定，未经患者或者其家属同意，对患者进行实验性临床医疗的，由县级以上人民政府卫生行政部门给予警告或者责令暂停6个月以上1年以下执业活动。

民法对知情同意权损害的救济主要有两条路径，即医疗侵权和医疗合同违约。一方面，《民法典》以专章形式规定了医疗损害责任，并规定了患者知情同意权具体规则，其中患者的人格权可以通过侵权责任进行救济。另一方面，一般认为医患关系主要表现为医疗合同关系，符合特定条件的可能会构成医疗无因管理关系、强制医疗关系等。医疗合同的履行贯穿于医疗行为全过程，其中违约责任可事先约定。现实中，当事人更多选择侵权责任路径进行救济，而合同救济未受到应有重视。①

我国侵害患者知情同意权的刑事案件并不多，但有部分学者认为医疗行为如欠缺知情同意要件就会成为“专断医疗行为”，② 专断医疗行为不仅民事违法，在情节严重时也具有刑事违法性，可构成会故意伤害罪。如符合医学上的适应性和正当性标准，达不到刑事责任的构成要件，仅仅欠缺知情同意，可通过认定医务人员违反说明义务从而构成侵权，判处民事侵权赔偿责任的方式予以解决。但如果涉及切除子宫或乳房等影响身体重要机能或产生身体重大外观改变的医疗行为，如果认定轻伤以上的伤残，不具备豁免知情同意的情形，且欠缺患者知情同意要件的医疗行为，一般应当追究医务人员的刑事责任。

五、完善医疗知情同意权的立法建议

我国患者医疗知情同意权存在立法过于分散、立法行使范围的规定不够明确、医方告知标准及患者知情同意判断标准不够明确、知情

① 王蒲生：《〈民法典〉视域下患者知情同意权的规则阐释与合同进路》，载《求索》2021年第3期。

② 狭义的专断医疗行为是指在非属于强制医疗和紧急医疗的情况下，医师应当并且能够获悉患者的意思，却置患者的意思于不顾而擅自实施的医疗行为，而广义的定义则涵盖强制医疗、紧急医疗和狭义的专断医疗。

同意权例外情况的规定不完善等问题。针对以上立法方面的问题，笔者提出以下几个完善建议：统一患者知情同意权立法、明确权利主体的顺位及立法行使具体内容和标准、明确规定医师的告知义务标准、完善知情同意权的例外规定等。希望通过这些建议能够增强知情同意权在实践中的适用性，以便在最大限度上保证患者的合法权益。

（一）统一患者知情同意权立法

我国知情同意权的立法分散、法条不统一是患者知情同意权被侵犯进而发生医疗纠纷的原因之一。笔者认为法律层面针对同一问题的立法，不宜在条款上存在明显差异，其后果必然导致法律适用中存在争议。由于我国基本法没有对患者知情同意权进行规定，所以其并不具备基本权利的地位。1982 年至今多种法律法规的颁布对该项权利都有相关规定，但其不具有系统性以及明确的法律应用规定。出台的《卫健法》《民法典》两部法律对知情同意权的相关条款规定并不一致，产生了法律冲突，就《民法典》与《卫健法》的效力而言，《民法典》的位阶要高于后者，但立法内部的不统一会带来司法实践中法律适用的选择困境和适用中的不一致。

（二）明确权利主体、顺位以及选择的标准

我国患者知情同意权主要按照《民法典》第1219 条和第1220 条的规定行使。患者本人知情同意能力的判断标准应作具体说明，① 当今世界各国法律没有一个固定的标准去判断权利主体的同意能力，理论上有三种学说：(1) 民事行为能力说。该学说主张以民事上的标准去判定权利主体是否具有同意能力，即完全民事行为能力人具有医疗领域上的完全同意能力，限制行为能力人包括未成年人和间歇性精神病人拥有与之相应的同意能力，无行为能力人不具有同意能力。(2) 责任能力说。主张以刑法上的标准去判断是否有同意能力。(3) 识别能力说。以患者是否有识别能力为准，以权利主体是否能够充分了解病情、是否可以在得知手术方案后作出合理的选择为标准作为主要依据。

近亲属行使权利的具体顺位关系，立法中并没有明确规定。笔者认为，近亲属的顺位关系可以按照《民法典》继承篇中的顺位关系来

① 柳经纬、李茂年：《医患关系法论》，中信出版社 2002 年版，第 54 – 55 页。

行使代理权力。在具体实施时，法定监护人优于近亲属，近亲属优于其他亲属，关系人优于医院负责人。①

近亲属内部意见矛盾以及近亲属意见对患者生命健康明显不利时的处理方式也没有作具体规定。在同一顺位的近亲属发生内部意见冲突时，应该由医疗机构基于其专业的视角，权衡患者的利益之后作出有利于患者的选择。对于患者近亲属的不当代理行为，可从两个方面予以限制。一是确定构成代理权滥用行为的标准。法律预设患者近亲属的代理行为符合患者最佳利益，医方对此具备合理信赖，一般无义务审查代理决定的正当性。但如患者近亲属的代理决定明显构成代理权滥用时，其应负较高的证明标准来证明该代理决定符合患者自主意愿和价值选择，否则医方可认定其构成代理权滥用，拒绝近亲属的代理意见，按医学利益最大化原则实施医疗行为。二是确定代理人的侵权责任承担。近亲属不当行使代理权行为时，造成患者人身利益受损，须承担侵权责任。此外，还可通过撤销代理人、选任新的代理人重新作出医疗代理决定的方式，实现对代理行为的间接限制。②

（三）明确规定医师的告知义务标准

在医疗过程中，医生的告知行为是在患者的知情同意权行使之前作出的，只有医生履行告知说明义务并取得患者的同意，该医疗行为才具有合法性。③ 因此，医生履行说明义务的标准如何界定就显得极具意义。根据当前患者知情同意权相关立法规定，在一般情况下，医务人员在诊疗活动中应当及时向患者说明“病情”和“医疗措施”；需要实施手术、特殊检查、特殊治疗的，医务人员应当及时向患者具体说明医疗风险、替代医疗方案等情况。但是立法并未对需要实施手术、特殊检查、特殊治疗的情形作具体界定，在《医疗纠纷预防和处理条例》等有关法条上将“特殊检查、特殊治疗”说明为“开展临床试验等存在一定危险性、可能产生不良后果”，而在医疗纠纷实践运用中，

① 丁磊：《患者知情同意权行使主体的司法认定——基于48份民事裁判文书的分析》，载《东北大学学报（社会科学版）》2020年第3期。

② 李小松、苟雪、罗刚：《基于患者最佳利益原则完善我国医疗委托代理制度》，载《中国医院》2022年第5期。

③ 艾尔肯：《论医疗知情同意理论》，载《河北法学》2008年第8期。

这里的规定与说明往往并不具体，这也使在医学实际中，对于某些未经征求病人意见的特殊检查或者诊疗，也往往会形成究竟归属普遍性诊断或者特殊性诊疗的争议。

在实际工作中，医患双方基于不同的利益诉求和立场形成了不同的评判准则，总结目前学者的看法大致有如下四种：（1）合理医师标准说：医生应当参照合理的医疗水准来说明有关信息，即要求医师遵从职业的惯例加以说明。（2）合理患者标准说：强调以患者的需要为标准，主张一切可能影响患者合理性决定的危险均应予说明。（3）具体患者标准说：为最大限度地落实患者的“自我决定权”①，不能仅凭所谓的客观合理性而侵害患者的身体法益，而要保护患者根据其人格追求对身体进行自我决定的自由。② （4）折中说：对合理患者标准说与具体患者标准说之折中。应当考虑患者和医生两方面的因素，医师根据其所知道或者应当知道患者的整体情况，在患者行使自己决定权时，医师都应当给患者加以说明。③

此外，对于告知的方式是口头还是书面，以及签署知情同意书的具体情况需要作具体规定。医疗实践中以患者签字方式为主，因为书面的同意是证明患者确实作出了同意的最有效的证据，故一些医疗服务机构更青睐于书面形式，以备出现纠纷时在司法程序中用来抗辩，但是在医疗实务操作中，医生通常不会对知情同意书作过多详细的说明，所以会出现患者在不了解知情同意书内容的情况下由于时间紧迫等原因就草率签署的情况，当产生医疗纠纷时会导致患者的自身权益无法被有效地维护。而且，目前在知情同意书的书写内容上存在一些不合理之处，具体表现如下：知情同意书内容对于患者而言难以理解，比如，专业性术语过多，内容比较固定，缺乏一定的灵活性和针对性

---

① “自我决定权”来自密尔的古典自由主义，即每一个人均为享有尊严的个体，可以排除外部干涉按照自己的意志自由地决定自身的发展。在医疗领域，该原则表现为患者享有了解自身疾病、预后等相关信息的权利，并在充分理解的基础上，给出是否同意的决定。

② ［日］米村滋人：《再論・患者の自己決定権と法》，载《刑事法・医事法の新たな展開（下巻）》，信山社 2014 年版，第 102 頁。

③ 冯军：《病患的知情同意与违法——兼与梁根林教授商榷》，载《法学》2015 年第 8 期。

等。笔者认为应尽快确立一个标准，以便减少负面效应，减少医患冲突、医疗纠纷和医疗诉讼事件的发生，从而增进医患之间信赖，创造良好的医疗环境。①

(四) 完善知情同意权行使的例外规定

《民法典》第1220条规定，紧急情况下，医务人员对告知后同意义务的豁免，以及对病人知情后同意权所享有的例外情况进行说明。即在某些特定的情形下，为完成医生对病人所应尽的救治义务以及保障病人根本利益，医生必须对病人的一些主观权力加以约束，而医生的这些权力就被称为医疗特权，也叫作医生豁免权、医生干预权。不过有关立法中并没有对知情同意权实施中的例外情况作出具体规定，对此笔者认为十分必要，这有利于扭转目前“防御性医疗”不断“抬头”的局面，让患者理解医疗行为的合理性以及增强医患之间的信任感，推动我国医疗卫生事业健康发展。

知情同意权行使的例外情形主要包括紧急情况下的医疗处置权和病人非理性放弃治疗、强制性医疗和出现不适合实验性临床医疗的情况。首先，在紧急情况下对病人实施抢救时，因为家属不愿意导致医生不对病人实施急救处置，由此形成病人紧急救治权利和知情同意权之间的矛盾。所以，必须对紧急情况下的医学处置权进行明文规定。在“紧急情况”的具体规定上应明确：出现对病人生命健康巨大的危险；威胁是真实的、眼下进行的、非常紧急的；病人缺乏接受能力并且无法联络到病人近亲属。

其次，在病人非理性放弃治疗的具体规定上应明确：拒绝治疗将对患者造成严重后果，造成无法弥补的损害；患者的心态处于不稳定状态，拒绝接受治疗；药物对患者的思维以及认识能力产生严重影响。

再次，在强制性医疗的具体规定上应明确：对吸毒人员进行强制医疗；对部分精神疾病患者进行强制医疗，即患有严重的精神病并且由于疾病给周围人员或者社会造成了严重的财产和生命危险；对患有

① 耿雯倩等：《伦理审查视角下临床研究知情同意书质量分析》，载《中国医院管理》2022年第2期。

传染性疾病的患者进行强制医疗。①

最后，在不应继续实验性临床医疗的具体规定上应明确：在实验性临床诊断的情况下，即使患者已经知情并同意对其采取医疗措施，当具体临床活动中出现一些高度的危险和难度，继续治疗很可能会导致病人生命受到严重危害或者身体出现伤残时，应立即停止或中断临床试验。此外，笔者认为在权利救济方面患者知情同意权的实施缺少程序性的保障，可以建立相应的权利救济监督机构作为第三方机构帮助保障患者的合法权益。同时，可借鉴其他国家的立法经验，先在观念上改善医务人员对患者知情权利的认识，然后参照国外成熟的经验，在方式上选择科学且有利于保护患者合法权益的规则。

六、余论

随着近年来患者对自主知情同意权意识的提升，如何在实践中使患者知情同意权的行使更加合理有效，在最大限度上保障患者的合法权益已经成为人们关注的焦点。一方面，医务人员的知情同意的意识在大量的司法实践中不断得到强化，医疗机构也不断重视对医务人员的教育培训，总体而言医者的告知虽不完美，但在临床诊疗活动中的效果已然得到很好的落实；另一方面，随着我国国民素质的提升和信息化时代知识获取的便捷，患者同意的能力在不断加强。因此，如何让患者在医学知识的海洋中，去伪存真、去粗取精，有选择地对患者所患疾病开展专门自我教育，逐步过渡到医患共同决策则是当下医疗机构面临的新课题。此外，作为对医疗纠纷的解决起到关键作用的医疗损害鉴定，对知情同意权的过错侵权的认定应该更加精准，以避免过错门槛太低导致医务人员由此产生防御型医疗行为。综上，只有廓清患者知情同意权的相关立法，在医疗活动中医患正确行使知情同意权，坚持以患者为中心，坚守人民至上、生命至上的理念，才能更好地保护患者的合法权益，构建温馨和谐的医患关系，促进我国医疗卫生事业的高质量发展。

---

① 任澜涛：《论我国强制医疗程序之完善——以强制医疗程序确认困境为视角》，载《西部学刊》2022 年第 4 期。

第九章　紧急情况下医师知情同意义务之豁免

患者知情同意权理论被公认为现代医学伦理学的基础和现代医疗法的基石。作为对患者基本人权的保护，知情同意权理论和实践功莫大焉。而作为一般原则之例外情形，如影响公共卫生安全的重大传染性疾病、涉及患者生命健康“稍有迟延，危险必至”，患者本人及家属无法履行知情同意权之情形等，则是基于现实与理性考虑，不要求医生在这些情况下获得知情同意。医师知情同意之豁免和患者该项权利的限缩，对知情同意权理论的完善和司法实践的疑难问题的解决有着十分重要的意义。

一、域外对“紧急情况”医师知情同意之豁免

（一）美国

1957 年美国通过对 Salgo 案①的判决，最早创立了“知情同意”这一法律名词，并在临床医疗中得以广泛应用。1960 年堪萨斯州最高法院通过 Natanson 案②的判决使该法理得到进一步确立。1972 年美国制定《病人权利法案》，将知情同意权列入患者的法定权利。此后美国通过多个判例逐步确立了其清晰的立法和司法内涵，并逐渐在全美和世界范围内发展。尽管美国没有联邦范围内的关于《医疗同意法》（Medical Consent Law）的统一法典，但各州医疗同意法的规定大体相同。

---

① Salgo v. Leland Stanford Jr. University Board of Trustees, 317P. 2d 170, 181 (1957).

② Natanson v. Kline, 186 Kan. 393, 350 P. 2d 1093 (1960).

以佛罗里达州为例，其《医疗同意法》未就医疗行为在紧急情况下知情同意豁免作出规定，而是作为一般性条款规定在《乐善好施法》(Good Samaritan Act) 中，根据规定在已引起疾病、损伤或疏漏而引发的损害或者死亡中提供紧急医疗服务的个人或单位不承担民事责任，除非行为人有严重过失，如“鲁莽性漠视”他人生命或健康的行为导致这类损害，或者救助行为偏离了一名合理人在相同或类似情况下的既有行动。该项条款作为紧急情况下医师履行知情同意的豁免，授予了医师在紧急情况下的实施医疗行为的自主权。由此可见，美国法律允许紧急情况下，医师未经患者知情同意，也无须患者近亲属同意或者医院负责人的同意，即可采取应对之紧急诊疗措施，以实现患者生命健康利益的最大化。① 美国法律对于“紧急情况”的解释没有非常明确的界定，一般而言，其认定涉及医师的直觉和基于常识的判断，因此界定范围相对宽泛，其中极端的表述为：“直接、严重和确定的生命或肢体威胁。”②

（二）日本

日本法律并未就知情同意作出特别明确之规定，散见于部分法律规定。例如，日本《医师法》第1条规定：“医师，通过掌管医疗及保健指导，为促进和提高公共卫生作出贡献，从而确保国民健康生活。”有日本学者据此认为该规定适用于一般诊疗行为，故对病患之疾病及其他必要情报的提供负有说明义务。③ 日本《医师法》第23条规定：“医师在完成诊疗时，对于本人或其保护者，必须指导有关疗养方法及其他促进保健的必要事项。”④ 该项规定是日本《医师法》中比较明确的关于患者知情同意权之规定。日本患者权利宣言全国起草委员会于1984年10月拟定了患者的权利宣言。1989年10月厚生劳动省公布了《医药品临床试验实施基准》，并在实施治疗过程中说明被试验者的同意为必不可少的条件。而对于紧急情况下的医疗行为，日本在学术界

---

① 李庆功：《医疗知情同意理论与实践》，人民卫生出版社2011年版，第266－267页。

② Cunningham v. Yankton Clinic, P. A. 262 N. W. 2d 508 (S. D. 1978).

③ ［日］中村敏昭：《医疗纷争与法律》，台北，文笙书局2004年版，第15－16页。

④ 《日本医师法》，张忆红译注，载《东南法学》2014年第6期。

和司法界均认为知情同意义务的范围应该减小，程度应该减轻，甚至有时可以得到免除。“在病情危急，医务人员必须刻不容缓地抢救患者生命和身体健康的紧急事态下，医生可不经患者或其他人等的同意即实施救治已成为日本裁判界和学术界的一致见解。”① 在紧急事态的成立要件方面，学理上一般认为存在两要件说，即患者存在“生命健康的重大危险性”和“时间上的紧迫性”②。此等情况下，医师知情同意义务应予以豁免。

二、我国关于“紧急情况”的立法现状分析与反思

（一）关于“紧急情况”的法源及冲突

我国多部法律规范中有“紧急情况”之相关规定。如2022年修订的国务院制定的《医疗机构管理条例》第32条规定：医务人员在诊疗活动中应当向患者说明病情和医疗措施。需要实施手术、特殊检查、特殊治疗的，医务人员应当及时向患者具体说明医疗风险、替代医疗方案等情况，并取得其明确同意；不能或者不宜向患者说明的，应当向患者的近亲属说明，并取得其明确同意。因抢救生命垂危的患者等紧急情况，不能取得患者或者其近亲属意见的，经医疗机构负责人或者授权的负责人批准，可以立即实施相应的医疗措施。1998年全国人大制定的《执业医师法》（已失效）第24条规定：“对急危患者，医师应当采取紧急措施进行诊治；不得拒绝急救处置。”2012年原卫生部重新修订的《病历书写基本规范》第10条规定：“……为抢救患者，在法定代理人或被授权人无法及时签字的情况下，可由医疗机构负责人或者授权的负责人签字……”2020年《民法典》第1220条规定：“因抢救生命垂危的患者等紧急情况，不能取得患者或者其近亲属意见的，经医疗机构负责人或者授权的负责人批准，可以立即实施相应的医疗措施。”

上述规定基本涵盖了我国现行法律法规对于“紧急情况”下，医

---

① 夏芸：《医疗事故赔偿法——来自日本的法的启示》，法律出版社2007年版，第394页。

② 夏芸：《医疗事故赔偿法——来自日本的法的启示》，法律出版社2007年版，第393页。

师如何履行知情同意权的规定，其立法宗旨都要求“紧急情况”下应积极给予患者积极救治。但是否需要履行医师告知后同意之义务，相关规定不尽相同，且相互矛盾。其中《执业医师法》要求将紧急采取救治措施作为一项义务，对是否履行知情同意之义务没有要求，就其文义解释必然包括“未经知情同意”之情形。《医疗机构管理条例》和《民法典》则规定不能取得患者或者其近亲属意见的，经医疗机构负责人或者授权的负责人“批准”，方可进行紧急救治。而最新的《病历书写基本规范》则要求必须经医疗机构负责人或者授权的负责人“签字”。

一般而言，在遇到病情危重需立即实施外科手术的危重患者，时间之于医师和患者都是极为宝贵的，争分夺秒唯恐不及。在这种情形下若依《医师法》必先立即施救，若依《医疗机构管理条例》和《民法典》则应立即联系医院负责人或被授权的负责人，并获其“批准”，若依《病历书写基本规范》则应得到“批准”并经“签字”后方能实施手术。可见，无论医师在“紧急情况下”采取何种措施，因立法的冲突都会陷入两难之境地，且医疗机构负责人或经授权负责人在当下医疗分工日益细化的背景下，其未必是熟悉该医疗领域的专家，或因其无法到场致判断有失，待其“批准”或“签字”无疑增加延误治疗或者错误判断的风险。

（二）关于“紧急情况”的理解与思考

由于我国现行法律关于“紧急情况”的立法存在冲突，导致在法律效力确定上产生问题。根据基本法理，同一位阶的法律效力特别法优先之原则，《执业医师法》与《民法典》均为由全国人大制定的法律，前者较之后者属特别法，故应该优先适用。而根据新法优于旧法之原则，同一立法主体按照相同程序，先后就同一领域的问题制定两个以上的法律规范，应根据法律制定时间先后确定其优先顺序，即新法优先之原则，据此《民法典》应优先适用。由此可见，在现行立法关于“紧急情况”的规定，医师紧急救助义务的法律规范在效力的确认上也已致陷入两难之境地。而《医疗机构管理条例》和《病历书写基本规范》尽管法律位阶和效力较低，但因属行业和医院具体管理规范，实践中医院和医师均高度重视，故而形成固定之思维与行动习惯应属常态，若医师在医疗实践中遇到“紧急情况”，一般会固守寻求医疗机构负责人或者授权的负责人“签字”。本节认为，《执业医师法》与《民法典》该项规定应由其共同立法作出法律适用的明确解释，相关法律法规应该就该项规定立法主旨形成一致意见，《民法典》立法技术比较成熟，司法实践中应用广泛，故应该进一步加以重点完善。

紧急情况该如何认定？何谓医疗上的“紧急情况”，《民法典》将其表述为“因抢救生命垂危的患者”，也即生命即将结束之意。本部分认为对于医疗领域的紧急情况应该包含“生命和健康”两个方面，也即患者生命和身体健康处于必须立即救治的紧急事态下。判断紧急状态包含“病情的危重（濒死）及身体伤害的严重性”和“时间的紧迫性”，两者缺一不可。当然，“病情危重”的濒死状态在医学上表现和指征表现各异，具体可能会出现呼吸困难、心搏骤停、意识障碍、脑功能缺失等诸多症状，但任何试图从法律角度定义“病情危重”都将徒劳无功，因为很多疾病都会导致死亡（含脑死亡），而其外在表现不一而足。对于“病情危重”最有发言权的显然是临床一线各科室的医师，因此，应该给予医师一定的自由裁量权。而对于“身体伤害的严重性”，应该理解为疾病本身可能会造成就诊人组织器官严重损伤或完整性缺失、丧失劳动能力或导致无法治愈等严重后果的情形。

（三）赋予医师知情同意义务的紧急豁免权的理由

立法者和公众对赋予医师知情同意义务的紧急豁免权心存顾忌是可以理解的。但给予医师这项权利，并非意味着医师可以无限制地自行决定豁免知情同意，而应该在医学上表现为紧急医疗行为干预的必要性和紧迫性。鉴于医疗行为的必要性考量：临床医疗活动中延误治疗经常发生，由于没有获得及时救治导致患者死亡或严重影响治疗效果属常态，不少疾病的抢救极具时效性，否则后果不堪设想。从医疗处置的紧迫性考量：临床上抢救患者常常是争分夺秒、刻不容缓，欲挽救患者生命与健康，则必须赋予医师当机立断、及时处置之权利，倘若抢救前设置诸多前置条件，如联系近亲属签字或者是医院负责人“同意”或“签字”，则患者的生命和健康之风险将不断增加。

诚然，患者对身体自由之支配十分重要，《民法典》第1219条已经作了非常详细的规定，而豁免医师知情同意的义务，并不构成对患者自主权的侵犯。生命权高于一切，倘若生命都没有了，何谈自主权，所谓皮之不存，毛将焉附？至于担心医师会滥用豁免权，则是将医师视为潜在侵权人，这种假设在立法上并无实际意义，实际生活中这种医师存在的概率极小。即便是通过知情同意义务的履行限制医师作为“潜在侵权人”之可能，但其也存在滥用知情同意义务，从而延误治疗，造成患者死伤的可能性。

立法者的唯一目标就是增加快乐和防止痛苦。① 两利相衡取其大，豁免紧急情况下医师的知情同意义务之利应远大于弊。因此，我国关于紧急情况下医师知情同意义务之豁免，应允许医师未经患者知情同意，无须近亲属、非亲属关系人或者医院负责人的代理知情同意，从而有效地保障患者的生命权和健康权。

三、《民法典》第1220条的完善建议

《民法典》从立法理念和技术上是比较先进的，从体例到结构以及法条设计过程中注意吸收了国内外比较先进的理论和经验，而第1220条考虑到知情同意在医疗行为中的重要性。但该项规定对紧急情况的表述过于粗疏，对紧急情况下医师实施医疗救治行为的前置程序过于烦琐，容易造成不当之后果，在今后的修法过程中应引起足够之重视。

（一）关于医院负责人代理同意的弊端

我国《民法典》第1220条关于紧急情况下，无法取得患者近亲属同意，医院负责人在履行知情同意的情况下，方能直接实施紧急医疗干预。医院负责人并非一定具有医疗背景，或者从事专业与患者所遇之疾病不同，此种情况下由医院负责人决定，必然是“外行”决定“内行”，陡然增加了延误治疗的风险，有诸多不合理的因素。《民法典》第1220条规定经医院负责人或授权负责人批准后，医师“可以”实施紧急救治行为，该规定系选择性条款，即医务人员救治成为医务人员的一项权利而非义务，既不利于指引医师立即采取救助措施，也不利于追究医务人员因违反紧急救助义务应承担相应之法律责任。

两大法系代表国家在符合条件的紧急情况下，均允许医师未经患

① ［英］吉米·边沁：《立法理论》，李贵方等译，中国人民公安大学出版社2004年版，第8－9页。

者、患者近亲属或医院负责人代理同意，即可以立即实施相应紧急救治措施。制度设计的合理性在于通常情况下假设患者具备行为能力，应当作出知情同意之结果作为推定同意，能够有效地防止现行立法中医院负责人代理同意带来的各种弊端。①

（二）对“生命垂危”局限性之匡正

生命所系，健康相托。患者的生命健康权利系一项重要权利，在遭遇紧急危险时，毋庸置疑，“生命垂危”作为一种“紧急情况”需要立即进行救治。然而，临床医疗中必然存在大量严重危及“健康”的“紧急状态”，如角膜受损、断肢再植等虽不危及生命，但可能因延误治疗导致失明、肢体残疾等危及健康且患者已经处于昏迷状态之情形，法条未就重大危及身体健康的“紧急事态”作出规定，属于立法疏漏。另外，手术中发现新的病况，危及生命和重大身体健康，也应属于“紧急情况”，应给予医师知情同意之豁免权。

（三）完善《民法典》第1220条之建议

综上，参酌两大法系代表国家和地区对于紧急情况下医师知情同意义务的立法例，不难发现，绝大多数国家立法均规定了紧急情况下医师的知情同意义务的豁免，从而有效地保障患者的生命健康权。我国《民法典》第1220条规定的在紧急情况下医院负责人代理同意，对紧急情况所规定的范围过于狭窄，有必要在现行立法的基础上进一步加以完善。

关于《民法典》第1220条修改完善的具体意见：医疗机构及医务人员在接诊危重患者或稍有延误可能会造成重大健康问题和不利后果的紧急情况，无法取得患者本人或法定代理人同意的，应当立即采取相应的医疗救治措施。

① 李庆功：《医疗知情同意理论与实践》，人民卫生出版社2011年版，第266－267页。

第三篇

医疗人工智能及其侵权责任

PART 3

第十章　我国医疗人工智能发展现状

斯坦福大学教授杰瑞·卡普兰在《人工智能时代》一书中写道：从患者角度出发，其心中的理想医生一定是一位精通所有专科领域的"超级医生"，他掌握着所有最新的医疗资讯以及最佳的实践经验及方案。显然这样的人并不存在，但医疗人工智能主导的"超级医生"已经在一定程度上成为现实。然而，并非所有的人都如此乐观，埃隆·马斯克将超级智能称为"人类文明面临的最大风险"，并将超级人工智能视为"召唤恶魔"①。人工智能扑面而来、横冲直撞，可预见在不久的将来，医疗人工智能将引领医学理念、医疗行为、医疗卫生政策、医学伦理等诸多方面产生更加深刻的变革。然而，科技始终是一把"双刃剑"，面对医疗人工智能革命性的发展，政策的有效管控、法律与伦理的底线，是避免医疗人工智能成为人类自身危机的必要保障。

一、医疗人工智能发展现状

人工智能作用一个通用的专业术语，意味着使用计算机在最少的人为干预下模拟智能行为。② 1943 年，神经科学家麦卡洛克（W. S. McCilloch）和数学家皮兹（W. Pitts）建立了 MCP 模型即神经网络和数学模型，由此踏上了人工神经网络的征程。人工智能（artificial intelligence，AI）从约翰·麦卡锡（John McCarthy）等科学家于 1956 年美

① ［美］马斯克：《AI 是人类最大的风险，要求政府干预和监管》，载网易科技网 2017 年 7 月 16 日，https：//www. 163. com/tech/article/CPF639QU00097U80. html。

② Sotos J. G. Mycin & Neomycin, *Two Approaches to Generating Explanations in Rule-based Expertsystems*, Aviat Space Environ Med, 1990, 61 (10): 950 - 954.

国达特矛斯会议（Dartmouth Conference）正式提出后，一直沿用至今。[①] 从此，各种人工智能产品崭露头角。1957 年，弗兰克·罗森布拉特（Frank Rosenblatt）发明了感知器（perceptron）。1968 年，美国科学家爱德华·费根鲍姆等研发出可以对实验数据进行分析，以此对未知化合物的分子结构作出判断的化学分析专家系统程序 DENDRAL。20 世纪 50 年代以来，随着大数据的积累与发展，人工神经网络和深度学习算法理论与实践的突破，人工智能已应用于众多领域：农业、教育、医疗、金融、交通、物流、军事等。我国非常重视人工智能产业发展，党的十九大报告中提出要“推动互联网、大数据、人工智能和实体经济深度融合”。对此，2017 年 7 月 20 日，国务院印发了《新一代人工智能发展规划》，标志着人工智能发展成为国家战略。同年，工业和信息化部印发了《促进新一代人工智能产业发展三年行动计划（2018—2020 年）》（以下简称《三年行动计划》），并出台了多项配套政策，深入推动人工智能产业的发展。

人工智能在医学领域中得到了广泛应用，发挥着日益重要的作用，越来越成为世界瞩目的焦点。1972 年，英国利兹大学研发的 AAPHelp 系统用来辅助腹部剧痛的诊断以及提供手术的相关需要，是有文献记载的医疗范围内出现的最早的人工智能系统。1974 年，美国匹兹堡大学研发的 INTERNISTI 系统面世，主要对内科领域复杂疾病的诊断发挥辅助作用。[②] 1976 年，斯坦福大学肖特里夫等人发布的医疗咨询系统 MYCIN，可用来诊断传染性血液病患。进入 21 世纪，人工智能在医学领域的发展突飞猛进，不断取得新突破：2014 年，美国 IBM Waston 和德州大学安德森癌症中心合作开发了一款智能系统，该系统用于帮助医师使用医疗证据、学术研究、临床技术以及患者的病案记录、制定有效的医疗方案；美国 FDA 在 2017 年批准了第一款分析心脏磁共振成像的人工智能软件 Cardio DL，2018 年通过了全球首款人工智能医疗设施 IDx - DR。[③] 目前，人工智能在医学领域中的应用方兴未艾，主要应

---

① 唐珂：《人工智能未来发展前景》，载《人民论坛》2018 年第 2 期。

② Hamet P. & Tremblay J., *Artificial Intelligence in Medicine*, Metabolism, 2017: 1.

③ 李军莲等：《国外基于人工智能的临床决策支持系统发展及启示》，载《医学信息杂志》2018 年第 6 期。

用领域见图 10－1。

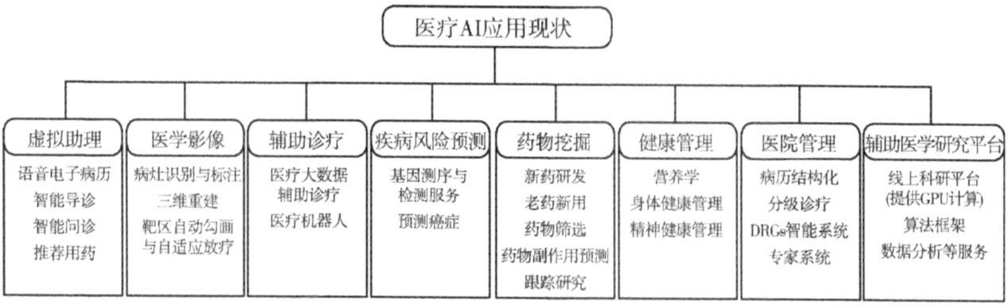

图 10－1　医疗 AI 应用现状

二、我国医疗人工智能发展存在的主要问题

医疗人工智能发展正以超越常规、日新月异之势态飞速发展，但当下仍然存在制约医疗人工智能发展的瓶颈，集中体现在数据的基础薄弱、标准化欠缺，跨界人才严重不足，关键核心技术有待突破，法律法规体系建设严重不足等突出问题。

（一）数据基础薄弱、标准化建设亟待提高

人工智能发展的三大要素为大数据、运算力、算法模型，我国目前的大数据发展仍处于初级阶段，存在数据大量匮乏、质量不高，数据共享开放不畅、应用水平低等问题。医疗大数据在当下中国，因其产业链条长，涉及医、患、药等多个方面，大量数据散落于各个环节。[①] 由于涉及结构化、非结构化、半结构化等各种类型数据，需要有效的治理和统一的标准。

（二）跨学科、复合型人才缺乏，培养体系与职业路径亟待完善

人工智能在医学中的发展需要生物医学、生物信息与临床医学、数据统计分析、管理等多学科背景的跨界人才，而我国现阶段尚未形成国家层面对该类人才的培养战略，主要依赖部分高校自主的探索实践，没有建立与产业、行业需求相适应的跨学科复合型人才培养体系，现有人才的职业发展路径不够明确，稳定的人才队伍没有形成，人才流动频繁，人才供给和存量严重不足，对医疗人工智能当下和未来的

---

① 金小桃：《健康医疗大数据》，人民卫生出版社 2018 年版。

发展形成严重制约。

（三）医疗人工智能产品应用范围小，关键核心技术有待突破

当下，国内研发的AI医疗产品大多在试验或试运营阶段，即使被应用也仅局限于部分一、二线城市的医疗机构，而在偏远地区并未得到应用。医疗人工智能应用范围小是现实的问题，且未来是否纳入医保统筹，也决定着行业的发展态势。同时，医疗人工智能对资源、人才、条件的依存度高，短期内难以广泛应用于临床，导致前期开发周期长、成本和技术要求高，应用范围的扩张需要时间和空间。此外，医疗人工智能的核心技术发展仍存在瓶颈。比如，基础算法有明显的局限，算法的透明度低，无法在行业内取得广泛共识和认可，缺乏对算法的安全性、有效性的权威评估标准，因而在医疗领域很难取得充分的信任。在考虑大数据大样本的发展过程中，没有考虑到小数据、小样本的个性算法，对数据量及标准依赖度高。多项医疗人工智能产品应用落地存在障碍，主导应用建模及产品研发的以人工智能方面的技术专家为主，缺乏医疗专家的广泛参与，设计往往存在较大的偏差。很多医疗人工智能产品的应用不能融入现有工作流程，对解决临床实际问题帮助少。

（四）产品审批、应用监管等核心法律法规体系建设严重欠缺

医疗大数据是未来医学创新的前提和基础，医疗人工智能在最优化的算法支持下，产生最优的临床决策与治疗的方案。与此同时，标准化的医疗大数据系统建立，个人的医疗信息和隐私将无处遁形。目前，我国医疗大数据的公民个人隐私保护和数据的确权立法严重滞后。随着人工智能逐渐参与到医学领域，如何认定人工智能的执业资格、产品准入的审批、临床效果的判断、超级人工智能的限制，亟须立法上寻求统筹考虑安排。收集使用数据、数据共享是否侵犯了患者的隐私权也需要界定；医疗人工智能行业标注规范也有待完善。

三、对策与建议

（一）医疗人工智能的发展需要顶层统筹设计

国家层面的政策引导和激励亟待加强。医疗人工智能全面快速发展对科技力量、医疗水平和健康产业的要求和依赖度高，缺少国家政策的引导和激励，将举步维艰。2015年9月5日，国务院正式发布

《关于促进大数据发展的行动纲要》。该文件是我国促进大数据发展的第一份权威性、系统性文件，从关系到大数据发展战略全局的高度，提出了我国大数据发展的顶层设计。国务院办公厅发布《关于促进和规范健康医疗大数据应用发展的指导意见》，部署通过“互联网＋医疗健康”探索服务新模式、培育发展新业态。《新一代人工智能发展规划》和《三年行动计划》，从国家层面作出了制度性安排。当然，不仅要解决体制机制方面的问题，更需要承担新兴生产力发展的重任。当宏观规划落地后，仍然需要诸多的配套政策和措施，特别是政策的引导、国家大数据中心等平台建设、相关科研领域的投入和重大项目的支持，更要领导协同各级地方政府，形成推动医疗人工智能发展的良好工作格局，这是促进行业发展的重要支撑和保障。

（二）加强医疗大数据标准化、规范性建设

数据是人工智能的基础。人工智能以机器学习、数据挖掘为两大核心，离不开海量数据作为“养料”进行机器学习，高质量的标准化数据对人工智能也尤为关键，必须要让大数据贯穿整个医疗信息化的全过程。实现医疗信息的标准化的目的是真正形成按需、灵活的信息集成和应用，建立开放平台，以应对医疗人工智能复杂的应用协同。鉴于医疗数据本身存在多样性、移植性、松耦合、灵活性的特点，需要通过行业学会制定标准、监管测评标准，并通过政府推动的大数据融合和开放接入的大平台，最终实现医疗大数据的统一性、连通性、集成性和规范性。当然，医疗大数据的标准化建立，不可能仅通过政府或者行业协会来解决，可通过 PPP 模式推进第三方标准组织的发展，有效形成协同。同时，从数据的更新和维护看，医疗大数据的发展必须依靠持续而规范的数据维护机制。从策略和措施看，首先要加强国际合作，跟踪、采标、参与国际健康信息标准，同时依靠云服务平台集中实现标准化，开源开放的医疗中间件建设，形成有效的标准化奖惩机制，加强医疗大数据标准化的基础研究等途径，推动医疗大数据标准化和规范化建设。[①] 例如，我国个人健康档案、电子病历尽管有国

① 金兴、王咏红：《健康医疗大数据的应用与发展》，载《中国卫生信息管理杂志》2016 年第 2 期。

家标准，但由于资源的配置不同、医疗信息化发展水平差异较大，对标准化病历和健康档案缺乏统一的部署和结果的监督，电子病历、健康档案尚未形成统一的标准，互联互通的基础薄弱。电子病历和健康档案是医院信息化的核心，也是医疗大数据和人工智能的基础，搭建国家主导的电子病历和健康档案标准化的机构平台，从源头上保证电子病历和健康档案的标准化已经刻不容缓。

（三）加快医疗人工智能产品的推广和应用

医疗人工智能无疑将会减轻医生的负担、降低慢性病的发病率、带动远程医疗进而促进分级诊疗，加快我国医疗卫生事业的发展步伐。但医疗人工智能从开发到真正应用于临床，受制于安全评估体系和质量保证体系，从目前看大规模应用于临床的医疗人工智能数量十分有限，加快医疗人工智能的推广和应用，国家和行业学会责无旁贷。2018年12月25日国家卫健委发出通知，从2019年1月1日起征集一批医疗健康人工智能应用落地真实案例，涉及疾病咨询、诊疗、药物研发、卫生事业管理等领域，经审定后面向社会广泛发布。2018年11月19日，国家药监局公开征集人工智能医疗器械产品的生产企业信息；同时，国家药监局医疗器械AI的审批通道已于2018年12月中旬开放。在政策的引领下，国内各大科技互联网巨头及企业在医疗人工智能领域逐渐加大投资，持续提升研发水平，“互联网+医疗”已是大势所趋，也是全球医疗的发展方向。同时，由于缺少安全评估体系，导致产品的合法性存疑，如可穿戴设备的核心部件是传感器，截至目前国家尚未出台医用可穿戴设备传感器的生产技术规范。按照马斯洛需求层次理论，随着生活质量的提高，基本的物质需求得到满足，人们将会追求更高层次的需求，对于理想生活的追求离不开心理与生理的健康，在快节奏生活的今天智能医疗将成为人们生活中不可或缺的环节。[①] 但中国幅员辽阔、人口多，地区医疗卫生水平发展不平衡，部分医疗人员缺乏应对人工智能基本能力和水平，推动医疗人工智能在临床的应用依然任重道远。

---

① 柳奕诚、宋欣阳、李宗友：《论医疗人工智能的未来：医疗网络》，载《中国中医药信息杂志》2018年第11期。

（四）加快跨学科复合型人才培养体系建设

医疗人工智能的发展催生了大量的跨学科复合型人才的需求，目前，根据教育部2012年本科专业目录的设置，与医疗人工智能相关的专业，主要体现在生物医学工程（医学信息方向）和电子信息类（医学信息工程专业），以及生物学学科下设的生物信息学专业，分别在工科、医科、理科院校开设，并初步形成了本科—硕士—博士人才培养体系。但从专业设置看，知识结构相对单一，无法满足医疗人工智能的知识和能力结构要求。2018年4月，教育部研究制定《高等学校引领人工智能创新行动计划》，并研究设立人工智能专业，进一步完善中国高校人工智能学科体系。从国际上看，全球开办人工智能专业的高校超过360所，而国内仅有不到30所，多为综合性大学，且师资队伍、办学条件、实践能力都有比较大的欠缺。从社会需求看，未来国家层面创新人工智能人才培养体制机制建设迫在眉睫，要编制人工智能人才培养规划，要兼顾人才培养的层次性和连续性，既要集中培养一大批具备国际视野和影响力，具备IT、生物信息、统计学、数学、自动化和管理学等知识结构和能力的AI学科学术带头人和行业领军人才，更要培养符合企业和医疗机构需要的应用型人才。当务之急，就是要集中选拔培训数量充足、水平一流的高素质师资队伍，要制定人才培养方案，编写高质量的人工智能教材，建立高水平实践基地。当然，医疗人工智能复合型人才的培养应该秉持多元化、开放性的原则，复合型人才要能够深度理解医疗健康领域对IT及生物信息科技的需求，因此也可以吸收医学等不同相关专业背景的本科生，通过研究生教育、企业实践等方式加以实现。在条件成熟时，可以开设国家层面的医疗人工智能专业人员执业资格考试，推动提高医疗人工智能人才的职业化、专业化水平。

（五）加强产品应用、监管法律与伦理体系建设

安全保障、隐私保护、明晰权属是医疗人工智能发展的基础，否则医疗人工智能发展必将成为脱缰的野马，而不断伤及无辜。当下，加强医疗人工智能产品应用的准入标准、监管医疗人工智能的法律法规亟待完善。例如，医疗数据的权属问题、医疗互联网执业主体的认证、医疗信息和隐私权的保护，共享数据的同时如何保障现有医疗法

律体系知情同意权的实现，远程医疗、移动医疗、数据安全、基因歧视、受试验者保护、责任的归责等法律规范必须重新制定。同时，医疗人工智能的发展必然会带来诸多的伦理问题，需要在发展中加以规避和矫正，如算法在分析数据过程中也会获得类似于人类偏见的思想，导致出现算法歧视等一系列伦理问题①，这些问题不可回避。

四、结语

近现代医学的发展史是借助医学与其他学科互相融合的历史，医学与化学的结合产生了现代医药产业，医学与物理学的结合产生了现代医疗设备，医学与工学的结合催生精准化医疗，当下医学与信息科技等多学科交叉融合，形成了智能化医疗。② 未来已来，大数据与大健康结合，造就的医疗人工智能必将成为时代的骄子，迈向历史舞台，并引领未来医学的革命性创新与发展。每一次科技的突破，都会给医学事业注入新的活力，给医事法学带来新的研究内容，而人工智能将引发更广范围、更深层次的变革，我们应以更加积极乐观的态度去迎接和拥抱人工智能时代的到来，把握千载难逢的历史机遇，勇立潮头，引领未来。

---

① 苏令银：《透视人工智能背后的歧视》，载《中国社会科学报》2017 年 10 月 10 日，第 5 版。

② 韩启德：《现代医学的回顾与展望》，载《科技与产业》2003 年第 10 期。

第十一章 医疗人工智能侵权行为法律规制

一、引言

医疗人工智能（medical artificial intelligence，MAI）作为一种新兴医疗保健工具，为降低医疗成本、诊疗患者和未来医学发展提供了前所未有的机遇。① 在智能诊疗方面，IBM 公司已研发出可以诊断癌症的 Watson 机器人，其诊断准确率可超过临床医生，② 一项研究报告称，AI 对乳腺癌肿瘤的正确检测率为 92.4%，而人类医生的正确检测率仅为 73.2%。③ 在智能手术方面，Intuitive Surgical 公司开发出了世界一流的外科手术机器人——“达芬奇机器人”，通过微创的方法，代替医生实施复杂精准的外科手术。④ 在智能紧急医疗资源调度方面，Corti 是一

---

① Matheny M.，Israni S. T. & Ahmed M.，*Artificial Intelligence in Health Care：the Hope，the Hype，the Promise，the Peril*，NAM Special Publication，Washington，DC：National Academy of Medicine，2019：154.

② See Chung J.，*What Should We Do about Artificial Intelligence in Health Care?*，NYSBA Health Law Journal，2017，22（3）. 张杰、宋莉莉：《智能医疗机器人侵权的法律规制》，载《法学理论》2019 年第 6 期。

③ Chockley K. & Emanuel E.，*The End of Radiology? Three Threats to the Future Practice of Radiology*，Journal of the American College of Radiology，2016，13（12）：1415 - 1420；Liu Y.，Gadepalli K.，Norouzi M.，*Detecting Cancer Metastases on Gigapixel Pathology Images*，arXiv preprint arXiv：1703.02442，2017；Anderson T.，Torreggiani W. C. & Munk P. L.，*The Impact of the Introduction of Artificial Intelligence in Radiology and Its Potential Legal Implications in the UK and Ireland*，BJR | Open，2020，2：20200030.

④ Ashrafian H.，Clancy O. & Grover V.，*The Evolution of Robotic Surgery：Surgical and Anaesthetic Aspects*，BJA：British Journal of Anaesthesia，2017，119（suppl_ 1）：i72 - i84.

种用于管理和优化哥本哈根医疗资源紧急调度过程的技术。[①] 在智能个人健康管理方面，巴比伦健康中心提供的应用程序 GP at Hand，用于评估患者已有症状和风险因素，并提供已知的医疗信息以及保持健康的建议。[②]

在推动技术革新与医学发展的同时，医疗 AI 也带来了许多问题。例如：美国食品药品监督管理局（Food and Drug Administration，FDA）在 2007 年收到了 200 余次投诉，指控医疗外科手术机器人导致病人遭受烧伤、切割伤与感染，甚至造成 89 例死亡事故[③]。在英国 2015 年首例“达芬奇机器人”进行的心瓣修复手术中，机器人对病人心脏的缝合位置和方式都不对，甚至还戳穿了患者的大动脉。随着 MAI 的飞速发展，这类侵权行为将持续增多，给民事责任的归责带来一系列问题。然而，由于医疗 AI 的算法不透明性、学习自主性、行为独立性，其造成的侵权呈现一定的拟人性、不可预见性和复杂性，进而引发对传统法律规制的冲击。因此，笔者分析传统民事责任制度适用医疗 AI 侵权的困境，结合国外做法的经验，为我国医疗 AI 侵权责任法律应用的发展与完善提供建议。

二、我国医疗人工智能侵权责任规制的应用困境

（一）责任主体的法律地位问题

运用恰当法律规制的首要前提为明确责任主体，然而目前国内学界对于 MAI 是否具有法律人格存在不同看法。[④]

1. 肯定说。2017 年 10 月，在沙特首都利雅得举行的未来投资倡议

---

① Peters A., *Having a Heart Attack? This AI Helps Emergency Dispatchers Find Out*, Fast Company, 2018.

② Burki T., *GP at Hand: A Digital Revolution for Health Care Provision?*, The Lancet, 2019, 394 (10197): 457－460. Iacobucci G., *GP at Hand: Commissioning Group Asks NHS England for Extra-£ 18m to Cope with Demand*, 2018.

③ 张童：《人工智能产品致人损害民事责任研究》，载《社会科学》2018 年第 4 期。

④ 杨立新：《人工类人格：智能机器人的民法地位——兼论智能机器人致人损害的民事责任》，载《求是学刊》2018 年第 4 期。

大会上，索菲亚被宣告成为历史上第一个获得公民身份的机器人。[①] 这一里程碑事件使众多学者对 AI 法律人格肯定说更加笃定。肯定说主要包含拟制法律人格说。拟制法律人格说认为人工智能应当被赋予独立的法律人格。在现代法律人格理论的发展史上，法律主体逐渐从自然人扩展至法人和组织，法人作为法律关系的主体，通过法律人格拟制的方式参与法律关系。而人与 AI 之间天然不平等，AI 独特的“应用”路径，AI 承担有限的法律责任后果等因素，决定了其应当享有拟制法律人格。[②]

2. 否定说。我国学者大多倾向于该学说，其否定了 AI 的法律人格与主体地位。否定说主要包含工具说与代理说。工具说认为 AI 是人类创造的在给定环境下表现良好的智能体程序，其本质是为人类服务的工具，不具备独立思考行动的能力[③]。代理说则认为人工智能与所有人、使用人间的关系属于法定代理关系，代理人对其行为及产生的结果负责。

3. 折中说。折中说既不肯定 AI 具有人格，也不否定 AI 具有人格，而是认为其具有部分人格。折中说主要包括有限法律人格说和电子人格说。有限法律人格说认为 AI 具有独立自主的思考行为能力，享有法律规定的权利并能承担责任，但其与传统法律上的自然人或法人不同，AI 独立承担行为后果的能力有限，基于此，仅应赋予 AI 有限的法律人格[④]。电子人格说认为，“电子人”是拥有人类智能特征，具有自主性，以电子及电子化技术构建的人格化 AI 系统或机械装置[⑤]。法律应当将“电子人”作为法律主体容纳，并在一定范围内赋予其权利与义务，让

---

① 杨清望、张磊：《论人工智能的拟制法律人格》，载《湖南科技大学学报（社会科学版）》2018 年第 6 期。

② Hengstler M. , Enkel E. & Duelli S. , *Applied Artificial Intelligence and Trust—The Case of Autonomous Vehicles and Medical Assistance Devices*, Technological Forecasting and Social Change, 2016, 105: 105 – 120.

③ Hamet P. & Tremblay J. , *Artificial Intelligence in Medicine*, Metabolism, 2017, 69: S. 36 – S40; Vladeck D. C. , *Machines without Principals: Liability Rules and Artificial Intelligence*, Wash. L. Rev. , 2014, 89: 117; Balkin J. M. , *The Path of Robotics Law*, Calif. L. Rev. Circuit, 2015, 6: 45.

④ 袁曾：《人工智能有限法律人格审视》，载《东方法学》2017 年第 5 期。

⑤ 郭少飞：《“电子人”法律主体论》，载《东方法学》2018 年第 3 期。

其承担一定范围内的责任。

（二）法律适用的类型问题

《民法典》侵权责任编在医疗侵权方面的适用主要包括产品责任、医疗损害责任和高度危险责任，然而在法律的认定上仍存在许多问题。

1. 产品责任。根据《民法典》侵权责任编中产品责任的规定，因医疗 AI 产品存在缺陷造成损害的，患者可以向产品的生产者或医疗机构请求赔偿①。但医疗 AI 不同于一般产品，其缺陷不易证明。根据“谁主张，谁举证”原则，患者需对医疗 AI 产品存在的缺陷进行举证，但 AI 产品属高科技产品，它的算法具有不透明性，人类难以完全理解其运作过程②。在接收端，我们对于算法是如何从给定的输入中得到特定的结果没有清晰的认知③。因此，AI 算法经常被描述为“黑匣子”④。AI 算法的不透明性是其“高维性和复杂性”的产物，即使是这些系统的设计者也无法理解机器的表达过程⑤，更不用说不具备专业知识的普通患者。

此外，我国专业的人工智能缺陷鉴定机构目前仍处于缺位状态。大部分鉴定结论都会聚焦于医疗机构的过失行为，而对于医疗产品本身缺陷的检测和分析往往不到位。笔者在中国裁判文书网上检索到的与达芬奇机器人相关的医疗纠纷共 5 例，均属于医疗过错责任纠纷领域。例如，根据山东省青岛市中级人民法院（2019）鲁 02 民终 5081 号二审民事判决书，邹某敏、赵某诉青岛大学附属医院医疗损害责任纠纷案中，患者术后脾动脉破裂大出血，医疗鉴定结果是医院承担 70% 的过错责任。根据重庆市第一中级人民法院（2018）渝 01 民终 3540 号

① Wagner M. O., *You Can't Sue a Robot: Are Existing Tort Theories Ready for Artificial Intelligence*, RAIL, 2018, 1: 231.

② Lipton Z. C., *The Mythos of Model Interpretability: In Machine Learning, the Concept of Interpretability is Both Important and Slippery*, Queue, 2018, 16 (3): 31-57.

③ Burrell J., *How the Machine "Thinks": Understanding Opacity in Machine Learning Algorithms*, Big Data & Society, 2016, 3 (1).

④ Mittelstadt B. D., Allo P., Taddeo M., et al., *The Ethics of Algorithms: Mapping the Debate*, Big Data & Society, 2016, 3 (2).

⑤ SCHÖNBERGER D., *Artificial Intelligence in Healthcare: A Critical Analysis of the Legal and Ethical Implications*, International Journal of Law and Information Technology, 2019, 27 (2): 171-203.

二审民事判决书，杨某文诉重庆西南医院医疗损害责任纠纷案中，患者在达芬奇机器人术后肺部感染，鉴定结论是医方在杨某文的诊疗过程中，对患者病情的严重程度重视不够，观察不仔细，病情变化后处理不及时，存在过错，该过错与杨某文“截瘫”之损害后果存在因果关系。医方应对损失承担50%的赔偿责任。①

2. 医疗损害责任。传统大陆法系认为，医疗过失属于典型的业务过失。如果作为可信赖专家的医生在诊疗活动中存在过错或未尽到与当时的医疗水平相应的诊疗义务，造成了患者损害，他将被视医务人员违反注意义务承担过失责任，医疗机构将承担替代责任。② 然而，当AI参与到医患关系中时，情况就会变得十分复杂。

首先，要想在医疗侵权案件中胜诉，原告必须证明，他或她的伤害是由于治疗医生背离了普遍认可和接受的惯例和程序，未尽到与当时的医疗水平相应的诊疗义务③。法院评估这一标准的依据是一个合格的医生应该做些什么，也就是说，一个与被告具有相同的技术背景和专业知识的医生会怎样进行诊疗。但是，当一项新技术，如AI，被引入临床诊疗时，当前医疗的平均水平的标准可能是模糊的④。

其次，医务人员过错与损害结果之间的因果关系难以判断。医疗损害责任构成要件包括医疗机构和医务人员在诊疗活动中有违法诊疗行为；患者受到损害；诊疗行为与患者损害结果之间具有因果关系；医疗机构及其医务人员有过错⑤。由于AI算法具有“黑箱”属性，其

---

① 丁璐：《人工智能体医疗损害责任分析——以达芬奇手术机器人为例》，载《北京化工大学学报（社会科学版）》2020年第1期。

② Kamensky S. , *Artificial Intelligence and Technology in Health Care: Overview and Possible Legal Implications*, DePaul J. Health Care L. , 2019, 21: 1.

③ Greenberg M. D. , *Medical Malpractice and New Devices: Defining an Elusive Standard of Care*, Health Matrix, 2009, 19: 423. Froomkin A. M. , Kerr I. & Pineau J. , *When AIs Outperform Doctors: Confronting the Challenges of a Tort - induced Over - reliance on Machine Learning*, Ariz. L. Rev. , 2019, 61: 33.

④ Price W. N. , Gerke S. & Cohen I. G. , *Potential Liability for Physicians Using Artificial Intelligence*, Jama, 2019, 322 (18): 1765 - 1766.

⑤ 杨立新：《医疗损害责任一般条款的理解与适用》，载《法商研究》2012年第5期。Granade P. F. , *Medical Malpractice Issues Related to the Use of Telemedicine - An Analysis of the Ways in Which Telecommunications Affects the Principles of Medical Malpractice*, NDL Rev. , 1997, 73: 65.

决策过程不透明，原告很难证明其损害是由于医务人员存在过错而不是由于AI本身的故障，也就无法说明是医务人员的诊疗行为导致了患者的损害。在未来，机器的自治能力越大，将其行为的法律责任归咎和分配给人类的合理性就越薄弱①。随着AI系统变得越来越自主，真正能控制它的各方（临床医生、医疗机构和人工智能设计师）越来越少，代理AI、控制AI以及对其行为可预见性的崩溃直接影响了基于过失和替代责任的法律理论和患者受到损害时的追偿机会②。

3. 高度危险责任。由于目前学界对AI性质界定的不明确，相关法律制度的不完备和高度危险责任体系结构的开放性，部分学者认为医疗AI侵权也可考虑适用高度危险责任。然而在具体实施方面也存在以下问题。首先，高度危险责任包括高度危险物致损责任与高度危险作业致损责任③。医疗AI造成患者损害归属于何种致损责任值得深入探讨④。其次，高度危险责任通用无过错责任原则，其赔偿义务主体是危险活动或者危险物的作业人，即医务人员与医疗机构。因此，若适用高度危险责任，医疗AI侵权的最终责任主体即为医疗机构，而其他参与AI从出厂到投入使用过程可能造成损害的主体如设计者、生产者、运输者则得以逃脱责任，这显然是不合理的⑤。最后，如果把医疗AI归为高度危险物或把AI诊疗过程判定为高度危险作业，那么会造成大众对人工智能的误解，使他们对其产生害怕抵触的心理，这不利于未来科技的进步与医学的发展⑥。

（三）法律适用的归责问题

1. 过错原则。如前文所述，AI产品是人类智慧活动的结晶，但其

---

① Chinen M. A., *The Co - Evolution of Autonomous Machines and Legal Responsibility*, Va. JL & Tech., 2016, 20: 338.

② Sullivan H. R. & Schweikart S. J., *Are Current Tort Liability Doctrines Adequate for Addressing Injury Caused by AI?*, AMA Journal of Ethics, 2019, 21 (2): 160 - 166.

③ 马俊驹、余延满：《民法原论》（第4版），法律出版社2016年版，第175页。

④ 王轶晗、王竹：《医疗人工智能侵权责任法律问题研究》，载《云南师范大学学报（哲学社会科学版）》2020年第3期。

⑤ 张亚连、郭会玲：《履行社会责任能促进企业绩效提升吗？——以医药行业为例》，载《湖南财政经济学院学报》2019年第1期。

⑥ 李坤海、徐来：《人工智能对侵权责任构成要件的挑战及应对》，载《重庆社会科学》2019年第2期。

依然拥有摆脱人为控制的可能性，这就难以诠释传统侵权理论秉承的主观过错要件①，主要原因是过错判定一般以侵权人在主观上是否尽到了应知和明知的注意义务为准则。当前许多医疗 AI 实现了无人化的操作，使其使用者不再负有主观上的注意义务，这让过错归责原则变得无所适从。对于一些仍需要人为操控和监管的 AI 来说，就算使用者尽到了主观上的注意义务，由于 AI 本身的智能性与自主性，仍有可能使患者遭受侵害。AI 产品是基于独立自主的算法、思考作出判断而导致了侵害，并非源自人为的操作失误。如只是考虑使用过错原则对医疗机构及医务人员进行责任判定，这无疑增加了医疗机构的负担。此外，在 AI 产品应否作为法律责任主体的争议状态下，探究其是否存在主观过错似乎没有任何实际意义。即使 AI 产品可被认定为承担过错责任的责任承担者，它也无法履行经济赔偿或其他相应的法律责任②，最终真正的责任履行还是会落到医疗机构与医疗 AI 使用者身上。

2. 无过错责任归责。在上述几种责任类型中，目前无过错责任归责仅通用于产品责任。运用无过错原则的产品责任进行责任判定既承认了 AI 的客体地位，也追究了生产者、销售者的责任。生产者将承担举证责任证明自己的产品没有缺陷，这样才能免于担责。虽然保护了患者这一弱势群体，也规避了上述对于医疗机构和医疗 AI 使用者责任判定的困境，但这种归责方式也存在局限。一方面，这对生产者经济上造成了重大压力，严重打击人工智能市场的主体的积极性③，最终可能妨碍 AI 的推广与应用。另一方面，生产者承担无过错原则的产品责任仅限于技术缺陷情形，而医疗 AI 产品对患者产生侵害既有可能是因为生产者的技术缺陷，也有可能因为 AI 本身的自主行为，明确侵害来源是十分困难的。

（四）责任承担的举证问题

由于 AI 本身的特殊性，责任认定中主体的复杂多样性，侵权责任

---

① 王桂玲：《侵权责任法保护的民事权益的表达模式与完善路径》，载《政法论丛》2016 年第 2 期。

② 张童：《人工智能产品致人损害民事责任研究》，载《社会科学》2018 年第 4 期。

③ Bathaee Y. , *The Artificial Antelligence Black Box and the Failure of Intent and Causation*, Harv. JL & Tech. , 2017, 31: 889.

的举证工作也变得十分困难。首先，AI 自身的缺陷难以证明，这一点在产品责任部分已经阐明，此处不再赘述。其次，AI 引起损害的原由难以解释，即便将 AI 算法公之于众，但其基于算法学习思考推理决策的过程是难以理解与解释的。专业技术研发人员都未必能阐述清楚 AI 运行机制，更何况不具备专业知识的普通民众，那又谈何举证医疗机构与 AI 使用者过错分配。这无疑增加了患者的举证难度，医疗机构与 AI 使用者的逃避责任机会。再次，AI 技术作为商业机密的一种，是一个高科技企业核心竞争力的体现。当前我国没有相关法律规定在侵权案件中，AI 设计者生产者需要公开研发数据资料。最后，AI 数据库庞大繁杂，这对于后续的纪录显示和保存也造成了严重困难，恐无法完全还原当时客观的侵权过程①。

三、域外医疗人工智能侵权责任规制的探索

以美国为代表的英美法系和以日本为代表的大陆法系对于医疗 AI 侵权责任的认定上探索较早，形成的制度规范各有千秋，对我国有一定的借鉴意义。

（一）美国

传统意义上，美国法院不会追究 AI 的法律责任，因为它们不具有法律人格②。然而美国也积累相当数量的判例，将部分医疗 AI（如 Watson）认定为雇员，由医疗机构承担替代责任③。总而言之，目前美国法院对于医疗 AI 侵权案件的责任认定仍然倾向于依据常规、已有的法律法规，将医疗 AI 视为客体，由人或医疗机构等法律主体承担相应责任。相关部门关于 AI 的建议更多地集中在道德设计、教育和自我监管上④，即要开发可教育、可解释的 AI。美国国会于 2016 年通过了

① 李坤海、徐来：《人工智能对侵权责任构成要件的挑战及应对》，载《重庆社会科学》2019 年第 2 期。

② Chung J. & Zink A. , *Hey Watson – Can I Sue You for Malpractice – Examining the Liability of Artificial Intelligence in Medicine*, Asia Pacific J. Health L. & Ethics, 2017, 11: 51.

③ Jessica S. Allain, *From Jeopardy to Jaundice; The Medical Liability lmplications of Dr. Watson and Other Ar – Tificial Intelligence Systems*, Louisiana Law Review, 2013 (73).

④ Wachter S. , Mittelstadt B. & Floridi L. , *Transparent, Explainable, and Accountable AI for Robotics*, Science (Robotics), 2017, 2 (6).

《21世纪治愈法案》，厘清了FDA对于包括医疗AI在内的数字医疗产品的监管权限①，加快了部分药品和医疗器械（包括在监管范围内的医疗AI产品）的审批。2018年6月，FDA针对医疗设备独立软件（SaMD）启动了数字医疗软件预认证计划（Pre - Cert）②，聚焦于建立具有AI和ML软件功能的SaMD技术流程。此外，该程序还要求阐明使用AI和ML算法评估软件功能开发的关键信息。2019年2月，FDA发布了《人工智能医疗器械独立软件修正监管框架（讨论稿）》，提出对AI独立软件进行全生命周期监管的思路与方法③。

（二）欧盟

欧盟正在对其颁布的《医疗设备指令》进行调整，但也仍未建立起应对医疗AI侵权问题的完备法律体系④。首先，欧盟2017年2月16日颁布了《机器人民事法规则》⑤，该文件倡议赋予AI机器人"电子人"的法律地位，以应对由其自主决策、行为引起损害的情形⑥。其次，除AI机器人以外的法律主体的民事责任应与AI机器人的自主程

① 李润生：《论医疗人工智能的法律规制——从近期方案到远期设想》，载《行政法学研究》2020年第4期。

② Van Embden T. , *Paging Dr. Robot: Applying an Outdated, Regulated Scheme to Robotic Medicine*, Nova L. Rev. , 2018, 43: 387. US Food and Drug Administration, *Developing a Software Precertification Program: A Working Model*, US Department of Health and Human Services, 2018.

③ Hwang T. J. , Kesselheim A. S. & Vokinger K. N. , *Lifecycle Regulation of Artificial Intelligence - and Machine Learning - Based Software Devices in Medicine*, Jama, 2019, 322 (23): 2285 - 2286. Food and Drug Administration, *Proposed Regulatory Framework for Modifications to Artificial Intelligence/Machine Learning (AI/ML) - Based Software as a Medical Device (SaMD)*, 2019.

④ Tschider C. A. , *Deus Ex Machina: Regulating Cybersecurity and Artificial Intelligence for Patients of the Future*, Savannah L. Rev. , 2018, 5: 177.

⑤ Europeia U. , *European Parliament Resolution of 16 February 2017 with Recommendations to the Commission on Civil Law Rules on Robotics (2015/2013 - INL)*, Estrasburgo: Parlamento Europeu, 2017.

⑥ Beck & Susanne, *The Problem of Ascribing Legal Responsibility in the Case of Robotics*, AI & society 31.4 (2016): 473 - 481. O'sullivan S. , Nevejans N. & Allen C. , et al. , *Legal, Regulatory, and Ethical Frameworks for Development of Standards in Artificial Intelligence (AI) and Autonomous Robotic Surgery*, The International Journal of Medical Robotics and Computer Assisted Surgery, 2019, 15 (1): e1968.

度成反比[①]，如果机器人的自主能力越高，那么越难被看作其他行为人的工具，其生产者、使用者应负的责任也就越小。最后，建立强制保险制度，要求生产者为自己制造的AI机器人投保，该保险方案还应当有赔偿基金作为补充，以确保患者在受到强制保险未能覆盖的损害时也能得到补偿。然而，当前欧盟法规仅是单纯提出"电子人"的概念，并没有说明具体如何让它们履行责任进行补偿。所以，最终该类侵权民事案件仍是由人承担责任。严格责任制度（也叫危险责任）在欧盟国家占主导地位。无论是AI机器人违反了欧盟国家民事责任制度，还是医疗AI的作业人、持有人有过错，都由AI的作业人、持有人对造成的损害承担责任[②]。在监管方面，2021年4月，欧盟委员会发布《人工智能法案》，明确了对人工智能实行基于风险的分级监管思路，意在为欧盟范围内的投资和创新营造良好法治环境。欧盟委员会将人工智能产品划分为不可接受的风险、高风险、有限的风险和极小的风险四类，着重立法规制前两类，并对高风险人工智能的全生命周期监管设立了严格详细的规定，同时明确三类违法情形的处罚原则，以保障欧盟公民的尊严、隐私等基本权利，构建公民对新兴科技的信任。

（三）德国、日本

生命科技的发展影响着德国医事刑法研究的方向和热点，一个半世纪以来德国医事刑法研究脉络清晰，深度和广度一直为学界所推崇。希尔根多夫教授主张："被允许的风险在人工智能等科技领域适用应避免将可为社会产生积极后果并被社会伦理所接受的新技术带来的风险在刑法上评价为不法，且风险所导致的损害亦然。"约尔登教授认为："医疗行为的合法性在于'得同意则无不法'知情同意的法理基础，人工智能不能作为医疗行为主体。"日本的大部分人工智能方法都以工业为基础，其中出现的挑战为各国制定新的人工智能战略提供了重要的经验教训。2014年5月，日本新能源产业技术综合开发机构公布了

---

① Godlewska M., Morawska S. & Banasik P., *Civil Liability for Artificial Intelligence Products Versus the Sustainable Development of CEECs: Which Institutions Matter?*, Ruch Prawniczy, Ekonomiczny i Socjologiczny, 2020, 82 (2): 179－192.

② 曹建峰：《10大建议！看欧盟如何预测AI立法新趋势》，载《机器人产业》2017年第2期。

《关于工业、商业和生活机器人化的白皮书》，该白皮书中提到在医疗卫生以及相应医疗卫生服务相关机器人的应用有清洁机器人、医疗机器人、救灾机器人。2016 年，日本颁布《日本复兴战略——走向第四次工业革命》，通过使用机器人和传感器等技术提高护理质量和生产力，减轻护理人员的负担，进一步将机器人技术引入护理场所。日本从法政策学角度，主张将医疗人工智能的侵权责任由医疗机构与医务人员承担。

四、我国医疗人工智能侵权责任法律应用困境的应对

当前我国医疗 AI 侵权责任法律体系仍存在众多问题，笔者综合了域外之先进经验，提出如下应对建议。

（一）分阶段厘定医疗人工智能的法律地位

1. 当下。当下仍属于弱 AI 时代，医疗 AI 应当被视为物、产品和医疗器械[①]。其仍然具备工具属性即不具有自由意志，有可支配性。[②]即便是当前较为先进的手术机器人，也不应当被规定为民事主体[③]，手术机器人作为辅助外科医生开展手术的助手，受到人类的终极支配。另外，考虑到现实基础不充分、尚无落实责任的可行办法、立法成本较大等方面的原因，如将医疗 AI 立为责任主体并进行严格责任执行，将阻碍科学技术的创新和发展。

2. 未来。在未来强 AI 时代，医疗 AI 将不具有工具属性，而成为侵权责任主体，因为其不再具有可支配性，并存在自由意志的可能性。届时，人机界限模糊且人机共存状态成为新的社会特征[④]，赋予其法律人格能更好解决法律关系问题。我国可效仿欧盟做法，立法赋予医疗 AI 法律主体人格，由其与人类主体共同承担侵权责任。同时立法需明

---

① Lupton M., *Some Ethical and Legal Consequences of the Application of Artificial Intelligence in the Field of Medicine*, Trends Med, 2018, 18 (4): 100147.

② 刘宪权:《智能机器人工具属性之法哲学思考》，载《中国刑事法杂志》2020 年第 5 期。

③ 邓明攀、刘春林:《手术机器人的医疗损害责任研究》，载《中国卫生法制》2019 年第 3 期。

④ 刘建利:《医疗人工智能临床应用的法律挑战及应对》，载《东方法学》2019 年第 5 期。

确医疗AI的责任承担方式与细节，更新现行《民法典》中关于传统侵权责任的认定标准与法条规定，避免空有概念而无实践。医疗AI作为法律主体的具体责任承担方式如下。

（二）分阶段、情形适用不同类型责任与归责原则

1. 弱AI。在弱AI时代，AI作为客体，可分情况应用当前既存的《民法典》侵权责任编的规定进行责任认定。

仅由产品自身缺陷导致的损害，适用产品责任规则，生产者和医疗机构对直接责任的承担适用无过错责任原则。患者可以向医疗AI生产者或医疗机构请求赔偿。患者向医疗机构请求赔偿的，医疗机构赔偿后，有权向生产者追偿。在产品责任规则时，要注意以下两点。其一，责任主体外延，采用“共同企业”责任制。产品责任的责任主体不应仅局限于生产者，销售者、存储者、运输者都可能存在过错，对产品自身缺陷负有一定责任，即从生产研发开始到使用前的整个过程中所涉及的所有主体组成相互关联的“共同企业”，其中每一个实体都可能对属于企业的其他实体的行为承担连带责任。[①] 如果产品的缺陷是因第三人过错所致，生产者或医疗机构在承担无过错的直接责任后，则可向有过错的运输者、存储者等第三人追偿。运输者、存储者等第三人对这种最终责任的承担适用过错责任原则。其二，增设认定产品缺陷的标准。考虑到当前医疗AI侵权责任法律制度尚不完善，产品鉴定技术尚不发达，被损害者专业知识匮乏，为了更大限度地保障患者的利益，认定产品缺陷的标准不应单一化，如未达到同类医疗AI产品市场平均效果的即可考虑认定为产品缺陷。此外，由黑客攻击医疗AI造成的产品损害，适用产品责任的第三人责任，由黑客承担责任，这不在本部分的讨论范围之内。

仅由医务人员操作失误或医院管理不当导致的损害，适用医疗损害责任归责原则。医疗机构与医务人员之间的关系符合用人者责任的特征，因此，医务人员是行为主体，医疗机构是责任主体，医疗机构承担无过错替代责任。医疗损害责任的构成要件包括违法的诊疗行为、

① Vladesk D. C., *Machines without Principals: Liability Rules and Artificial Intelligence*, Wash. L. Rev., 2014, 89: 117.

患者损害后果、因果关系和主观过错。在绝大多数医疗侵权案件中，医务人员或医疗机构的主观心理状态为过失，而非故意。因此，过失情形的判定需要进一步细化，应考虑两种过失情形。第一，应当使用而没有使用医疗 AI 的情形。根据美国、德国的法律，对单个病人而言，相较于传统方法，医疗 AI 优势大于劣势，那么医疗 AI 法就应当适用。[①] 这点值得我国借鉴。第二，医疗 AI 使用过程中出现过失的情形。一种是不应当使用而使用医疗 AI 的情形。另一种是应当使用但在使用医疗 AI 的过程中发生操作失误。

产品缺陷和医务人员操作失误或医院管理不当共同导致损害发生时，应进行原因力的考量，分别适用产品责任规则和医疗损害责任规则，由产品的生产者与医疗机构承担不真正连带责任。[②]

高度危险致人损害责任属于危险责任，归责原则为无过错责任原则，且责任主体仅为高度危险物使用者（医疗机构），因此，笔者建议谨慎适用高度危险责任规则，以防止生产者、运输者等第三人逃脱责任。应仅考虑在确定适用高度危险责任的第三类医疗 AI 器械侵权案例中和患者损伤严重的情况下适用。[③]

就归责原则来说，制造商作为医疗 AI 的缔造者，应初步承担无过错的严格责任，其他主体承担过错责任。

2. 强 AI。此时医疗 AI 作为侵权责任主体，违反诊疗义务，存在过错，应与相关人类主体共同承担侵权责任。首先医疗 AI 应以“停止侵害”的方式承担侵权连带责任的前一部分，然后人类以其他方式承担后一部分的侵权连带责任。[④] 医疗 AI 并无财产，并不能像传统责任主体一样对患者进行赔偿，因此，需要采取别种方式对其进行责任追究，

---

① Hacker P. , Krestel R. & Grundmann S. et al. , *Explainable AI under Contract and Tort Law: Legal Incentives and Technical Challenges*, Artificial Intelligence and Law, 2020: 1 –25.

② 王轶晗、王竹：《医疗人工智能侵权责任法律问题研究》，载《云南师范大学学报（哲学社会科学版）》2020 年第 3 期。

③ 王轶晗、王竹：《医疗人工智能侵权责任法律问题研究》，载《云南师范大学学报（哲学社会科学版）》2020 年第 3 期。

④ 杨清望、张磊：《论人工智能的拟制法律人格》，载《湖南科技大学学报（社会科学版）》2018 年第 6 期。

如强制更改其程序，删除部分记忆，终止某些功能，对患者造成严重损害的，甚至可将其销毁。作为医疗 AI 的生产者、使用者，也应当承担部分责任，对患者进行经济补偿。强 AI 医疗过失认定标准包括过失情形和认定标准。过失情形分为选任过失和监督过失。选任过失包括应当使用医疗 AI 却未使用或不应使用医疗 AI 却使用两种情况。认定标准应混合人类医生和医疗 AI 的平均医疗水平作为注意义务的标准。强 AI 时代，医疗 AI 可达到与人类相当甚至更高的医疗水准，因此，将人类医生和医疗 AI 的平均医疗水平作为标准是最合理的。本着人类健康权、生命权高于一切的原则，任何一方未达到应尽的注意义务，都应当承担侵权责任。①

（三）利用“黑匣子”记录医疗人工智能信息

马航 MH370 的失事让“黑匣子”走入大众视野，“黑匣子”是飞机专用的电子记录设备之一，可记录存储飞机运行的数据，在飞机失事后大大提高了空难分析的准确度。考虑到医疗 AI 的不透明性、自主性、不可预测性，这样的技术亟须运用其中。“黑匣子”不仅可以记录 AI 的操作过程，而且其内部存储的数据可以帮助查明出错的环节，便于进行责任分配。考虑到受害者处于信息弱势地位，举证困难，生产者应自觉披露“黑匣子”内部的数据，如有隐瞒或恶意篡改数据者，则可推定其在法律上承担过错责任。此外，对“黑匣子”的数据分析涉及商业科技秘密与个人隐私，我国可效仿欧盟《一般数据保护条例》（GDPR）②，制定个人数据信息保护管理规则，既要保证信息所有人查阅修改存储数据的权利，也要对其有所限制。同时要制定 AI 技术的隐私权保护规则，赋予 AI 开发商一定的数据自主权，定期进行数据销毁，以防止信息的窃取滥用。当侵权发生时，生产者采取清晰又全面的方式提供基本的数据情况，而不必披露复杂的算法、整个数据分析

① 李润生：《论医疗人工智能的法律规制——从近期方案到远期设想》，载《行政法学研究》2020 年第 4 期。

② Regulation GDP, *Regulation EU* 2016/679 *of the European Parliament and of the Council of* 27 *April 2016*, Official Journal of the European Union, 2016.

过程与患者的个人隐私。①

（四）对人工智能产品确立必要的监管或处置机制

设立人工智能管理委员会，引入一套基于机器人分类标准的高级机器人登记系统。登记系统及登记簿应当建立在全国范围内并覆盖其内部市场，由人工智能管理委员会直辖。针对高度自主化的 AI 产品施行登记公示制度，严格把关 AI 的质量、安全性与市场流通。针对已发生侵害行为、高度危险的医疗 AI 产品，需召回返厂并对生产者进行相应处罚，对情节严重的，甚至进行强制销毁。② 此外，为了方便患者举证，人工智能管理委员会需督促生产者尽快如实披露“黑匣子”内存储的相关数据，并为患者提供人工智能算法专家及一系列支持服务，帮助患者解读算法并举证生产者、医疗机构等相关主体的过错。我国应借鉴欧盟以风险预防为导向，对人工智能分级分类管理，同时需要兼顾灵活性与开放性，既要与快速迭代的技术发展相匹配，又要防止因过度监管而妨碍我国人工智能技术的变革与创新。

（五）建立医疗责任强制保险和赔偿基金

我国可参考欧盟的做法，通过法律法规强制要求医疗 AI 产品的生产者投保责任保险，并建立专项赔偿责任基金用以涵盖责任保险中不包含的侵害情况的赔偿，切实保障接受医疗人工智能诊疗致损患者的权益。

五、结语

医疗 AI 的迅猛发展使其在诊断治疗等各方面得到了广泛应用，且未来可期。与此同时，医疗 AI 侵权带来的一系列问题，法律也应当有所回应。目前仍处于弱 AI 时代，医疗 AI 还是辅助医生诊疗的工具，侵权责任还应通过传统的医疗侵权归责的原则由相应的责任人承担。而在可以预见的未来，当人类处在强 AI 时代下，如果伴随着医疗 AI 的自主性不断增强，适时赋予其法律人格或许能更好地解决问题。医疗 AI

① Wachter S., Mittelstadt B. & Floridi L., *Why a Right to Explanation of Automated Decision – making does not Exist in the General Data Protection Regulation*, International Data Privacy Law, 2017, 7 (2): 76 – 99.

② 李欲晓：《物联网安全相关法律问题研究》，载《法学论坛》2014 年第 6 期。

作为新兴事物，不可能照搬当下的法律规制进行责任认定，应在不断探索中完善相关法律法规。此外，要利用“黑匣子”记录医疗 AI 信息，对医疗 AI 进行必要的监管或处置，建立责任强制保险和赔偿基金保障患者的利益。在做到“有法可依”的同时，切实保护个人隐私、技术机密、各方权益，以期医疗 AI 带来更多民生福祉。

第十二章　电子处方流转外配的法律风险及其对策

随着我国医疗机构信息化、智能化的快速推进，电子病历和电子处方在各医疗机构内部已经得到了普遍的应用。2005 年我国颁布了《电子签名法》，其间经过多次修正，其中第 7 条规定：数据电文不得仅因为其是以电子、光学、磁或者类似手段生成、发送、接收或者储存的而被拒绝作为证据使用。在立法层面把电子签名作为数据电文的法律效力的认证工具，有效助推了电子处方的发展。然而，医疗关乎生死，处方更是诊疗过程中最重要的法律凭证，对患者医疗目的的实现至关重要。从传统手工书写的处方，到通过计算机实现的数字处方，再到临床诊疗和流转中真正意义上的电子处方，在处方的形式和载体不断升级发展的同时，我国电子处方流转外配的落后现状同医疗发展的迫切需求之间还存在较大的差距，立法和制度的缺陷也使电子处方在推广使用中存在较大的法律风险。

一、电子处方的概念和意义

（一）传统电子处方的概念

电子处方本质上是电子病历的一部分。2017 年，我国颁布《电子病历应用管理规范（试行）》，共 6 章 31 条，其中对电子病历有着明确的定义，即指医务人员在医疗活动过程中，使用医疗机构信息系统生成的文字、符号、图表、图形、数据、影像等数字化信息，并能实现存储、管理、传输和重现的医疗记录，是病历的一种记录形式。第 4 条强调电子病历系统是指医疗机构内部支持电子病历信息的采集、存储、访问和在线帮助，并围绕提高医疗质量、保障医疗安全、提高医疗效率而提供信息处理和智能化服务功能的计算机信息系统。有效的电子病历，一般必须满足三个要素：(1) 可靠的数字签名；(2) 可信的时间戳；(3) 规范的管理使用。[①] 而从电子病历的概念分析来看，电子病历一般应是在医疗机构内部使用的电子医疗文书，不对院外其他医疗机构及药品企业发生权利义务关系。

关于“处方”的规范性概念，见于我国 2007 年原卫生部颁布的《处方管理办法》第 2 条：“本办法所称处方，是指由注册的执业医师和执业助理医师（以下简称医师）在诊疗活动中为患者开具的、由取得药学专业技术职务任职资格的药学专业技术人员（以下简称药师）审核、调配、核对，并作为患者用药凭证的医疗文书。处方包括医疗机构病区用药医嘱单。”一般而言，传统的电子处方主要是指手工处方的电子化，即通过电子病历系统的使用，方便医务人员操作，克服传统手工书写的效率低、错误率高、传输慢等缺点的电子处方信息系统，通常在医院内部使用，经医生打印签名（盖章）后，也可在实体药店购买处方药品。国内外的研究表明，电子处方的使用比传统手工处方具有历史性进步，实证表明能够大幅度提升用药的精准度和合理性，以及药品配置的效率，减少医疗差错。[②]

（二）当下电子处方的内涵和外延

随着经济社会的发展，特别是互联网医院、网上药品电商平台的飞速发展，传统电子处方已经无法满足人们就医购药需求。《电子签名法》颁布实施后，通过电子签名实现数据电文的法律效力的认证，从而有效地推动电子处方在医疗机构、线上线下的药店、患者之间有效的流转，离开医疗机构实现院外配送。因此，我们认为当下电子处方的概念和内涵已经发生了实质性的变化，其一般是指，由医师在诊疗活动中使用信息系统为患者开具的并能实现在医疗机构、患者、药品

---

① 孙佳佳、刘继兰：《电子病历法律效力问题初探》，载《医院管理论坛》2008 年第 9 期。

② Kenawy Ahmed Saleh & Kett Victoria, *The Impact of Electronic Prescription on Reducing Medication Errors in an Egyptian Outpatient Clinic*, International Journal of Medical Informatics, 2019. 04. 005, 82 - 85.

零售机构、医药电商平台和保险机构等之间存储、管理、传输、重现、保存，由药师进行审核、调配、核对，可作为患者用药凭证的数字化医疗文书。

（三）推动电子处方流转外配的意义

电子处方在各医疗机构内部管理中优势已经充分得到体现，其更加规范，较传统处方能够避免人工书写问题造成的给药差错；电子处方有利于实现信息共享、过程追溯、实时监控，同时，便捷高效的电子传输减轻了人力和物力资源的配置。特别是网上药店不断放开的当下，电子处方的流转外配能够让患者更加方便快捷地实现网上购买处方药，这在我国药品带量采购背景下，能够满足老百姓对药物多元化的迫切需要，同时，对撬动网上处方药品的销售这一庞大医药产业有十分重大的意义。

二、我国电子处方流转外配的现实困境

我国 2007 年颁布的《处方管理办法》第 42 条规定，除麻醉药品、精神药品、儿科处方之外，医疗机构不得限制门诊人员持处方到企业购药。因此，一直以来我国法律除特殊药品的负面清单以外都没有限制处方的流转或者处方的外配。当然，医疗机构也不得限制就诊人员持处方到医疗机构以外的药品销售机构购药，进言之，电子处方亦然。然而，实际过程中，我国电子处方流转外配仍然存在诸多难以解决现实问题，困扰着医药企业和患者，也影响了处方药品的销售和流通。

（一）电子处方真实性、签名留样可靠性的认定困难

传统处方在流转外配过程中存在处方合法性认定难、监管难，受利益驱使药店不尽审查义务导致处方审查流于形式，以及医务人员通过处方外配从药品销售企业收取回扣等问题。电子处方在流转外配最大的难题就是处方的真实性和签名留样的可靠性问题。尽管《电子签名法》是否适用医疗处方仍然存在一定的争议，但主流观点认为《电子签名法》对电子处方是适用的。而电子签名的真实性必须依赖以下几个要件：第一，就电子签名制作的数据，用于电子签名时，必须属于电子签名人专有；第二，签署电子签名制作数据仅由电子签名人控制；第三，签署后，对电子签名的任何改动能够被发现，签署后对数

据电文的内容和形式的任何改动能够被发现。

我国现阶段电子处方流转外配最大的需求和问题集中在医药电商陷入“一管即死、一放就乱”的局面，网络医药电商平台越来越多，目前主要是通过消费者上传纸质处方扫描件或者照片来判断，源头的真实性就难以保证，更何况受到文件清晰度、及时性等方面的影响，客观上认定难度大。且从利益角度考量，医药电商企业对于审查处方真实性的内在动力不足，甚至出现不审查直接销售处方药情形。因此，处方的真实性、医务人员签名留样的可靠性的认定，线上线下的医药企业工作人员仅凭一己之力是很难实现的，必须依赖于系统化的信息平台和有效的监管体系。

（二）医疗机构对处方外配的限制

在我国很长一段时间，医疗机构和医务人员是抵制处方流转和外配的，主要原因如下：（1）在“以药养医”潜规则背景下，医院药房的药品可以加成，这对医疗机构和医务人员来说是一笔不菲的收入；（2）处方流转外配过程中，受制于不同药品来源、质量、剂量等容易影响药效的因素，从而诱发医患纠纷，具有一定的法律风险；（3）在既往药品普遍存在“回扣”的行业潜规则下，处方外流意味着医务人员灰色收入的减少。因此，限制处方的流转和外配，是医疗机构和医务人员一致的目标。以 2015 年杭州互联网医院开出的首张互联网电子处方为例，其明确备注“本电子处方限于本院配送，自行下载配药，不具有处方效力”，从而限制处方流转外配。①

当然，随着药品带量采购的不断扩容，以及与此相配套的政策措施，药房对于医疗机构已经不再是“聚宝盆”和“摇钱树”，反而成为医院运营过程中迫切希望丢弃的“成本包袱”和“经营负担”，相信随着时间的推移，医疗机构对于处方流转外配内在动力不足的问题很快就会迎刃而解。

（三）医保对处方流转外配支付的限制

我国医保对于大部分医疗机构和实体药店基本上实现了无缝对接，

---

① 陆烨、程鹏宇：《中国首张互联网医院电子处方昨在乌镇诞生》，载《杭州日报》2015 年 12 月 11 日，第 7 版。

然而对于网上药品电商而言，目前购买药品主要是通过患者现金来支付，没有实现与医保支付对接，这不利于减轻患者负担，也制约了医药电商未来发展。从我国目前的情况来看，药品目录受医保基金影响很大。《处方管理办法》第 15 条规定，医疗机构的药品配备应该根据医疗机构的性质、功能、任务来执行，同一通用名称的药品，不得超过两种品规，目的就是要规制医疗机构的药品管理。对接药品目录对于医疗机构来说，并不是一个很大的问题，但对药品零售机构，特别是对电商的影响巨大。患者不在医疗机构取药，就会到药品零售企业或者网上电商购药。想要推进电子处方的流转和外配，与医保对接的问题就必须有实质性的跨越。

医保支付如何实现电子处方外配购药的对接，特别是在带量采购目录内的药品支付的对接，也是亟待破解的重大现实问题，对于减轻医院、患者和药品企业的负担有着十分积极的意义。

（四）电子处方退回、修改及管控的漏洞

处方的退改是指执业药师对处方进行审核时，如果出现药品不适宜的情况，就要告知开具处方的医师重新开具合理处方或者修改处方。实现电子处方有效的流转和外配，必须实现退回、修改的方便快捷，否则将给医务人员和患者带来很大的麻烦，从而使之成为一个累赘。

国家医保局成立后，明确指出“医保资金”不再是“唐僧肉”，医保管控日益趋紧。现阶段医保部门一旦发现医疗机构的医务人员开具一些不合理、不合规的药品或者超量开出药品，就会立即采取拒付、处罚等措施来约束医疗行为。但网络处方、电子处方的外配，就会突破医保管控的限制。当患者用电子处方去开药，钱是交给线上线下的药店，目前一般不能使用医保资金，所以医保部门就无法拒付和处罚。因此，医保部门对医疗机构医务人员的管控会大大减弱，医药企业是否会绕过医保与医院成为新的利益共同体也未可知。网络不是法外之地，未来对电子处方外配使用中不合规、违反医保政策，甚至违反法律法规等情形的制约、监管、处罚将成为国家药品管理部门面临的现实问题。

三、我国电子处方流转外配的法律风险

（一）电子处方没有明确的法律地位

按现行法律法规规定，处方是医生为患者开具的用于疾病治疗的具有技术性、经济性和法律意义的书面文件，并有处方医师亲笔签名以示负责；处方也是药师审核合理用药、调配发药的法律依据。这里所说的处方均是指传统的纸质处方。从法律上讲，签名有两个功能：标识签名人和表示签名人对文件内容的认可。尽管我国《电子签名法》赋予了电子签名法律效力，但对于整个可以流转外配的电子处方法律属性、权利义务、数据归属、数据保存、责任分担等诸多问题缺少系统性的法律规制，容易导致行业发展面临法律风险和进入无序状态。[①]

（二）电子处方没有建立系统的流转机制

电子处方具有法律效力，就必须让它等同于原件，避免因处方存储、内容、规范等问题造成医患纠纷，导致法律风险。[②] 就法律效力而言，电子处方要等同于原件必须具备以下要件：第一，有效表现所载内容，并且可供随时调取查用；第二，内容保持完整，更改符合法定程序，储存显示过程中发生的形式变化，不影响数据的完整性。能够清晰地追溯识别数据电文的发件人、收件人，以及发送和接收的时间。

电子处方的流转和外配需要建立一整套完善的体制和机制，实现电子处方的流转和外配就意味着处方从医疗机构进一步扩展到药品零售机构、药品物流机构。所以，一个真正意义的电子处方从产生、开具到调配和发放，应当有两到三次签名，分别是医生开具处方的签名，这个签名不仅要有医生的数字信息，同时应当具有医疗机构的数字信息；然后是在药品零售机构，药剂师进行处方调配的时候，也要进行数字签名；同样，药品发放给患者的时候，患者也要进行签名，这样才能形成一个真正意义的闭环，完整保留全过程流转外配记录。

此外，根据我国《处方管理办法》，处方应当由调剂处方药品的医

---

① 李艳芳等：《加快确立电子处方管理制度合法性》，载《中国医院药学杂志》2006 年第 9 期。

② 戴菲：《基于区块链的电子处方签名的思考》，载《电脑知识与技术》2018 年第 3 期。

疗机构妥善保存。普通处方、儿科处方保存 1 年，毒性药品、二类精神药品保存 2 年，麻醉及一类精神药品保存 3 年，对处方的储存提出了严格的要求。因此，电子处方由药品发放终端保管也是应有之义。

（三）国内电子处方流转外配缺乏有效的监管及追责体系

不建立强有力的电子处方流传外配的监管体系，市场就会没有“规矩”和“尺子”，处方药涉及的范围广，相关企业众多，容易引发市场的混乱。特别是随着药品带量采购政策的推进，没有中标入围的医药企业迫切希望通过医药电商“求生”。此外，我国尚未建立电子处方流转外配过程中违法违规行为的追责体系，国家行政部门、行业协会监管职责不清，多有交叉重合，不利于形成监管合力。放开电子处方的流转和外配意味着便捷老百姓、激活医药市场，同时对药品安全、行业安全监管带来新的挑战和课题。

四、建议与对策

（一）尽快出台我国电子处方专门性立法

电子处方流转和外配的立法在当下有着现实的市场需求，也应该是医疗改革各项政策推进中的配套性立法，多方都在期待尽快出台互联网电商处方药管理专门立法。线下实体药店的管理部门没有解决的诸多问题，借助互联网电商平台的逐步发展，可能会实现良好的管控，从而使处方药电商销售从无序走向有序。药监和卫生行政主管部门，应当通过立法让患者手中的电子处方能够通过多种渠道得到实现，在让公众方便快捷地购买处方药的同时，也能保证处方药使用过程中的健康和安全。条件成熟时，甚至可以实现国际电子处方的互联互通，在国与国之间实现处方药的购买和使用。

（二）加快建立电子处方流转平台建设

电子处方的流转和外配无序，已经成为我国医药电商发展的瓶颈，部分发达国家已经先于我国推进电子处方的应用，并取得了非常好的成效。以美国为例，美国医药电子商务发展迅猛，电子处方院外药品配置比例超过 45% 。美国对电子处方的监管体系比较健全。处方由医生开具处方，医院与线上线下的药店实现处方实时共享，网上电商及实体药店负责处方真实性的审查，高素质的执业药师进行用药合理性审查及用药指导，并有销售处方药的终端负责处方的保存，通过先进的物流系统进行药品的配送，积累了丰富的经验。[①] 而日本则通过建立统一的电子处方数据库，并进行统一编码，厚生劳动省出台《电子处方应用方针》，通过立法推进电子处方的标准化建设，规范处方流转外配的流程，保证在全国范围内的通用和高效。[②] 目前英国也在积极推进电子处方的流转和外配，协同完善医疗保障制度。[③]

当下，从传统医疗处方的概念考量，结合我国《电子签名法》的基本精神，一般意义的电子处方主要是通过电子签名达到真实性认证的目的。目前，实现电子签名的技术手段有多种，如基于公钥密码技术的数字签名；或用以个体独一无二的生物学特征为基础的统计识别标识，如指纹、声音、人脸或视网膜扫描的识别；亲笔签名和印章的电子图像的模式识别；表明身份的密码代号（对称算法）[④]；但比较成熟的、目前普遍使用的电子签名技术还是基于 PKI 的数字签名技术，及近年来不断兴起的区块链技术来解决安全和识别的问题。[⑤] 由于制定法律的技术中立性原则，目前《电子签名法》中所提到的签名，一般指的就是“数字签名”，它是电子签名的一种特定形式。所谓数字签名就是利用通过某种密码运算生成的一系列符号及代码组成电子密码进行“签名”，来代替书写签名或印章，对于这种电子式的签名在技术上还可进行算法验证，其验证的准确度与传统手工签名和图章的验证是无法相比的。

当然，笔者认为，处方药的购买和使用关乎老百姓的生命健康，我国药品系统管理基础相对薄弱，重大药品安全事件时有发生。有鉴于此，可以从国家层面建立处方药电商流转平台，从而将医保—医疗机构—医务人员—药品电商—执业药师—患者之间通过信息和数据的集成，形成全面系统的管理。要加强执业药师等专业人才的培养和继

---

① 高弘杨：《美国处方药网售的缘起与今生》，载《中国药店》2018 年第 7 期。

② 魏靖哲、孙圆圆、邵蓉：《日本电子处方系统研究及对我国的启示》，载《广东药科大学学报》2019 年第 3 期。

③ Springe, *Electronic Prescriptions Expected to Save UK NHS Millions*, Pharmaco Economics & Outcomes News, 2019, 840 (1): 34.

④ 李曙光：《论〈电子签名法〉及其对我国信息产业的影响》，载《现代情报》2005 年第 11 期。

⑤ 陈明阳、蔡映雪、陈伽：《基于区块链技术的电子处方研究与设计》，载《现代计算机》2019 年第 11 期。

续教育。目前，国内诸多大型电商已经积累了一些成功经验，发达国家对电子处方外配的监管也有不少成功的做法可以借鉴。

（三）实现电子处方与医保支付的有效对接

随着药品带量采购的进一步扩容，预计不久之后，医疗机构对药品储存和使用的积极性会大幅下降，患者对多元化药品的需求在医疗机构将无法得到较好的满足，从发达国家的经验来看，患者通过电子处方进行网上购药会成为常态。对于带量采购入围的药品线上的销售，从保证“以价换量”的制度设计来看，毫无疑问是应该纳入医保统筹支付的，但线上电商与医保有效对接是管理部门必须要系统设计和安排的。当然，对于带量采购中标以外的药品，国家医保部门也可以根据公众的客观需求，通过谈判等方式，降低价格，及时纳入医保支付的范围。

（四）加强对电子处方的流转外配的监管

实践已经证明，互联网电商不是洪水猛兽，随着基础软件和硬件设施不断改善，已经成长为国内经济增长引擎。但鉴于处方药市场的特殊性，药品作为商品可能带来的危害性又必须让我们把监管的“达摩克利斯之剑”时刻高悬。必须加大政府行政主管部门对电子处方流转和外配的监管，要建立健全卫生、工商、公安、交通等多部门协同联动机制，明确相应主体的职权，既各司其职，又互相配合，有效监管电子处方的流转和外配的实现。要逐步推进药品的可溯源机制，建立药品的身份信息跟踪机制，从生产到使用的各个环节都必须可以追溯，从而保障药品安全。同时要加大对电子处方流转、外配、实现过程中违法违规行为主体的处罚，建立黑名单制度，以儆效尤；要加强行业的自律与管理，对医疗机构、药品企业、电商平台发挥行业协会的职能，作为行政监管的重要补充，推进电子处方药品各环节的安全和有效；建议我国销售处方药的网上药店应由国家药监局进行集中监测，涉及各个省市辖区的，国家药监部门监测后交由相关省市药监部门来具体处理，统分结合、条块结合，权责划分明确，充分履行义务，发挥监管实效。①

① 杨勇、陈少飞、田侃：《电子处方外配与药品电子监管平台合理衔接的探讨》，载《中国药房》2014 年第 41 期。

第四篇

涉药品相关法律问题

第十三章　新《药品管理法》中“假劣药”的法律适用

药品是一种关乎公众健康的特殊商品，药品质量直接影响着民众的生命健康，然而，近些年，国内“毒胶囊”“齐二药制假案”等有关与药品质量安全的事件影响了药品管理秩序和社会的稳定。国外，2021年日本小林化工、美国普渡药业等知名医药企业相继发生重大药品安全丑闻。假劣药严重危害人类健康，甚至会导致病患死亡。因此，严厉打击假劣药生产销售行为是保证药品质量安全的重要措施，2019年我国新修订了《药品管理法》，针对假劣药相关条款作了调整，包括假劣药的定义和生产、销售假劣药的罚则等，本部分将从最新修改的条款出发，比较新法的主要变化，厘清假劣药的边界，结合《民法典》、刑法最新修正案等相关法律，探讨生产、销售假劣药行为的法律适用。

一、我国涉药品管理法律法规中“假劣药”的立法沿革

（一）关于规范生产、销售假劣药的法律沿革

1979年，《刑法》第164条明确了假药犯罪，规定“以营利为目的，制造、贩卖假药危害人民健康的，处二年以下有期徒刑、拘役或者管制，可以并处或者单处罚金”。1984年，我国《药品管理法》出台，明确定义了假劣药的概念和界定假劣药的区别，降低了司法认定的难度。1993年，《关于惩治生产、销售伪劣商品犯罪的决定》（已失效）中对生产、销售假药行为根据对人体健康的危害程度规定了不同的量刑标准，并且首次在假药犯罪中设置法定最高刑为“死刑”，这体现了制售假药行为严重的社会危害性以及国家对假劣药打

击的决心。1997 年《刑法》规定，生产、销售假药须达到“足以严重危害人体健康”才可入刑，然而，在司法实践中，“足以严重危害人体健康”的司法判定比较困难，执法难度增加。2011 年《刑法修正案（八)》出台，“足以严重危害人体健康”这一要件取消，这就意味着即使没有严重危害人体健康，只要具有生产、销售假药行为便可构成犯罪，符合危险犯的构造，入罪门槛降低。2019 年，新修订的《药品管理法》重新界定假劣药的定义和修改了制售假劣药罚则。同年，《疫苗管理法》通过，明文规定了对生产、销售属于假劣药的疫苗所应承担的法律责任。2020 年，《刑法修正案（十一)》颁布，随着《药品管理法》中假药定义的改变，在立法层面上也明确区分实质假药和形式假药。

（二）新修订《药品管理法》假劣药相关条款的主要变化

《药品管理法》自 1980 年启动制定工作，1984 年出台，2001 年首次修订，2013 年和 2015 年对个别条款作了修改，进行了两次修正，直到 2019 年 8 月再次作了修订。新修订的《药品管理法》对假劣药的相关条款进行了修改，其中包括假劣药的定义，生产、销售假劣药的法律责任。

2015 年《药品管理法》第 48 条规定了 2 种假药情形和 6 种按假药论处的情形，劣药也是以相同方式分成了 1 种劣药情形和 6 种按劣药论处情形，实际上，按假劣药论处的是违反药品管理秩序的行为①，属于形式上的假药，虽然定义不同，但在司法实践中往往是等同处理的，这容易导致公众对假药含义的误解。2019 年《药品管理法》第 98 条重新定义了假劣药，规定了 4 种假药情形和 7 种劣药情形，以及新增了 2 条禁止性规定，并取消了按假劣药论处的概念，关于新旧法中假劣药对比见表 13 - 1。

---

① 李怀胜：《论〈药品管理法〉修订背景下的药品犯罪立法完善》，载《中国药事》2020 年第 5 期。

表 13-1 新旧法假劣药的定义对比

种类	《药品管理法》(2015)	《药品管理法》(2019)
假药	1. 药品所含成分与国家药品标准规定的成分不符的; 2. 以非药品冒充药品或者以他种药品冒充此种药品的	增加: 1. 变质的药品; 2. 药品所标明的适应症或者功能主治超出规定范围
按假药论处	1. 国务院药品监督管理部门规定禁止使用的; 2. 依照本法必须批准而未经批准生产、进口,或者依照本法必须检验而未经检验即销售的; 3. 变质的; 4. 被污染的; 5. 使用依照本法必须取得批准文号而未取得批准文号的原料药生产的; 6. 所标明的适应症或者功能主治超出规定范围的	取消
劣药	药品成分的含量不符合国家药品标准的	增加: 1. 被污染的药品; 2. 未标明或者更改有效期的药品; 3. 未注明或者更改产品批号的药品; 4. 超过有效期的药品; 5. 擅自添加防腐剂、辅料的药品; 6. 其他不符合药品标准的药品
按劣药论处	1. 未标明有效期或者更改有效期的; 2. 不注明或者更改生产批号的; 3. 超过有效期的; 4. 直接接触药品的包装材料和容器未经批准的; 5. 擅自添加着色剂、防腐剂、香料、矫味剂及辅料的; 6. 其他不符合药品标准规定的	取消

续表

种类	《药品管理法》（2015）	《药品管理法》（2019）
禁止性规定		禁止未取得药品批准证明文件生产、进口药品；禁止使用未按照规定审评、审批的原料药、包装材料和容器生产药品

国家为保障药品安全和维护公众权益，严厉打击假劣药行为，2019年《药品管理法》在针对生产、销售假劣药行为加大了处罚力度。首先，罚款额度提高，并且明确了最低罚款限额。对于情节严重的，对相关责任人员由之前的10年禁业改为终身禁业，且增加了行政拘留这一处罚措施。其次，对于生产、销售劣药的行为，根据生产、批发和零售劣药以及生产、销售不符合药品标准的中药饮片所产生的影响范围，分别设置了不同的处罚力度。实际上，药害事件多发于药品使用单位，[①] 鉴于此，新法中还增加了对药品使用单位使用假药、劣药的，按照销售假药、零售劣药的规定处罚，情节严重的，对于有医疗卫生人员执业证书的相关责任人员，吊销其执业证书。

二、我国新《药品管理法》中“假劣药”的界定与解释

（一）关于“成分与国家药品标准规定”的认定

从假劣药的定义来看，所含成分不符合国家药品标准的药品为假药，成分含量不符合标准的药品为劣药。2019年《药品管理法》第28条明确规定国家药品标准是指国务院药品监督管理部门颁布的《中国药典》和药品标准，并且有指定的药品检验机构负责标定国家药品标准品、对照品。所以假劣药的成分界定应以此为依据，药品一般是由活性成分、辅料和其他成分组成，说明药品所含成分复杂，所以假劣药定义里的成分具体是指什么呢？根据《中国药典》（2020），药用辅料是指生产药品和调配处方时使用的赋形剂和附加剂，是除活性成分外经过安全性评估后存在于药物制剂中的物质，其虽不似活性成分有

① 张亮等：《医疗机构视角解读新〈药品管理法〉中使用假劣药的责任》，载《中国医院药学杂志》2020年第15期。

治疗效果，但也作用丰富，其中包括矫味剂、着色剂和芳香剂等，[①] 2019 年《药品管理法》中将"擅自添加防腐剂、辅料的药品"归为劣药一类，这也就说明辅料的不合规不属于对假药的判定标准，因此，也就意味着假劣药定义里的成分是指药品中的有效活性成分。由此可见，"假药"认定的关键是"质"的不同，即能够起到预防和治疗效果的活性物质不同，而"劣药"认定的关键是"量"的不足或者超量，简言之，不符合行业内通行或者规定的标准。

（二）关于"冒充药品的非药品及他种药品"的认定

以非药品冒充药品或者他种药品冒充此类药品属于假药这一类。首先，"非药品"顾名思义其本身就不是药品，也是大众认知里比较容易理解的假药的一种情形。近些年来，保健食品、药妆产品等产品以具有药用效果大肆宣传，但其实《保健（功能）食品通用标准》明确定义保健食品属于食品的一种，能调节人体机能但不以治疗为目的，这显然表明保健食品不是药品。对于药妆，我国并没有具体的界定，根据《化妆品卫生监督条例》（已失效），化妆品不得使用医疗术语宣传疗效，同时，2019 年，国家药监局化妆品监管司发布《化妆品监督管理常见问题解答》，明确表示化妆品以"药妆""医学护肤品"宣传的均属于违法行为。所以，类似于保健食品、药妆产品等非药产品，如以药品功效进行宣传售卖，误导消费者，可被认定为假药情形。其次，"他种药品"在本质上是药品，俗话说"对症下药"，每种药品都有其规定的适应症，但是存在不良商家为谋求利益，将滞销药品伪装成其他药品销售，或者因低价药利润不高而冒充高价药，这些药物的使用并不会对患者产生良好的治疗效果，甚至还会引起严重的不良反应，[②] 因此，此类药品应属于假药。

（三）关于"变质的"、"被污染的"和"超过有效期的"认定

在旧版《药品管理法》中，"变质的"和"被污染的"都是纳入按假药论处情形，"超过有效期的药品"按劣药论处，而新修订后"变

① 梁云、邵蓉：《新修订〈药品管理法〉中假劣药相关条款的主要变化及对执法的影响研究》，载《中国药房》2020 年第 17 期。

② 邵蓉、袁泉、蒋正华：《对我国假药界定条款的深层解析》，载《中国药事》2010 年第 5 期。

质的”为假药，“被污染的”和“超过有效期的药品”属于劣药。这三种情形都是药品受外部因素造成而不能保证其安全性和有效性，变质药品中部分或全部的活性成分改变，药效降低甚至损害人体健康，被污染的药品所含成分因污染而对人体构成威胁①，超过有效期的药品可能会因过了有效期内部成分发生变化而对人体造成不可预测的后果，所以，这三种情形都是属于成分不符合国家药品标准。

部分药物由于其成分的特殊性，对储存、运输都有极高的要求，稍有不慎便会引发变质，阳光、湿度、温度和微生物等都是影响药品变质的因素，同时，药品在生产、包装和运输的全过程中都会面临污染危险，其中包括化学物质污染和微生物污染等。在污染和变质里都有微生物这一共同的影响因素，对于由微生物造成的成分变化药品，就难以评判其是变质的还是污染的，这是变质和污染的重叠之处。旧法中两者都是按假药论处的情形，但是，在实际中，被污染的药品的成分大都只是量的改变而非质的变化，对此，新法中将其改为了劣药，也能更加明晰其和变质之间的界限。超过有效期的药品有两种情况，一种是虽然过了有效期，但是成分和药效并没有改变，还有一种是因过期而成分变质导致药效降低，② 前者药品虽未发生任何变化，但是具有不确定性，因此无论成分和药效是否发生改变，超过有效期的药品理应认定为劣药。

（四）关于“药品所标明的适应症功能或者功能主治超出规定范围”的认定

药品所标明的适应症功能或者功能主治超出范围，是指夸大了该药品的适应症功能范围，易让医生和患者产生误解，当患有某种病症的患者使用了该药，但是该药由于夸大功能范围而不能对这种病症达到治疗效果，这不仅会耽误患者的治疗时机，还会有不良反应的产生，所以这种情形应该被认定为假药。然而，在实际中，会存在“缩小”规定范围追求某种特定功能的最大化宣传，迎合市场需求，这种用途

① 于培明、黄泰康：《变质或被污染药品的法律处理探讨》，载《中国药事》2007年第3期。

② 秦玲等：《对完善〈药品管理法〉中假劣药相关内容的探讨》，载《中国药房》2012年第45期。

可能并非该药品的主要功效，这便会使患者使用后难以在预期的时间段里达到良好的效果。"缩小"适应症范围相对"超出"而言，对患者造成的伤害更小，但是没有办法排除其危害性，因此，该条款应该扩大认定的范围，将"超出"改为"不符"，或许更加妥当。①

（五）关于两条禁止性规定及其突破

为了保证生产全过程的安全性和药品管理秩序的稳定，《药品管理法》中明确规定，从事药品生产须取得药品生产许可证，并且生产过程中所需的原料、直接接触药品的包装材料和容器都应当符合药品生产质量管理规范的有关要求，国外进口药品也应经历严格的审评、审批程序。然而，陆某帮助癌症患者代购未获得国内进口药品销售许可的印度抗癌药，倪某清根据祖传秘方研制出用于治疗癌症晚期的中草药片剂，救治数百癌症患者，这些案例有一个共同点，就是他们获取药品的路径违法，但是患者所获取的药物是能够有效治疗疾病的，所以在司法过程中受惠患者纷纷为他们求情，在社会上引发广泛热议。从药品本质出发，这些药品并不属于"假劣药"，因此，在新法中并没有将这些情形纳入按假劣药论处，而是由过去法律拟制为"假药"，调整为禁止性规定。虽然新法中对假劣药的概念界定回归至药品本身，但是基于"从严处罚"，对于这些违反规定的生产、进口流程给予和生产、销售假劣药相当的处罚。

综观世界各国，对进口药品的管制都十分严格，一方面药品对不同种族和人群的效果需要经过科学的检验；另一方面从保障国民健康和药品管理秩序来看，管控好进口药物十分必要。新法中也规定了"对未经批准进口少量境外已合法上市的药品，情节较轻的，可以依法减轻或者免予处罚"的特殊情形，明确医疗机构因临床急需进口少量药品的，经国务院药品监督管理部门或者国务院授权的省、自治区、直辖市人民政府批准，可以进口。进口的药品应当在指定医疗机构内用于特定医疗目的。个人自用携带入境少量药品，按照国家有关规定办理。这一规定也被称为中国的"同情用药"制度，通过授权省级政

① 赵健、邵蓉：《浅析我国〈药品管理法〉对假劣药的界定》，载《药学进展》2004年第8期。

府可以进口急需药物，为紧急情况下医疗机构及患者获取“救命药”提供了绿色通道，降低了合法合规获取进口药物获取的难度，是新《药品管理法》立法的亮点和进步。

三、生产、销售假劣药行为的法律适用

（一）关于生产、销售假劣疫苗

近年来，随着时代的发展，人们对疾病预防的意识逐步增强，在我国，疫苗被分为免疫规划疫苗和非免疫规划疫苗，前者免费且强制接种，接种人群多为少年儿童，后者根据公众自身需求选择，并且收取费用。山东非法疫苗案、长春长生问题疫苗案等疫苗安全新闻爆出，关系着无数人的生命健康，从而引发公众的愤怒。基于多起假劣疫苗案件发生背景之下，为了加强对疫苗的管理，充分保障人民群众健康利益，2019 年，第十三届全国人民代表大会常务委员会第十一次会议通过了《疫苗管理法》，该法第 2 条就明确了疫苗的概念，疫苗是指为预防、控制疾病的发生、流行，用于人体免疫接种的预防性生物制品。由此可见疫苗是生物制品，属于药品的范畴，从定义可知，疫苗是预防性的，不同于具有治疗性的普通药品，疫苗的使用者一般是健康人群，疫苗一旦出现问题，会造成原本健康的人遭遇身体危害，或者接种疫苗后本可以预防的疾病风险没能够避免。《药品管理法》是一般法，《疫苗管理法》是特别法，根据“特别法优于一般法”的原则，针对生产、销售假劣疫苗的违法行为，应适用《疫苗管理法》，对比两部法律，《疫苗管理法》中设置了比生产、销售假劣药更严厉的处罚，提高了罚款的上限。

（二）生产、销售假劣药的行刑衔接

《产品质量法》第 5 条规定“禁止在生产、销售的产品中掺杂、掺假，以假充真，以次充好”。《药品管理法》明确规定禁止生产（包括配制）、销售和使用假劣药，这表明生产、销售假劣药违反了上述法律规定，需要承担一定的行政责任。新修订的《药品管理法》规定，生产、销售假药的，没收有关药品和违法所得，责令停业整顿，吊销药品批准证明文件，并处以货值金额 15 倍以上 30 倍以下罚款，货值金额最低限额 10 万元，情节严重的，吊销相关许可证且 10 年内不受理相应

申请，药品上市许可持有人为境外企业的，10年内禁止其药品进口。生产、销售劣药的，没收药品和违法所得，并处货值金额10倍以上20倍以下罚款，货值金额最低限额根据生产、批发和零售的手段不同而有所区分，其中生产、批发的货值金额最低基数为10万元，零售为1万元，情节严重的，责令停业整顿，吊销药品批准证明文件及相关许可证。当制售假劣药情节严重的，实行"处罚到人"，对法定代表人、主要负责人、直接负责的主管人员和其他责任人员没收违法期间自本单位所获收入30%以上3倍以下的罚款，终身禁业，可以处5日以上15日以下的拘留，并且没收生产所用的原辅料、包装材料和生产设备。同时，规定了对药品使用单位使用假劣药的处罚规定，按照销售假药、零售劣药的规定处罚，情节严重的，吊销相关责任人员执业证书。

《刑法》中明确规定了生产、销售假药和劣药罪，根据对人体造成的危害程度实行不同的量刑标准，随着《药品管理法》关于假劣药相关条款的修改，《刑法修正案（十一）》中生产、销售假药罪也作了相应调整。由于假劣药定义的改变，删去了原条文中对假劣药的认定，因此直接援引《药品管理法》中的定义即可，同时增加了对违反药品管理法规的管控，其中包括生产、销售国务院药监部门规定禁止使用的，未经批准生产进口药品，这些原先属于按假药论处的情形，体现了刑法对实质假药和形式假药的区分。《刑法修正案（十一）》取消了《刑法》第142条规定的生产、销售劣药罪的罚款限额，意味着罚款额度上不封顶，加大了处罚力度。同《药品管理法》一样，新增了对药品使用单位人员明知是假劣药而提供使用的依照生产、销售假劣药对应的规定处罚。①

（三）假劣药民事侵权责任认定与适用

缺陷药物带给不特定多数人群的生命健康损害而引发的侵权责任为药物侵权。药物侵权的构成要件为药品存在缺陷，有损害事实，药

① 谢望原：《药品犯罪的修改完善与合理解释——基于〈刑法修正案（十一）〉的解读》，载《中国法律评论》2021年第1期。

品缺陷与损害事实有因果关系。[①] 对于缺陷药物的定义，《药品管理法》及相关法律并没有明确的定义，是源于《产品质量法》中缺陷产品的定义。“缺陷”是指产品存在危及人身、他人财产安全的不合理的危险，药品作为产品的一种，由此可以推断缺陷药品是指药品存在危及人身、他人财产安全的不合理的危险，包括合法药品使用后所产生的不良反应所造成的人身、财产危险，以及假劣药品所致的人身、财产安全损害等。[②] 药品缺陷侵权责任在《民法典》中体现在产品责任和医疗损害责任，产品责任中规定因产品存在缺陷造成他人损害的，被侵权人可以向产品的生产者或销售者请求赔偿。药品不同于普通的产品，药品缺陷分类复杂，在临床使用过程中存在不合理危险，认定标准相对复杂，涉及的有关主体也更多。《民法典》医疗损害责任中规定，因药品造成患者损害的，患者可以向药品上市许可人、生产者等请求赔偿，也可以向医疗机构请求赔偿。患者向医疗机构赔偿后，有权向负有责任的药品上市许可人、生产者追偿。这一条款将医疗机构视为共同侵权人对待，由医疗机构承担连带责任，从法理上难以解释，其加重了医疗机构不合理的负担。

四、结语

药品质量安全问题是关乎人民生命健康的重大民生问题，不容忽视。假劣药的流通使用威胁了民众的生命安全和扰乱了药品监管秩序，2019 年《药品管理法》和《刑法修正案（十一)》、《民法典》等法律法规相关条款作了调整，从药品本质出发科学界定假劣药的范围，有助于司法过程中的认定，行刑衔接、行民衔接，从而有效打击假劣药违法乃至犯罪行为，以达到公众安全用药保障生命权益最大化，促进药品监管秩序的稳定。

① 肖杨、王俪霏、宋民宪：《缺陷药品侵权责任研究》，载《中药与临床》2016 年第 1 期。

② 赵静：《基于药品缺陷的药品上市许可持有人风险控制和转移机制研究》，载《中国药房》2021 年第 3 期。

第十四章　同情用药与药物尝试权制度法律比较与启示

一、问题的提出

药物是解除人类病痛的重要载体，药物的安全性和有效性至关重要。世界各国出于保障药品的有效性和安全性考量，都十分重视对未注册药品的监管。一般而言，在我国新药上市前的临床试验需要 6－7 年，国外研发的新药进入中国市场通常需要 3－5 年的时间。对于受癌症等重症缠身危及生命的患者而言，时间过于漫长，他们在用尽已有的治疗手段后，只能寄希望于正处于临床试验的药物和国外已上市的新药。为了让这些药物提前进入国内市场，国家食品药品监督管理局发布了对具有明显临床价值并且未在中国境内外上市销售的创新药注册申请进行优先审评审批，但仍不能满足患者的急切需求。针对患有危重疾病患者用药，无论是处于临床试验的药物还是国外已上市但国内未批准的药物，2019 年新修订的《药品管理法》中作了部分修改和新增。在美国，有两种方法可以使患有严重或危及生命疾病的患者在临床试验以外获得研究性药物，分别是同情用药制度和药物尝试权制度，这给予了很多重症或者终末期患者获取有效药物的一种合法途径。因此，本节通过分析美国同情用药制度和药物尝试权制度，结合我国新修订的《药品管理法》相关规定的现状与问题，为我国立法和司法提出建议。

二、美国同情用药及药物尝试权制度的立法沿革与司法现状

（一）同情用药制度

1. 同情用药制度的主要内容

同情用药（compassionate use），又称为拓展性使用（expanded access），FDA 给出的定义是：患有危及生命或者严重病症的患者在缺乏令人满意的替代治疗方案时，获取到研究性医疗产品（药物、生物制品或医疗设备）以进行临床试验以外治疗的有效途径。因此，适用于拓展性使用需要满足以下所有的条件：①患者患有严重或危及生命的疾病。②缺乏令人满意的替代疗法来诊断、监测或治疗该病症。③患者无法纳入临床试验。④患者获得的利益大于治疗存在的潜在风险。⑤不会影响临床试验和药品上市审批的进程。①

同情用药申请过程中涉及多个主体。首先，患者向医生咨询寻求可替代的治疗方案或者临床试验，确定没有后，可通过医生提出拓展性使用的申请，医生根据患者的疾病，查询相关研究性药物（Investigational New Drug，IND）的信息和提供相关药品的拓展性使用的途径。在找到合适的临床试验药物后，向药物研发公司申请，企业自主决定是否提供研究性药物，如果同意，医生则会获得企业的授权书，向 FDA 和伦理审查委员会（Institutional Review Board，IRB）提交书面材料。② 为了确保参与研究的患者获得相应的权益，IRB 会审查拓展性使用计划，包括知情同意书，以保证患者充分了解治疗药物的性质。FDA 审查拓展性使用申请并且决定是否能够进行。

拓展性使用具有拓展使用 IND 和拓展使用试验两种机制，申请的发起主体有医生和提供 IND 的药物研发企业两类，医生只能作为拓展使用 IND 的发起人，根据参与患者的数量不同分为三种

---

① FDA, Expanded Access [EB/OL], (2020-04-27) [2020-10-20], https://www.fda.gov/news-events/public-health-focus/expanded-access.

② FDA, Expanded Access: information for patients [EB/OL], (2019-05-20) [2020-10-20], https://www.fda.gov/news-events/expanded-access/expanded-access-information-patients.

类型①，如表 14－1 所示。

表 14－1　拓展性使用方案比较

<table>
<tr><th>请求类型</th><th colspan="2">发起主体</th><th>准入标准</th><th>FDA 审批</th></tr>
<tr><td rowspan="4">单人患者拓展使用</td><td>单人患者 IND</td><td>医生/企业</td><td rowspan="4">医生确定使用研究性药物潜在风险不大于疾病本身的危险，FDA 确定患者无法通过其他途径获取该药物</td><td>等待期为 30 日</td></tr>
<tr><td>紧急单人患者 IND</td><td>医生/企业</td><td>首先，联系 FDA 授权。经 FDA 授权，可以立即开始治疗。使用后 15 个工作日内提交书面材料</td></tr>
<tr><td>单个患者试验方案</td><td>企业</td><td>提交方案即可</td></tr>
<tr><td>紧急单个患者治疗方案</td><td>企业</td><td>使用后 15 个工作日内提交书面材料</td></tr>
<tr><td rowspan="2">中型人群拓展使用</td><td>中型人群 IND</td><td>医生/企业</td><td rowspan="2">有合理的临床试验接受预期范围内的患者人数，有初步的证据证明药物的有效性，或该药物的药理作用能够证明拓展性使用是一种合理的治疗选择</td><td>等待期为 30 日</td></tr>
<tr><td>中型人群试验方案</td><td>企业</td><td>提交方案即可</td></tr>
<tr><td rowspan="2">大规模人群治疗性拓展使用</td><td>治疗 IND</td><td>医生/企业</td><td rowspan="2">药物的临床试验全部完成，药物研发企业积极申请药品上市许可。Ⅱ期和Ⅲ期临床试验数据可以证明其安全性和有效性，患者不会受到不合理或重大的风险</td><td rowspan="2">等待期为 30 日</td></tr>
<tr><td>治疗方案</td><td>企业</td></tr>
</table>

① FDA, Expanded Access: How to Submit a Request (Forms) [EB/OL], (2019－09－23) [2020－10－20], https://www.fda.gov/news－events/expanded－access/expanded－access－how－submit－request－forms.

2. 同情用药制度的历史进程

美国是最先提出同情用药的国家，自 20 世纪 70 年代开始，美国就初步开始了同情用药制度，其历史沿革如表 14 – 2 所示。

表 14 – 2　美国同情用药制度历史沿革

时间	内容	
20 世纪 70 年代	美国初步开始以一些非正式的方式让危重疾病患者使用临床试验药物	
1987 年	《联邦管理法》	正式确立同情用药制度，明确适用标准、申请条件和保障措施等
1997 年	《食品药品监督管理局现代化法》	明确允许患有严重或危及生命的疾病并且没有合适的可替代疗法的患者，通过医生获得临床试验以外的研究性药物[1]
2009 年	FDA 对相关法规进行修订，正式确定同情用药的三种类型	
2016 年 6 月	《以治疗为目的的试验用药品同情使用相关问题解答指南》《单个患者拓展使用申请》《有关试验用药品收费的相关指南》	进一步规范明确相关内容
2016 年 12 月	《21 世纪治愈法案》	补充明确药物研发公司有义务向公众及时公开同情用药的政策信息，也有权评估患者的用药申请[2]

[1] 李竺蔓、郭芷君、徐峰：《新发重大传染病的临床治疗药物应对：超说明书用药与同情用药》，载《药学实践杂志》2020 年第 3 期。

[2] 高杨等：《同情用药的国内外发展现状与思考》，载《临床药物治疗杂志》2020 年第 7 期。

2020 年，全球暴发新冠疫情，严重危害人类的健康，由于对这种突发的强传染病的未知，一时间缺乏针对性治疗性药物，美国在治疗首例感染患者时，试用了处于研究阶段的药物瑞德西韦（Remdesivir），该药本是用于治疗埃博拉病毒病。之后全球有多个国家参与进行瑞德西韦治疗新冠肺炎的临床试验，我国于2月初在武汉启动瑞德西韦临床试验，2月6日，首批重症患者接受用药。美国在应对新冠疫情的做法遵循了同情用药制度，在患者别无其他治疗选择时提供了一种新的疗法。[①]

（二）药物尝试权制度

1. 药物尝试权制度的立法沿革

拓展性使用制度加快了很多病情危急的患者获得研究性新药的速度，由于研究性药品的疗效和副作用并没有最终确定，为了提高患者获取有效研究性药物便利性和实现用药风险性的最小化，拓展性使用过程需要在FDA和IRB双重批准和监管下进行，FDA在其官网上发布了相应的信息和申请表格，以便于患者、医生和企业的申请，然而这些信息和表格内容繁杂，填写申请耗时过长，为了简化申请流程，美国FDA发布了《关于简化拓展性同情用药申请表格的指南（草案）》，大大缩短申请时间。针对单人患者拓展性使用申请，通过IRB一名成员审查即可，不再需要通过小组全体审查。[②] 尽管流程简化一直在进行，但仍对病情危重的患者通过更快捷的途径获取研究性药品有所阻碍。

很多无法获得研究性药物的患者认为FDA侵犯了他们的权利，为此进行法律诉讼。其中一个案例就是阿比盖尔联盟（Abigail Alliance），被诊断患有癌症的阿比盖尔·巴勒斯，治疗无效后经医生建议尝试正处于临床研究的两种药物，但由于不符合临床试验资格而被拒绝，为此通过媒体宣传向国会施压，要求获得试验药物，没能成功，在阿比盖尔去世后，她的父亲成立了阿比盖尔联盟，2003年，该联盟向FDA多次发起诉讼，认为绝症患者有权获得完成第一阶段临床试验药物。虽然以失败告终，但对美国的药品监管造成极大影响。[③]

由于司法判决的失败，倡议者们开始寻求立法上的突破。2014年，

---

① 郭宗儒：《由同情用药发展为Ⅲ期临床研究的瑞德西韦》，载《药学学报》2020年第2期。

② 薛晓、王岳：《美国药品尝试权立法的历史沿革及思考》，载《中国药房》2019年第18期。

③ Fountzilas, Said, Tsimberidou, *Expanded Access to Investigational Drugs: Balancing Patient Safety with Potential Therapeutic Benefits*, Expert Opinion on Investigational Drugs, 2018, 27 (2).

乔什·哈迪（Josh Hardy）家族在社交媒体上发起运动，主张让绝症患者在Ⅰ期临床试验中获得未经批准的疗法，这一运动推动了很多州通过了此类法律，① 这些州法律的主要内容相似，因为它们基于金水研究所（Goldwater Institute）——自由主义公共政策智囊团起草的立法提案。② 当公民在接受现有治疗手段无法达到有效结果，同时因不符合纳入标准或者其他原因而不能参与临床试验时，有权只通过医生批准便可使用研究性药物，因此，金水研究所在推动立法过程起到了重要作用。

2014年5月，科罗拉多州成为第一个通过尝试权法案的州，到目前，美国已有41个州完成了尝试权的立法。③ 在大部分州成功立法后，尝试权的倡导者开始致力于联邦立法。2018年5月，时任美国总统特朗普签署了《尝试权法案》（又称《乔丹法案》），修订了《联邦食品、药品和化妆品法》第5章的相关条款。④

2. 药物尝试权制度主要内容

《尝试权法案》中对患者的准入标准、药物的符合条件、临床结果应用、报告义务和责任免除都做了规定。患者申请的准入标准：①被诊断患有危及生命的疾病，用尽已获批准的治疗并且无法参与相关适合的临床试验中。②被符合条件且有良好声誉的医生证明。③向医生提交书面知情同意书，或由患者的合法授权代表提出上述同意。药物所需符合的条件：①已完成Ⅰ期临床试验。②根据《联邦食品、药品和化妆品法》第505条或《公共卫生服务法案》第351条尚未获得批准使用。③正处于提交新药申请或生物制剂许可申请阶段；或正处在为获得上市审批收集可以证明其安全性及有效性数据的临床试验阶段，制药企业保证药品积极研发且未面临停产。

---

① Barlas S.，*"Right to Try" Legislation Moving Through Congress：But Drug Companies and Some Patient Groups Want Changes*，P T. 2017 Dec；42（12）：739 - 763.

② Viale P. H.，*The Federal "Right To Try" Act：An Answer to New Treatments During Terminal Illness?*，Journal of the advanced practitioner in oncology，2017，8（4）.

③ Jeremy S.，Alison B. H. & Leigh T.，*Is Right to Try Being Tried? Using Crowdfunding Data to Better Understand Usage of Nontrial Pre - Approval Access Pathways*，Regen. Med.，2020.

④ Agarwal R. & Saltz L. B.，*Understanding the Right to Try Act.*，Clinical Cancer Research：an Official Journal of the American Association for Cancer Research，2019，26（2）.

《尝试权法案》要求药物研发公司需向 FDA 提交年度报告，年度报告包括给药剂量、患者人数、药物的用途以及一切已知的严重不良反应，由 FDA 发布于其官网，FDA 不可以根据临床试验结果而延迟或者限制试验药物的审评。法案里还提出在向患者提供药物的过程中，诉讼中的任何责任不得针对药物研发公司、处方人、调剂人或其他个人实体，除非相关行为构成任何适用州法律下的故意不当行为、重大过失或故意侵权。①

3.《尝试权法案》所引发的争议

《尝试权法案》一经出台，立即引起了患者、医生、药品研发企业、司法界等的广泛关注，也引发了诸多争议。赞成者们认为，患者有权利选择使用对自己疾病有显著治疗效果或能够延长生命的药品，但是同情用药制度中 FDA 的严格监管明显限制了患者的权利，而且药品在通过 I 期临床试验后其安全性已经得到了一定的保证，利弊权衡之下，使用已完成 I 期临床试验的药物显然是他们最好的选择。药物研发企业在临床试验过程中，并不会因为药物尝试权而影响入组临床试验的人数，反而当更多患者用药后，用药结果会给企业提供大量的有效的数据，有助于新药研发。反对者们则认为，尝试权不能真正地保证患者能够用到药物，只是赋予了他们对药物研发企业的“询问权”，如果患者因使用了研究性药物而出现不良反应或死亡，会对药品以及企业引起负面宣传，出于这种考虑，药物研发企业可能会拒绝患者的请求。② 同时他们还认为 I 期临床试验是具有局限性的，很多通过 I 期临床试验的药品在后续的试验中会暴露出严重的副作用，最后并不能批准上市，因此，他们认为药物尝试权低估了使用研究性药品的风险。

三、我国《药品管理法》等相关条款的现状与问题

（一）境外上市国内未批准进口药使用现状

患有严重疾病且危及生命的患者可能会面临这样一个问题，境外

① 郑记：《尝试权法案》，载《中国食品药品监管》2019 年第 8 期。

② Michael G.，*RxLegal：A Rapid Review of Right – To – Try*，Hospital Pharmacy，2018，53（4）.

上市的药品中有适用于其病症的药物，由于国内未批准上市而无法获得药物，这种“可望而不可即”导致了“药神”们铤而走险。国外新药在国内上市，是解决我国患者对临床迫切需求领域药品的可获得性和可及性的重要手段，但是需根据其自身不同背景、临床数据评价结果来确定临床试验要求，当安全有效性或者种族敏感性不能充分得到证明时，药物需要进行临床试验，则会经历一定的周期。

为加快境外已上市临床急需药品进入我国，国家药品监督管理局药品审评中心在2018年和2019年分别遴选出48个和30个境外已上市临床急需新药，名单重点考虑近年来美国、欧盟和日本批准上市而国内未上市的用于罕见病治疗，以及用于防治严重危及生命或严重影响生活质量的疾病，且尚无有效治疗手段或具有明显临床优势的新药。对于名单中的药品，尚未进行申报的或正在我国开展临床试验的，经申请人研究认为不存在人种差异的且提供支持性材料，均可提交或补交境外取得的全部研究资料，直接提出上市申请，国家药品监督管理局将按照优先审评审批程序，加快审评审批。①

由于境外药物质量安全的不确定，国家需要严格监管，但是重症患者急需用药具有特殊性，怎样尽可能突破审评审批程序更快更便捷地获取临床急需进口药物，新修订的《药品管理法》作出了相关规定。新法中假药定义有所调整，并未将国外批准上市但我国未批准的药品定义为假药，虽然在第124条中规定，“未取得药品批准证明文件生产、进口药品”视情节严重程度接受惩处，但是也明确了“未经批准进口少量境外已合法上市的药品，情节较轻的，可以依法减轻或者免予处罚”的特殊情形。同时，在第65条中规定：“医疗机构因临床急需进口少量药品的，经国务院药品监督管理部门或者国务院授权的省、自治区、直辖市人民政府批准，可以进口。进口的药品应当在指定医疗机构内用于特定医疗目的。个人自用携带入境少量药品，按照国家有关规定办理。”很显然，针对“海外代购救命药”，《药品管理法》在修订过程中已经考虑到了部分患者对进口救命药的需求，简化了审评

① 参见国家药品监督管理局药品审评中心发布的《关于征求境外已上市临床急需新药名单意见的通知》。

审批程序，提高了重症患者对进口药物的可及性。

（二）我国的同情用药制度现状和问题

我国新修订的《药品管理法》第23条规定："对正在开展临床试验的用于治疗严重危及生命且尚无有效治疗手段的疾病的药物，经医学观察可能获益，并且符合伦理原则的，经审查、知情同意后可以在开展临床试验的机构内用于其他病情相同的患者。"这是我国首次在法律层面上制定了同情用药制度。

依据原《药品管理法》，仍在临床试验阶段的药物，是不能用于未进入临床试验的患者的。该制度设计主要考虑患者的安全性，但对于那些危及生命又无药可医的患者而言，如果明明有可能有效的药，只是没经批准就不能使用，这是不符合人性的，也与临床医学伦理原则不符。新法在临床试验机构可以实施同情用药，就是对还没有批准的药物，有证据获益且患者知情的前提下，针对没有条件加入临床研究的患者，研究者可以给予治疗。此外，新《药品管理法》第65条明确将医疗机构因临床急需进口少量药品的审批权限，下放至经国家药监局或国务院授权的省级政府，降低审批级别，意味着减小审批难度，可以使这一制度发挥更有效的作用。同时放宽临床研究申请的提交，简化了申请的流程，并规定了60个工作日的时限。根据新法申办方提交临床研究申请后，如果药品审评中心没有在60个工作日内提出反对意见，申办方就可以开始启动临床研究。

与美国拓展性使用不同，新法规定适用的药物是正在开展临床试验的药物，对于用药地点也有明确的限制规定，只能是在开展临床试验的机构，相较于美国，我国的同情用药的相关规定目前也还仅仅在法律制度层面，实践中还没有出现大量相关案例，需要时间来检验立法的效果。

四、美国尝试权法案对完善我国立法和司法的借鉴意义

美国从同情用药制度到尝试权法案，历时已久，虽存在争议，但也影响了广泛绝症患者的用药可及性。相比而言，我国的同情用药制度刚刚起步，可从美国做法中探索适合我国国情的借鉴与启示，以完善我国的相关立法与司法。

（一）制度设计与实践相结合

将在实践中证明是成功且可操作的做法进行总结归纳，上升为法律规范是立法的一个重要方法，《药品管理法》自1980年启动制定工作，1984年出台，2001年首次修订、2013年和2015年对个别条款作了修正，直到2019年8月再次作了修订。在这段时间里，《药品管理法》对我国药品管理领域起到了很好的规范指导作用，并且积累了很多成功的经验，但是随着行业发展、科研进步，新药不断出现，患者对药物的需求也开始出现变化，患有绝症无药可救的患者，新药的出现给他们带来了极大的希望，而且生活水平的提高，患者对药物的质量要求和需求也在提高，所以医药领域开始面临新的问题，尝试权就是在美国部分民众对于FDA过度监管的不满以及终末期患者对于救命药物的迫切需求的基础上立法的，这也就说明了随着时代发展，同情用药已经不能完全满足民众的期望，所以需要保留同情用药的优越之处同时谋求进一步的法律权利。“药品海外代购”的陆勇案曾引起广泛讨论，根据当时的《药品管理法》，陆勇构成销售假药罪，司法过程中存在情理和法理的冲突，最终检察院对陆勇作出不起诉决定，[①] 这个案例在一定程度上推动了《药品管理法》中关于假药定义和境外上市国内未批准进口药适用相关条款的调整。

尝试权所存在争议说明立法的成功与否需要时间和实践去证明，因此，在法律的修改过程中，对于那些成功的做法，需要具体精细化，提高针对性和可操作性，对于根据社会问题所反映的新做法，首先作出原则性规定，确保遇到相关事件能够及时应对，并进行规范，然后在实践中继续探索，获取更多的经验，[②] 在不违背法律权威的同时，适当考虑情理因素。总之，在立法过程中，坚持政策引领，始终以问题为导向，保持国际视野，积极借鉴其他国家成功的监管经验，立足国情，坚持改革创新，科学发展，将“中国问题”与“国际视野”充分

① 陶田甜、王雨杉、邵蓉：《利益相关者视角下的陆勇案辨析》，载《医学与社会》2020年第4期。

② 许安标：《〈药品管理法〉修改的精神要义、创新与发展》，载《行政法学研究》2020年第1期。

结合，体现“中国特色”。①

（二）明确各相关主体责任，完善实施流程

同情用药和尝试权是一种拓展性临床试验，是对患有严重危及生命疾病的患者的一种人道主义关怀，但同样都是一把“双刃剑”，风险和利益并存，我国目前还处于逐步认识、探索阶段，在制度完善期间，尽可能地平衡安全和风险是当前需要考虑的问题。美国同情用药和尝试权涉及多个主体，患者、医生和药物研发企业，明确规定了他们各自的责任义务，包括患者的病情诊断、知情同意和不良反应的报告等，我国目前并未有具体的明文规定。因此，国家应尽快通过立法或出台相关文件，明确我国同情用药实施的具体流程，以及实施过程中临床试验申办者、医生和患者等相关主体所需承担的责任和义务。

患者必须是患有严重危及生命且尚无有效治疗手段的疾病。在美国，医生和企业都可以作为申请发起主体，但在实际中，企业很难关注个体患者的申请需求。鉴于此，临床试验申办者可向大众公布试验药物适用的疾病、当前的治疗结果、不良反应和预期效果，以供医生和患者参考并选择。虽然这是一项拓展性使用药物，仍需遵循药物临床试验的规定要求，在实施前，应向受试者或其监护人如实说明和解释临床试验的目的和风险等详细情况，取得受试者或其监护人自愿签署的知情同意书，在用药期间，医生负责患者的治疗和记录用药报告，一旦发现存在安全性问题和其他风险，临床试验申办者应当及时调整临床试验方案、暂停或终止临床试验，并向国务院药品监督管理部门报告。此外，可借鉴美国做法，根据申请相同药物患者人数和药物所进行的临床试验阶段，进行不同规模人群的拓展使用，这不仅可以提高患者用药的可及性，还有助于加速药品研发及上市的进程。

（三）建立紧急授权制度和责任豁免制度

新修订的《药品管理法》明确同情用药的地点“在开展临床试验的机构内”，此规定或许是出于对我国医疗水平不高以及处于探索阶段的考虑，但是给那些距离较远或者身体状况不允许奔波的患者造成了

① 徐非：《深刻理解新〈药品管理法〉的精髓要义》，载《中国食品药品监管》2019年第10期。

很大的障碍，且本身就是患有危及生命疾病的特殊患者。根据我国国情，目前完全脱离药品监管机构和伦理审查即可实施是不现实的，因此，当面对临床紧急需要的时候，无论是临床试验药物还是国外已上市药物，都应设置紧急授权制度，规避地点以及烦琐程序的阻碍，尽可能地让患者更快更好地用药。

新法在完善了各项制度的同时，也从严设定了法律责任，监管执法部门在监督检查过程中，适用法律责任时应当严格执法，从严处罚，但是在同情用药中存在特殊性。对企业而言，临床拓展性使用会加快药品的上市进程，但是在此过程中，没有人能确保药物足够安全，不良反应或者更严重的后果都有可能发生，新药研究便会随之中断，甚至之前所有的研究都会毁于一旦，还会给企业的经济和声誉带来极大的负面影响。对医生来说，治病救人是他们的本职，但是治疗效果也会给他们带来潜在的法律风险，同时会导致医患关系的紧张复杂。2019年，山东聊城一名主治医师将一种境外推广但国内未批准上市的抗癌靶向药物“卡博替尼”，推荐给了病人家属，患者通过第三途径购买服用后出现了严重的不良反应，经查证，该医生并未从中牟利，警方认为医生的行为虽属违法，但尚不构成犯罪，最终，对他作出终止侦查的决定。这一系列潜在的风险，都有可能导致企业和医生的消极作为，《尝试权法案》里就提出在向患者提供药物的过程中，非故意过失情况下诉讼中的任何责任不得针对相关主体。因此，为了提高药物研发企业和医生参与的积极性，在提供药物过程中，如若发生因出现不良后果而造成的法律诉讼，在认定非故意情形下，应给予一定的责任免除。

五、结语

美国的同情用药制度和药物尝试权使患有严重或危及生命疾病的患者在后临床试验以外获得研究性药物，虽然存在很多争议，但是在患者已经用尽一切治疗方法，在别无选择的情况下通过立法授权取得合法获得药物的途径，将带给他们生命的希望。对于我国对危重患者使用处于临床试验中的药品和国外上市国内未批准的两类未注册上市药品，新修订的《药品管理法》都作了新的规定，也是我国首次在法律层面上明确了同情用药制度，结合国内现状和其他国家的药物尝试权的相关经验，继续完善我国的立法和实施流程，对于这部分危急重症患者生命健康的延续善莫大焉。

第十五章　我国干细胞临床研究与应用的法律规制研究

在多细胞生物中，干细胞是原始未分化或部分分化的细胞，可以分化成各种类型的细胞，并无限增殖，以产生更多相同的干细胞。它们是细胞谱系中最早的细胞类型。干细胞在胚胎和成年生物体中都有发现，分别称为胚胎干细胞和成体干细胞，但这两者的性质略有不同。胚胎干细胞是胚泡内部细胞团的细胞，在植入子宫之前形成。胚胎干细胞是多能的，在发育过程中会产生三个胚层的所有衍生物：外胚层，内胚层和中胚层。它们通常不同于不能无限分裂的祖细胞，致力于分化成一种细胞类型的前体细胞或原始细胞。成体干细胞，也称为体细胞，是维持和修复其所属组织的干细胞，目前在人体中，存在三种已知的可获取的自体成体干细胞来源：骨髓，脂肪组织和血液。干细胞疗法是利用干细胞来治疗或预防疾病的一种先进疗法，目前已成功应用于多个领域的疾病治疗，如神经退行性疾病，遗传性疾病，恶性肿瘤，骨髓再生①等。其广泛的医疗用途和应用前景吸引了各国政府和研究人员的目光。

自20世纪90年代起，在国家战略的大力支持与科技资金的大量投入下，我国在干细胞基础研究领域已获得了许多显著进展与重大成果，科研论文与专利发表数量处于世界领先地位，但在干细胞临床研究和应用的法律法规、监管体系、伦理规范、临床转化等方面仍存在诸多问题，这些问题的存在使我国干细胞研究进程与地位仍落后于发达国

① 张健萍、程涛、张孝兵：《造血干细胞基因治疗：进展与挑战》，载《中国科学：生命科学》2017年第12期。

家。各国根据本国国情，制定了不同的干细胞治疗的法律与监管政策。我国亟须在借鉴国际经验的基础上，结合已有法规体制与自身实际情况，完善我国干细胞临床研究与应用的法律规制与政策引导。

一、我国干细胞临床研究与应用的现状分析

（一）临床研究与应用现状

近年来，我国加快了干细胞研究的研发工作，在国家的政策鼓励和资金支持下，我国干细胞行业取得长足的发展，临床研究数量与日俱增。2019 年，国家卫健委发布了《体细胞治疗临床研究和转化应用管理办法（试行）》，实行“双备案”制度，即干细胞临床研究机构备案必须和干细胞临床研究项目备案一起申报。① 近两年来，我国干细胞临床研究持续活跃，备案机构与项目数量不断增加。根据中国医药生物技术协会的公示信息，截至 2020 年 11 月，全国干细胞临床研究备案机构增至 111 家，备案项目达 100 个，但中国干细胞临床研究目前还处于初步发展阶段。

尽管我国干细胞临床实验与研究目前正蓬勃发展，但国内仍无本土上市干细胞治疗药物。此前，主管部门经过长时间的乱象整治与政策调整，目前我国干细胞注册不断加速。根据国家药品监督管理局药品审评中心公示信息，自 2018 年 6 月国家药品监督管理局重启干细胞疗法的临床注册审批工作以来，共有 12 款干细胞新药注册申报获得受理。基于我国目前的专利产品转化较弱，2019 年 3 月，国家卫生健康委员会发布《体细胞治疗临床研究和转化应用管理办法（试行）》（征求意见稿），明确指出允许经临床证明安全有效的细胞治疗项目经过备案后在相关医疗机构进入转化应用。② 在此指导意见下，临床转化方面也取得了实质性进展，截至 2020 年 5 月，8 款干细胞新药已获得临床试验默示许可。③ 相信在不久的未来，我国会审批上市一批自主研发的

---

① 王国梁等：《中国干细胞临床备案研究现状》，载《云南大学学报（自然科学版）》2020 年第 S2 期。

② 项楠、汪国生、厉小梅：《我国干细胞临床研究现状分析、政策回顾及展望》，载《中华细胞与干细胞杂志（电子版）》2020 年第 5 期。

③ 何萍、程涛、郝莎：《干细胞临床研究的现状及展望》，载《中国医药生物技术》2020 年第 3 期。

细胞治疗药物。

（二）立法及监管现状

中国干细胞产业曾经历很长一段时间的监管乱象，多年来，各地许多不法医疗机构利用法律和监管漏洞为大量国内外重症患者提供未经批准的干细胞治疗，而且专家认为这些可能都是无效的治疗方法，它们通常通过临床试验的方式，向患者收取治疗费用，这一度给世界各国患者提供了“干细胞旅游”的绝佳治疗去处。① 此后，主管部门曾针对2011年前的干细胞临床研究与治疗领域颁布禁令，暂停了所有干细胞临床实验与申请，这使我国干细胞产业陷入了一段时间的空白期与停滞期。直到2015年，有关部门经过磋商和研判后，颁布了干细胞领域新的政策法规，重新规范了再生医学临床研究与应用。2015年国家原卫生计生委员会与食品药品监管总局共同组织制定颁布了《干细胞临床研究管理办法（试行）》和《干细胞制剂质量控制及临床前研究指导原则（试行）》，这两个条例一直沿用至今，成为指导我国干细胞产业专项监督检查的主要文件。该部门规章用于除了常规的造血干细胞移植和使用已确认为药物产品的干细胞的临床试验外，在体外操作的人类自体和同种异体干细胞的临床使用。该规定强化了临床干细胞研究的要求，包括获得患者的知情同意，保护受试者和捐赠者的隐私以及使用符合临床标准的治疗级干细胞。该文件指出，临床干细胞研究只能在授权的三级医院进行，并且医院不得未经授权就向接受者收费或张贴临床治疗广告。要求进行实验研究的研究人员将需要向国家干细胞临床研究专家委员会注册，并提供足够充分的动物实验数据，以证明他们使用了独立的评估方法和经过认证的细胞系并可以开展进一步的人体临床试验。此外，在2015年出台的办法中，基于干细胞疗法的治疗不再根据2009年临床干细胞应用法规被列为Ⅲ类医疗技术，这表明以前的规定不再有效。②

① Petersen A., Seear K. & Munsie M., *Therapeutic Journeys: the Hopeful Travails of Stem Cell Tourists*, Sociology of Health & Illness, 2014, 36 (5): 670 – 685. Cyranoski D., *China Announces Stem – Cell Rules*, Nature, 2015.

② Rosemann A. & Sleeboom – Faulkner M., *New Regulation for Clinical Stem Cell Research in China: Expected Impact and Challenges for Implementation*, Regenerative Medicine, 2016.

为了给干细胞治疗药品临床研究和技术操作提供准则与行为规范，国家食品药品监督管理总局在2017年颁布了《细胞治疗产品研究与评价技术指导原则（试行）》①，这些准则主要适用于注册和生产人员根据药品标准生产的人源活细胞产品。它详细强调了细胞治疗产品、原材料、制造技术、质量控制和安全评估的研究和开发要点，② 阐明了指导原则的适用范围和法律地位、临床前研究和临床研究应遵循的研究一般原则和基本要求，旨在促进干细胞治疗产品的尽快使用，为临床转化提供法律支撑。

目前，国内干细胞领域的监管条例强调严格的临床前研究、细胞疗法制备过程中良好的制造规范（GMP）、严格的审查阶段。③ 这与国际干细胞研究学会（ISSCR）于2016年颁布的《干细胞研究与临床转化指南》（Guidelines for the Clinical Translation of Stem Cells）④ 思想一致。尽管我们对干细胞分化、移植和组织整合机制的科学理解还处于不成熟状态，但是许多国家对于干细胞应用的临床测试已经迅速进行。该指南反对这一急功近利的做法，反对为了抢占再生医学领域的世界优势而放松对干细胞临床实验的审查力度，干细胞药品仍应遵循良好的生产制造规范，干细胞人体临床研究仍应在严格的监管下进行。只有在充分有力的临床前研究中充分证明了安全性和有效性之后，才能进行人体研究。此外，临床试验方案应经过严格的同行评审，以仔细检查临床前证据的真实可靠性，并在风险和机会之间进行权衡过后，才可进入试验阶段。该指南进一步寻求细胞试剂药品制备的良好规范，阐明临床前设计、研究报告的高标准。

---

① Center for Drug Evaluation, *National Medical Products Administration*, *Technical Guidance for the Research and Review of Cell Therapy Products*, 2017.

② 卢加琪、刘伯宁、罗建辉：《基于干细胞的再生医学产品研究进展与监管现状》，载《中国科学：生命科学》2019年第1期。

③ International Society for Stem Cell Research, *Guidelines for Stem Cell Research and Clinical Translation*, International Society for Stem Cell Research, 2016.

④ Daley G. Q., Hyun I. & Apperley J. F. et al., *Setting Global Standards for Stem Cell Research and Clinical Translation: the 2016 ISSCR Guidelines*, Stem Cell Reports, 2016, 6 (6): 787-797.

二、我国干细胞临床研究与应用面临的伦理与法律问题

（一）伦理问题

1. 胚胎干细胞地位和来源问题

受不同国家的宗教、习俗、文化等因素的影响，胚胎干细胞地位和来源问题在各国和世界范围内引起的争议大小并不相同，值得进一步商榷。一些受宗教信仰影响较大的国家在胚胎干细胞地位和来源问题上存在很大分歧。[①] 一部分人认为胚胎自受孕的那一刻起就被赋予了生命，将胚胎干细胞运用到临床研究中无异于谋杀生命。[②] 相较于这些国家来说，我国对于胚胎干细胞“是否为人”的问题上争议较少，主要因为我国的主流思想认为对于人的界定不仅依靠客观生理上的指标，还需要参照社会学的因素，胚胎的神经系统还未发育，还没有意识，不具有独立思考的能力，所以其并非法律意义上的“人”。虽然对此问题争议较少，但这不代表我们可以忽视胚胎干细胞的地位问题。根据规定，目前胚胎干细胞来源限于自愿终止妊娠的胚胎、嵌合体形成的胚胎、辅助生殖技术治疗后的剩余胚胎、捐献配子人工授精创造的胚胎及体细胞生殖技术产生的胚胎。[③] 关于这些胚胎干细胞的来源是否合法化的问题还有待考量。

2. 受试者与捐赠者权利保护问题

为了限制对人类受试者的不道德研究和治疗，多年前国际上就提出了许多人类实验准则，例如，《纽伦堡法典》（Nuremberg Code），与其相关的《赫尔辛基宣言》（Helsinki）以及《贝尔蒙特报告》（Belmont Report）。值得注意的是，后两项准则被广泛认为是当今人类研究伦理学的基石文件，并不断得到修正。随着社会的发展，出现了新的人体实验可能性。因此，我们需要根据技术的进步重新审视并修正它们，这些新技术冲击了当今快速变化的社会和现行的伦理准则。现存

---

① 孟安明、张思光：《干细胞研究中的伦理、法律、社会问题及科学共同体的责任》，载《科学与社会》2013 年第 1 期。

② 李少婷等：《胚胎干细胞临床试验中的伦理学问题及对策分析》，载《中国医学伦理学》2018 年第 9 期。

③ 马晨光、薛迪：《干细胞研究与应用的伦理问题，伦理规范与伦理实证研究》，载《中国医学伦理学》2019 年第 1 期。

的一个主要的挑战是，这种道德规则必须在全球范围内得到承认和遵守，而不仅是在构成它的规则和道德的单个国家。因此，随着生物医学领域技术的进步以及干细胞临床研究等新领域的出现，世界各国需要联起手来，在现行国际法规中加入一套新的具体规则，使其同样能够广泛地应用于这些新领域，特别是再生医学领域。目前世界范围内仍尚未形成统一、普遍认可的干细胞伦理规范。干细胞人体实验只能在已有的伦理学规范基本准则下实行。

其一，隐私权问题。源自任何个人的干细胞都会包含大量的私人遗传信息（DNA）和大量研究数据的信息，如果不谨慎地使用它们，可能会侵犯个人隐私甚至违反法律。即使最初的细胞捐赠者已经不在人世，干细胞也会包含其供者的信息，因此有可能带来与个人隐私有关的道德和法律挑战。[①] 此外，在获取干细胞时完全不收集供体的个人信息也是不可能实现的事，因为为了保障受试者的安全，随后对干细胞的研究可能需要不断获取有关捐赠者健康状况的信息，这需要知道捐赠者的姓名、联系方式和地址。因此，在如何把握受试者与捐赠者隐私保护和临床人体实验的尺度方面，研究人员面临很大的考验。

其二，知情同意权问题。当计划将人体或其细胞和组织用于研究项目时，必须征得参与者的知情和自愿同意，这是对受试者人权的一种尊重。同意表格和知情同意书的内容由主要调查员提出，经过仔细审查后，由机构伦理委员会或监管部门批准。通常情况下，知道研究全部内容的相关研究人员应向每位参与者解释研究的实质和目的，然后与受试者讨论治疗的可能副作用。[②] 知情同意书包括各个方面的同意，例如，是否同意与研究人员保持联系，是否同意将细胞运用到不同的项目，是否同意在原有细胞的基础上进行衍生与改造等。目前我国在保护受试者知情同意权上仍存在许多问题：如各地临床实验机构的伦理委员会对知情同意权的把控程度不一，许多实验设计者仅关注

---

① Zarzeczny A. , Scott C. & Hyun I. et al. , *IPS Cells: Mapping the Policy Issues*, Cell, 2009, 139 (6): 1032 - 1037.

② Moradi S. , Mahdizadeh H. & Šarić T. et al. , *Research and Therapy with Induced Pluripotent Stem Cells (iPSCs): Social, Legal, and Ethical Considerations*, Stem Cell Research & Therapy, 2019, 10 (1): 1 - 13.

实验的原理、设计、方法而忽略了对受试者法律权力的保护等。在知情同意方面，研究人员应予以高度重视并做到全面落实各项要求，切实保护受试者权利。

除了上述提到的两个问题之外，克隆人问题也不容忽视。世界各国学者在此问题上看法高度一致：禁止克隆人。我国已明确立法规定禁止实施任何生殖性克隆研究，仅可进行治疗性克隆。过去的克隆研究因为技术手段不发达等因素，仅停留在一些非灵长动物实验上，然而在2018年，有中国学者表明他们已经成功利用猕猴胎儿成纤维细胞克隆了猕猴。[①] 这表明人类克隆在科学上不是不可能的，也不是遥不可及的，因为人类和灵长类动物在胚胎发生和生理学方面有许多相似之处。这更加突显了加强监管、论证干细胞克隆技术伦理完整性的必要性。

（二）法律问题

1. 立法问题

目前针对干细胞临床研究、应用颁布的文件，均以部门规章或政策文件为主，没有上升到法律层面，位阶较低，效力较弱。2015年颁布的《干细胞临床研究管理办法（试行）》（以下简称《管理办法》）、《干细胞制剂质量控制及临床前研究指导原则（试行）》（以下简称《指导原则》）以及2017年颁布的《细胞治疗产品研究与评价技术指导原则（试行）》为目前指导我国干细胞临床研究与应用转化的主要文件，虽然这些法规对干细胞临床研究与应用方面起到了一定的规范作用，但约束作用依然较为局限，对非法活动的震慑力也不够。[②] 现存与干细胞医学相关的位阶最高的法律是《药品管理法》（自从2015年《管理办法》实施后，干细胞治疗相关技术不再从属于第三类医疗技术，而是按照药品管理），但该法律对于干细胞临床研究应用的特殊性认识还不够，干细胞不同于一般的药品，其地位来源技术的特殊性需要法律的特别规定。

---

① Liu Z., Cai Y. & Wang Y. et al., *Cloning of Macaque Monkeys by Somatic Cell Nuclear Transfer*, Cell, 2018, 172 (4): 881－887. e7.

② 姜天娇、孙金海：《国外干细胞产品监管现状及对我国的启示》，载《中国社会医学杂志》2016年第2期。

现有法律法规在实践方面不够完善。如我国科技部和原卫生部于2003年12月出台的《人胚胎干细胞研究的伦理指导原则》。该指导原则一定程度上保证促进了我国人胚胎干细胞研究的健康发展，但其缺乏实施细则，比如，该指南仅规定了获得胚胎干细胞作为研究对象的方法，但对于具体判定胚胎干细胞的获取渠道是否合法仍没有进一步的细则。[①] 此外，干细胞领域仍缺少许多关键性文件。我国尚未建立从法律法规到行业规范的产业框架，现有法规也未完全覆盖从干细胞临床前实验和临床实验开始到最后干细胞药品通过审批上市的每个方面。[②]

2. 监管问题

治疗药物从备案到转化，审批严格，进程缓慢，缺乏干细胞临床研究及应用的风险分级管理机制。2019年2月，国家卫健委发布《生物医学新技术临床应用管理条例（征求意见稿）》，条例中明确表示干细胞产品被归类为高风险生物医学新技术，但这一笼统的分类并未真正将干细胞按照种类或来源等方面进行分级，进而对干细胞药物从临床研究到产品转化提供便利条件。《管理办法》表明目前中国的干细胞临床研究及应用均和其他药物一样，需要经过严格的三期临床实验和备案审查，这一系列措施确实保证了干细胞产业乱象的再度发生，重新规范了干细胞行业，但这似乎又回到了将干细胞当作普通药物来管理的时代。这对干细胞研究机构和研究人员的日常管理来说依旧困难重重。[③] 在大方向上，这一管理方式是没有冲突的，但干细胞作为如此特殊的一种医学新技术，目前的监管体制缺乏个性化的定制，创新性不够，相对保守。创新就意味着面临着更大的风险，提供豁免政策或许会重蹈行业管理混乱覆辙，但干细胞的发展必须给予更多的政策与立法支持。

从20世纪90年代的政策初步探索开始，到2015年干细胞行业被

① 杜珍媛：《人类胚胎干细胞研究的伦理准则与法律监管政策研究》，载《科技管理研究》2011年第17期。

② 项楠、汪国生、厉小梅：《我国干细胞临床研究现状分析、政策回顾及展望》，载《中华细胞与干细胞杂志（电子版）》2020年第5期。

③ 陈海丹：《干细胞临床研究政策回顾和展望》，载《自然辩证法通讯》2018年第3期。

重新规范为止，这期间长达20多年的行业管理的真空期，让我国对干细胞行业的管控受到国际组织批评。我国干细胞监管乏力一度被诟病，为了限制日益疯狂的非法干细胞临床试验与应用，我国不断加强对干细胞行业的审查与监督。因而，我国干细胞的治理政策的调整力度较大，“一刀切”的做法阻碍了干细胞临床应用的步伐，它削弱了对科学进步至关重要的监管一致性和连贯性，对行业的发展造成了一定的负面影响。此外，由于体制因素，地方医疗与研究机构与部队医院的行政管辖权的不同。地方医院一般由当地卫生主管部门管辖，军队和武警医院由中国人民解放军总后勤部管理，政策的适用范围存在一定的差异，容易形成干细胞政策的管控缺位。因此，一旦干细胞政策沦为“软”法规，科学研究者急功近利与巨大利益交织的内驱力容易导致监管的不力，导致行业乱象的发生。①

国内非法干细胞治疗仍然在一定范围存在，治理效果不如人意。在中国，没有任何基于干细胞的干预措施已经获得了市场授权，此类产品的广告仍然是非法的。② 尽管我国已经出台了打击干细胞领域的虚假和误导性广告的文件，并严格规定了干细胞临床试验与药物转化的规定，但违法违规事件仍然时有发生。轰动一时的魏则西事件揭露了非法广告横行的互联网乱象，也引起了监管部门的重视，但这样的治理程度或许还不够，如今通过网络搜索引擎查询有关干细胞治疗的信息时，我们仍能看到许多治疗推荐广告。干细胞治疗广阔的前景与其带来的巨大的商业利益驱使着一众不法分子罔顾法纪，如何全面禁止不法行为是监管部门亟待解决的问题。

三、域外干细胞临床研究与应用的立法进展

（一）美国

美国作为世界上干细胞产业较为发达的国家，自20世纪90年代起就陆续制定了《公共卫生服务法案》（FD & C Act）、《美国食品、药品

① Zhang J. Y., *Lost in Translation? Accountability and Governance of Clinical Stem Cell Research in China*, Regenerative Medicine, 2017, 12 (6): 647–656.

② Lv J., Su Y. & Song L. et al., *Stem Cell "Therapy" Advertisements in China: Infodemic, Regulations and Recommendations*, Cell Proliferation, 2020, 53 (12): e12937.

和化妆品法案》（PHS Act）、《人体细胞及组织产品的管理规定》（21CFR1271）等一系列法律与指导指南来规范干细胞产业的发展与监管。值得一提的是，《人体细胞及组织产品的管理规定》源于美国食品和药物管理局《联邦规章典集》第1271条，是干细胞治疗和产品审批的主要依据，其引入了一种基于风险的分级方法，将干细胞作为生物制品分为两类："351种产品"（按照PHS Act第351条进行监管）和"361种产品"（按照PHS Act第361条进行监管）①。"351"类别又称高风险产品，指的是超过最低限度操纵的细胞和以非同源方式使用的细胞，并且这些细胞加入了其他影响细胞生物学结构的物质。这些细胞被归类为生物药物产品，它们必须依法通过多阶段药物流水线审批程序，从临床前研究开始，申请研究性新药，然后依次进入第一、第二、第三阶段试验，最终需要经过FDA的上市前批准（BLA）。② 而"361"类别即低风险产品，未超过最小化干预，为同源性使用，并且除了添加水、晶体液、保存剂等不改变细胞结构的物质外不涉及与另一其他物质的组合。③"361"类产品不需要上市前审批，可以在医院里直接给患者使用。

除了建立这种按风险管理的体系之外，为了给新药和生物制品的市场审批创造更灵活的途径，FDA还引入了五个监管例外，④ 分别为快速通道（Fast Track）、加速审批（Accelerated Approval）、突破性治疗认定（Breakthrough Therapy Designation）、优先审查（Priority Review）和同情性使用（Compassionate Use）。首先，快速通道，旨在加快从临床前试验向临床试验的过渡，加快药品审查程序，鼓励开发用于治疗

---

① Sharma R., *Introductory Chapter: Stem Cells and Tissue Engineering in Medical Practice*, Stem Cells in Clinical Practice and Tissue Engineering, 2018: 1.

② Witten C. M., McFarland R. D. & Simek S. L., *Concise Review: the US Food and Drug Administration and Regenerative Medicine*, Stem Cells Translational Medicine, 2015, 4 (12): 1495 - 1499.

③ 陈云等：《美国干细胞产业发展政策与监管及对我国的启示》，载《中国医药工业杂志》2018年第12期。

④ Rosemann A., Bortz G. & Vasen F. et al., *Global Regulatory Developments for Clinical Stem Cell Research: Diversification and Challenges to Collaborations*, Regenerative Medicine, 2016, 11 (7): 647 - 657.

关键疾病或暂未满足临床需要的药物，更早地将新药送到患者手中。① FDA将尽早干预获得快速通道批准的药物，指导其完整的研发过程，使整个研发至审批上市过程畅通无阻。其次，加速审批，FDA可通过采用"替代终点"（默认该新药已经提前达到了预期治疗效果）的方法来减少重大疾病药物的批准时间。临床实验及其成果的产出通常耗时很长，如果严格要求临床实验证据，遵循审批流程，很可能会耽误新药的上市和对重大疾病的治疗。所以对于一些最终能满足临床需求但目前未能满足的药物来说，加速审批是尤为必要的，它为新药审批过程节省了很多时间。再次，突破性治疗认定。这是由FDA于2012年创建的最新的加速相关机制。其要求初步临床试验证据必须可证明使用该药品之后比使用之前患者得到了"实质性改善"。与快速通道一样，这项特批程序有利于一些重大疾病或严重威胁人类疾病新药的加速开发和审批。复次，优先审查。每一项新药的上市都需要经过FDA严格的审查，标准的审查持续时间是10个月，而在优先审查的背景下，FDA被要求优先调动更多的机构资源，在6个月内采取行动。最后，同情性使用。同情性使用跳过了临床审批的第二、第三阶段（功效审查阶段和安全有效剂量审查阶段）② 直接进入临床应用阶段。目前只有终末期患者才被考虑应用这种争议较大，风险较高的审查特例。在这种情况下，患者的医生和药品制造商都必须同意进行同情性使用，并获得FDA的授权。这些灵活的监管政策都加快了干细胞药物的临床转化，一定程度上保证了美国干细胞产业在世界上的领先地位。

（二）欧盟

在欧盟，干细胞药品被归类为先进技术治疗医学产品（ATMP）并由专门成立的先进技术疗法委员会（CAT）进行集中化审评管理。③ 现行的《医药产品法》（Medicinal products 2001/83/EC）与《医疗器械

---

① Knoepfler P. S., *From Bench to FDA to Bedside: US Regulatory Trends for New Stem Cell Therapies*, Advanced Drug Delivery Reviews, 2015, 82: 192－196.

② Knoepfler P. S., *From Bench to FDA to Bedside: US Regulatory Trends for New Stem Cell Therapies*, Advanced Drug Delivery Reviews, 2015, 82: 192－196.

③ 吴曙霞、杨淑娇、吴祖泽：《美国、欧盟、日本细胞治疗监管政策研究》，载《中国医药生物技术》2016年第6期。

法》（Medical devices 93/42/EEC）两部法律在干细胞生物学研究、临床实验、转化应用等方面都起着指导作用①。此外，为了加强对快速发展的干细胞领域的管理，EMA 于 2007 年发布了《先进技术治疗医学产品法规》（Regulation（EC）No 1394/2007），以确保涉及细胞疗法的药物受到适当的授权、监督和控制，以降低和管理风险。总的来说，新药审批要求系统的临床研究和严格的审查程序。

但与美国一样，为了加快药品的审批，欧盟也制定了一些豁免程序。第一点与美国所采用的监管例外一样，是“同情使用”计划。该计划允许正在开发或正在审批中的药物提前应用于患者，② 但这只适用于罕见病药物，相关药物在实践中被授予“孤儿”地位。③ “孤儿”路线适用于目前专为少部分患者开发的许多再生医学药物产品。

第二点，医院豁免制度。该条例允许主治医生在专职负责的情况下，向欧洲医院的个别患者提供干细胞产品。该治疗通常是一种私人定制产品，使用患者自己的细胞，这些细胞是在非常规的基础上按照特定的质量标准准备的。④ 在欧盟范围内，医院豁免只能由产品生产国的监管机构授权使用。

然而，各国在语言文化、法律法规、审查力度、药品生产制造、豁免实施情况方面的差异，导致了目前欧盟的监管似乎存在这样一种趋势：欧洲各国正在通过各种豁免条款和替代途径，为再生医学市场和医疗保健系统的准入规则创造漏洞，并且在不同的司法管辖区内使用例外条款的灵活性是不同的。此外，医院豁免制度将各国政府作为条款具体实施的执行者和所有权解释者，脱离了欧盟的统一规划与部

---

① Salmikangas P. , Schuessler - Lenz M. & Ruiz S. et al. , *Marketing Regulatory Oversight of Advanced Therapy Medicinal Products（ATMPs）in Europe：the EMA/CAT Perspective*, Regulatory Aspects of Gene Therapy and Cell Therapy Products, 2015：103 - 130.

② MacGregor C. , Petersen A. & Munsie M. , Regulation of Unproven Stem Cell Therapies-Medicinal Product or Medical Procedure, [EB/OL]. 2015.

③ Hyry H. I. , Manuel J. & Cox T. M. et al. , *Compassionate Use of Orphan Drugs*, Orphanet Journal of Rare Diseases, 2015, 10（1）：1 - 9.

④ 高建超：《关于我国细胞治疗产业发展现况和监管思路的浅见（下）》，载《中国医药生物技术》2019 年第 4 期。

署，该条款已造成了不公平性竞争现象的存在。① 对此，欧洲各国仍然需要进一步的商讨。

（三）日本

近年来，日本在再生医学方面发展势头很猛，尤其是2012年日本科学家山中仲弥教授因在诱导多能干细胞（iPSCs）领域作出了突出贡献而获得诺贝尔生理学或医学奖之后，日本更是把发展再生医学上升到国家重要战略。为了规范干细胞产业，加快干细胞研究成果产出，日本政府自2013年起进行了再生医学的立法的改革，于2013年、2014年先后颁布了《再生医学促进法》与《再生医学安全法》两部法律，为再生医学临床研究与应用提供了参考准则。值得一提的是，《再生医学安全法》采用基于风险评估的分层体系，根据干细胞药品对人体的危害程度，将其分为Ⅰ类（高风险）、Ⅱ类（中风险）、Ⅲ类（低风险）三类，以确定研究监督所需的力度。② 每个类别的药物在运用到临床试验之前都需要向规定的部门提交特定审核计划，其中Ⅰ类、Ⅱ类由特别认证的再生医学委员会进行严格审核。此外，日本还设立类似欧盟“医院豁免条款”的制度，允许新药小范围地在医疗机构中使用。

为了承接呼应《再生医学促进法》《再生医学安全法》两部法规，日本政府于2014年重新修订了《药事法》并将其更名为《药物、医疗器械与其他产品法》。在这次修订中，引入了一个新的产品类别——RMPs，③ 与药品和医疗器械分开，专门用于管理干细胞，并建立了具体的法规。由于干细胞的异质性而极难在短时间内评价其有效性，因此，日本引入了一种新的审批制度——条件性限制性准入许可，即对于一些危及生命的疾病，药品与医疗器械管理局和厚生劳动省可以在初步确认可能的益处和安全性后给予创新性新药有条件和有时间限制

---

① Faulkner A., *Opening the Gateways to Market and Adoption of Regenerative Medicine? The UK Case in Context*, Regenerative Medicine, 2016, 11 (3): 321 - 330.

② 陈云等：《韩国与日本干细胞药品审批、监管及对我国的启示》，载《中国新药杂志》2018年第3期。

③ Azuma K. & Yamanaka S., *Recent Policies that Support Clinical Application of Induced Pluripotent Stem Cell - Based Regenerative Therapies*, Regenerative Therapy, 2016, 4: 36 - 47.

的审批。在试用期批准后，批准持有人必须在规定的期限内（通常最长为7年）出示有效的临床证据申请转入正式药品，否则批准到期后该药品需进行重新批准或退出市场。① 此外，所有未证明有效性及安全性的药品治疗主要包括在医疗机构中进行的临床治疗均需依照《再生医学安全法》，由厚生劳动省审批，而在上市药品及细胞治疗的公司中进行的临床实验需按照《药品和医疗器械法》，由日本药品与医疗器械管理局审批。②

四、我国干细胞临床研究与应用的法律规制与管控建议

（一）对干细胞研究与应用专门立法，从部门规章上升为法律

考虑到干细胞产业的特殊性与重要性，针对干细胞领域国家应该颁布专门的法律来规范其发展，而不能沿用普通药品的办法进行管理。同时，目前国内的文件均为法规和指导指南，位阶较低，法律效力不够，对不法行为的打击力度不够，应将现有文件上升到法律层面，加强普遍的约束力与威慑性。建议出台《干细胞临床研究与应用管理法》，从法律层面规制我国干细胞研究与临床应用的行为，促进行业规范有序发展。

（二）完善胚胎来源，干细胞研究伦理等方面的管控力度

我国现存法律对于胚胎干细胞来源和生殖性克隆等问题的规定尚不清晰，存在争议，比如，对于克隆这一问题，法律中的表述较为混乱，有“克隆人”“生殖性克隆人”等不同说法，且有关部门并未发布细则明确解释，这不利于法律的推广与使用，也给不法分子可乘之机。③ 应当完善胚胎干细胞来源相关条例，建立完备的胚胎干细胞管理机制，对于胚胎干细胞的来源与去路进行详尽的记录，并明确规定具体惩罚措施，严惩不法胚胎干细胞买卖与生殖性克隆行为。

---

① Sipp D. & Okano H., *Japan Strengthens Regenerative Medicine Oversight*, Cell Stem Cell, 2018, 22 (2): 153-156.

② Azuma K., *Regulatory Landscape of Regenerative Medicine in Japan*, Current Stem Cell Reports, 2015, 1 (2): 118-128.

③ 李茜：《胚胎干细胞研发的法律探讨》，载《医学与法学》2018年第3期。

（三）聚焦国情，完善制度，形成中国特色的干细胞研究与应用的审批与监管体系

我国市场目前缺乏本土上市干细胞药物，其归根结底是因为监管审批过程过于缓慢。上文分别分析了欧盟、日本等的干细胞监管审批体制，其中不乏可借鉴之处。总的来说，我们不能把干细胞制品作为普通药品对待，要为干细胞药品建立特殊的注册、审查、评价体系。首先，要学习日本制度，根据干细胞风险建立分级管理制度，方便监管部门根据不同风险的干细胞临床实验与药品采取不同的监管措施和监管力度。其次，制定适当的加速审批政策，适当放松对药品临床实验证据的要求、药效评价时间期限，以达到加快临床转化的目的。当然，加速临床转化必须建立在保证药品的安全性、合法性的基础上，并且审查机构要保证对医疗机构及公司豁免资格的严格判定和材料的严格审批，以免再次打开监管缺口，造成行业乱象。

正如一些学者在研究中指出的那样，① 由于中国的地域差异，监管的多元主体性，导致政策彻底的执行有一定的困难。该研究机构提供了六种类型的地方临床干细胞研究的例子，研究机构与医疗机构的从属不一，监管多元，易形成分歧和冲突。考虑到具体国情，应该着力解决地方与部队、国内与国际不同监管需求之间的监管差异，既要符合我国国情，也要兼顾国际规则，建立一个普适科学研究法律规则的共同体，形成完善监管体系，推动行业的快速发展。

（四）加强对涉及干细胞问题违法行为的惩治力度，完善国内法规之间的衔接

我国不仅需要制定完备的干细胞临床实验与应用审查体系，而且要协同媒体、相关公司、医疗机构、研究者等广泛的利益相关者，对不法行为加大惩罚力度，尤其是对互联网行业关于干细胞治疗的非法广告和严重违反伦理底线的试验行为。从刑法、民法与行政法完善涉及干细胞研究和应用管控行为规定的衔接，从刑事司法方面需要完善相关解释，规范相关法条的适用，加大对违法行为的打击力度。值得

---

① Sleeboom - Faulkner M. , Chen H. & Rosemann A. , *Regulatory Capacity Building and the Governance of Clinical Stem Cell Research in China*, Science and Public Policy, 2018, 45 (3): 416 - 427.

注意的是，互联网行业的无国界化、国际旅行的便利性以及对域外执法的司法限制，都为针对跨国患者的诊所创造了可乘之机。因此，世界各国和国际组织必须保持密切沟通，共同完善国际法律法规，制定通用有效的监管体系，减少管理干细胞产品的各国立法和司法的异质性和不兼容性。①

干细胞产业表现出巨大的医疗价值和广阔的发展前景，这使世界各国都把干细胞临床实验与转化领域放在了国家重点发展战略上。随着中国逐渐步入老龄化社会，其对于再生医学产品的需要日益加强。中国的基础科研水平和成果已经取得巨大的进步，但在干细胞转化和应用阶段我国还仍有一定差距。应当高度重视再生医学领域的发展前景，应该尽快规范干细胞产业发展宏观与微观政策，加强对干细胞临床实验与应用的监督管理，解决目前国内的伦理、法律等种种问题，探索行之有效的干细胞临床实验和应用治理体系，方能在这一领域行稳致远、未来可期。

---

① Sipp D. et al. , *Marketing of Unproven Stem Cell – Based Interventions*: *A Call to Action*, Science Translational Medicine, 2017, 9 (397): 0426.

第十六章　药品带量采购扩容背景下公立医院药品供给的法律风险与对策研究

长期以来，药价虚高是医药领域乱象的主要原因之一，也是造成居民“看病难、看病贵”的重要原因之一。① 为了增进人民的获得感、幸福感、安全感，国家大力推进药品集中采购和使用改革，打破利益藩篱，通过带量采购降低仿制药、高值耗材的价格，加强行业全过程综合监管，加速公立医院的改革，规范药耗使用。公立医院药房的定位、效益和功能也因此面临调整，为了应对这一现状，公立医院积极探索药品供给改革的路径和措施，同时也伴随诸多法律风险。

一、药品带量采购扩容对公立医院药品供给的影响

（一）减少药品流通环节，显著降低医疗成本

实施国家药品带量集中采购政策撬动了相关领域改革惰性，为深化我国公立医院改革奠定了良好的基础，特别是减少了企业在药品销售、流通方面的额外成本，限制了医生的处方权滥用，净化了医务人员的执业环境，增强医务人员合理用药的意识，减轻人民群众用药负担，降低医疗行业总体的成本支出。

反思过去的数十年，我国公立医疗机构临床药品中标价普遍虚高。实际上，药品从生产到人民群众手中的整个过程，若不考虑新药研发

① 袁训书、亓英、陈春涛：《药品供给侧结构性改革破解药价虚高的思考》，载《中国医院管理》2018 年第 1 期。

过程所需要的研发经费，药品的生产成本和市场流通价格存在较大的差价，差价部分主要是销售费用，如销售人员劳务、为临床提供的学术活动经费等。而当下减少流通环节，减轻了企业负担，有效降低中间差价，减少医疗成本。

（二）医院药品采购量难以估算，造成药品的短缺或囤积

国家要求各级医院按照不低于上一年度实际用量的80%左右制订采购计划，并具体到药品的品种、剂型和规格，具有诸多不确定和不合理因素。若采购预计量低于实际需求量，患者的用药需求无法满足，有引发医患纠纷的可能性；若采购预计量高于实际需求量，则会导致药品资源的囤积浪费。① 尽管第二批药品集中采购相对第一批药品集中采购更加明确各地采购基数的计算方式，全国各地首年约定采购量计算基数由各地确定，且设定明确的计算规则，当全国实际中选企业为1家的，为首年约定采购量计算基数的50%；全国实际中选企业为2家、3家、4家及以上的，分别为首年约定采购量计算基数的60%、70%、80%。但医疗机构药品的用量具有较大的不确定性，特别是医务人员对带量药品缺乏使用动力，难以回归合理用药，可能会导致中选药品用量大量减少，抑或由于医院硬性规定，导致数量大增，由此造成药品短缺或者囤积。

因此，医疗机构需要坚持“以销定存、按需进货、择优采购”为原则，以发展为导向，以需求为基础。按期编制采购计划，科学合理分配资源，规范采购流程，加强采购监督，积极参加省级集中采购和联合带量采购工作，在充分考虑缺货成本的前提下，降低采购成本和储存成本，进而合理降低医院药品成本。②

（三）中标药品质量难以保证，难以保障患者用药安全性

在一定程度上，大规模的药品集中带量采购是以牺牲药品的质量差异性为代价的，忽略了药品质量层次的复杂性，有可能导致低质量

① 胡伟、杨悦：《带量药品集中采购模式推广问题与对策研究》，载《中国执业药师》2014年第11期。

② 赵青峰：《药品零差价对公立医院财务管理的影响》，载《财会学习》2017年第11期。

层次药品挤出了高质量、高层次药品。① 目前我国没有系统的药品综合评价体系，各省自行规定的药品质量层次标准不一，无法有效控制药品价格和质量之间的平衡关系，导致部分价格昂贵且疗效甚微的药品仍在过度滥用；有些疗效显著且价格不高的药品，因个别企业故意低价投标导致中标价过低而流标或无法供货。而低的中标价格企业若要继续维持正常运作，只能在药品生产环节上通过减少工艺步骤、偷工减料和使用劣质原材料等方式压缩成本。②

因此，监管部门必须对中标的药企要求坚持质量标准，实现用药质量的整体提升，避免出现“劣币驱逐良币”现象，在药品的原辅料、生产工艺、质量检测和疗效等各个方面严格执行标准；加强质量监管，药品监管部门将强化监督检查和产品抽检，加强全生命周期质量监管，确保降价不降质、优质与高疗效并存的良心药品；夯实企业责任，建立严格考察准入制度，明确对违规企业惩罚措施，加大处罚力度。

（四）中选药品种类较少，难以满足患者用药的多样性

从采购药品的种类来看，药品均为治疗性用药，绝大部分药品是平时用量较大的药，针对的疾病覆盖了冠心病、高血压、精神科疾病等常见的慢性病。采购的药品种类主要针对慢性病，还没有涉及急救用药、辅助用药等，从药品的种类来说，覆盖面较窄③；在实施带量采购后患者只能使用带量采购的药品，对患者的选择产生局限性；中选药品中绝大多数都是国内仿制药，极少药品为进口药，而国产药品质量与实际疗效并未完全得到部分临床医生的认可，对于某些经济条件较好、要求药品质量更高的患者，中选药品无法满足用药需求，就只能迫于选择外配或者去其他医院就诊。

（五）药事服务费未决，执业药师待遇亟待提高

药事服务是指药师利用专业知识向患者提供合理、安全的用药方案，保障药品正常供应的特殊服务，主要包括药品的供应链服务和药

---

① 朱佳英、任晋文、华恃彬：《“4+7”城市药品带量采购在公立医院的实施效果预测与探讨》，载《浙江医学》2019年第10期。

② 孙越等：《我国药品集中采购存在的问题及解决策略》，载《卫生经济研究》2013年第2期。

③ 朱佳英、任晋文、华恃彬：《“4+7”城市药品带量采购在公立医院的实施效果预测与探讨》，载《浙江医学》2019年第10期。

学服务。①药师在让患者接受带量药品方面发挥重要的作用，但临床药师服务费的设置一直悬而未决，医疗机构面临巨大运营成本压力，药事部门人员的待遇也因此受到较大影响，工作积极性无法充分调动。以徐州医科大学附属医院为例，医院药学部拥有近150名员工，其中约1/3为临床药师；药师不仅帮助临床一线科室做月度分析，协助管理部门制定科室绩效指标、组织培训、讲解政策、生产制剂等；还参与制定了多项围绕各科室“合理用药”的绩效评价指标。然而，在药师的价值和药事服务费在奖励性绩效上的体现仍存在不足。此外，国家颁布的各种医疗改革政策都倾向于减轻病人的医疗费用负担，药事服务费迟迟没有得到落实，药师的待遇无法得到有效保障。

二、公立医疗机构药品供给存在的法律与政策风险

随着带量采购的扩容，公立医疗机构的药事服务部门，逐渐从过去的盈利部门转变成了医院运营的负担。因此，不少公立医疗机构为了减低运营成本，积极探索药房托管、开展药房SPD项目、减少药事人员编制和审核流程、收取药事服务费、完成不了带量采购药品的使用量等行为，上述行为在医院运营中具有较大的法律与政策风险。

（一）医院药房托管存在的法律与政策风险

1. 药房托管

药房托管是指在不改变所有权的前提下，医院以合同的形式将药房整体移交给具有较强经营管理能力的医药企业进行有偿经营与管理，药房的所有权仍归属于医院。药房托管本质上是医院和药企之间的一种民事法律关系，是委托方（医院）授权受托方（医药企业）代替其药品采购和供应权从而获得一定经济利益的契约关系。随着两票制的推进，药房托管在我国一度呈遍地开花之势，但实施的效果并未达到预期，未实现遏制药价虚高的政策初衷。

从本质上说，我国医院药房托管都是药房产权与采购权、经营权和管理权的分离，而不是推动药品供给制度根本性的变革，因此这种

① 张建琴、洪东升、张幸国：《浙江省省级医院门诊药事服务成本研究》，载《中国医院药学杂志》2015年第8期。

模式并不是真正打破“医药不分”藩篱的治本之策，存在不利于药品供应，不能保障药品质量，易产生新型贿赂关系及出现药房托管的法律问题。

2. 存在的具体法律风险

（1）托管合同因形式和内容违法导致无效

托管合同可能无效的原因如下，第一，根据我国现行法律规定，公立医疗机构属于非营利性事业法人，医院资产属于国有，医院只有拥有和使用自己资产的权利，若将其转让给他人擅自经营，除非权利持有人允许或追认批准，也即主办机关才能有权批准，否则该行为可能会被认定为无效。因此，对于一些未经政府或相关主管部门批准认可的药房托管合同无效。第二，如果医院和企业行使药品采购权捆绑转嫁成本，从而损害社会和他人的利益，根据《民法典》的规定，合同仍然无效。此外，垄断药房的经营，也容易造成垄断和排他，违反我国《反不正当竞争法》，造成合同无效。第三，从2018年11月26日，国家卫健委、国家中医药管理局联合下发的《关于加快药学服务高质量发展的意见》第6条规定：“坚持公立医院药房的公益性，公立医院不得承包、出租药房，不得向营利性企业托管药房。”因此，从政策层面药房托管已为国家禁止。根据《民法典》的规定，依照无效合同所获得的利益应予以返还或折抵，有过错的当事人应当承担各自的责任。

（2）可能违反有关市场竞争的法律法规

我国《反不正当竞争法》第7条规定：“经营者不得采用财物或者其他手段贿赂单位或者个人，以谋取交易机会或者竞争优势……”由于竞争压力的存在，医院与企业之间的交易中容易发生商业贿赂。据《反垄断法》第22条第1项规定：禁止具有市场支配地位的经营者从事滥用市场支配地位的行为：以不公平的高价销售商品或者以不公平的低价购买商品。然而，企业在药房托管中获得了医院药品采购和供应的权利，这相当于获得了公立医院的部分市场支配地位；为了弥补利润和成本的差额，一些企业很容易利用自身的市场地位，一方面压低制药公司的价格，另一方面以高价卖给消费者。若企业有上述行为，一经发现且查实，企业将面临行政处罚和刑事责任，并承担相应的民事责任。

(3) 药房托管可能带来诸多管理和廉政风险

一是管理权责不清，易产生多头管理情况。由于“二权分离”和“三个不变”的本质特点的原因，药房名义上是药企管理，但实际上药房的所有权还是医院的，而药房职工也是医院的职工。二是医院实施药房托管带来的利益可能得不到持久的保障，可能存在医师在利益诱惑下，与不良商家“合作”，危害患者的利益。三是可能存在药品经营区域垄断的不正当竞争现象，地区大型医药企业垄断药品价格，打击小型医药企业。四是药房托管的主动权在医院方，药品经营企业和医院有利润分成的关系，因此合作具有明显的趋利趋势，在托管企业的选择上，偏好于大型的知名医药经营企业，扼制中小药品经营企业。①

此外，我国大型医疗卫生机构为了进一步优化流程、降低成本、提高效率，纷纷开展药品、耗材的 SPD 模式。其中目前开展比较多的是医用耗材的 SPD，SPD 配送商通过信息系统进行医用耗材的供应、库存、加工、物流等集中管理统一配送，实现医院耗材的订购、验收，并高效及时配送至临床一线的物流管理的模式。需要关注的是，SPD 模式容易造成配送商对医疗机构数据信息的泄漏、耗材供应的垄断以及可能存在利益输送等诸多问题。当下这一模式未被法律法规和国家卫生行政部门所禁止，公立医院开展药品耗材的 SPD 合作不具有违法性。但从长期来看，这一合作模式与药房托管行为具有相似之处，也因此具有较强的政策不确定性和决策风险，有可能随时被国家叫停。

(二) 医疗机构放松处方审核带来法律风险

1. 处方审核

处方审核是指药学专业人员运用专业知识和实践技能，依据相关法律法规、规章制度和技术规范，对医生在诊疗活动中为患者开具处方的合法性、规范性和适宜性进行审核，并作出是否同意调配药物的决定的药学技术服务。②

---

① 李玉霞、李静：《浅析我国城市公立医院药房托管模式——以南京市为例》，载《医学与哲学》2015 年第 11 期。

② 李玉霞、李静：《浅析我国城市公立医院药房托管模式——以南京市为例》，载《医学与哲学》2015 年第 11 期。

2018年7月10日，国家卫生健康委员会、国家中医药管理局、中央军委后勤保障部联合印发了《医疗机构处方审核规范》，规范明确了前置审核的刚性要求，其中第4条规定，“所有处方（包括门诊处方和病区医嘱单）均应当经审核通过后方可进入划价收费和调配环节，未经审核通过的处方不得收费和调配”。第5条规定，从事处方审核的药师应当满足以下条件：一是要具备至少3年及以上门诊、急诊或病区处方调剂工作经验；未从事处方调配的临床药师不能从事处方审核，包括静配中心处方审核。二是要接受过处方审核相应岗位的专业知识培训并考核合格。三是要从事中药处方审批的药师还应培训中医药基础理论、知识和技能。

2. 可能存在的法律风险

处方审核存在过错可能会造成因医疗侵权医疗机构和医务人员而不得不承担相应的侵权责任。医疗侵权是指医疗机构和医务人员在为患者提供医疗服务时，因疏忽大意而实施不符合当时医疗标准的行为，给患者造成人身或其他损害，且该医疗侵权行为与患者的人身或其他损害有直接因果关系，依法应承担侵权责任。①

我国《民法典》第1222条规定，患者因下列情形之一造成损害的，应当推定医疗机构有过错：违反法律、行政法规、规章以及其他相关诊疗规范；当因处方使患者受到损害，属于侵权行为，推定医疗机构有过错，由医疗机构承担赔偿责任。

（三）收取药物服务费存在的法律风险

1. 药事服务费

药事服务费是指医疗机构在提供医疗服务过程中收取的一项费用，它旨在补偿向病人提供药品处方服务所产生的合理费用。药事服务费与药品销售额没有直接联系，而是根据医务人员提供药事服务的劳务价值来进行核算。

目前，药事服务费可分为药房运营成本与医师和药师的基本服务价值两个部分。通过专业药学服务，指导临床合理用药，减少药物副

---

① 王淳德、郑思炳、王渠江：《医疗风险管理浅析》，载《中国卫生事业管理》2003年第7期。

作用，提高药物治疗的安全性、精准性、有效性和高效率，降低整体医疗成本等多方面作出重要贡献。此外，医疗机构可以根据现行的政策和规定，合理开设临床药学门诊，收取合理的诊疗费用。因此，药事服务费项目的推进，旨在向患者加收药事服务的合理费用，以保障医疗机构提供药事服务的成本和价值。

2. 可能存在违反法律规定的风险

《药师法（草案）》第5条规定了药事服务费，对该条款的规范分析表明：①收取药事服务费将成为我国药师的一项重要权利，维护药师的合法权益。②收费的前提是提供药学专业技术服务，由此可以粗略推导出药学服务费的合法依据。③药事服务费的提出也在一定程度上明确、重申了药师的职责，这就要求进一步改进和提高我国药学专业技术服务的内容和质量。

但目前从我国各省的实践来看，对医疗机构独立收取药事服务费规定不一，大都没有明确规定可以收取，或者将药事服务费纳入医疗服务费之中，医疗机构在没有得到价格部门允许的情况下，擅自收取药事服务费可能因违反规定受到行政处罚。

（四）违反国家带量采购的政策风险

1. 国家医保飞行检查

自2018年9月起，国家医保局会同国家卫健委、公安部、国家药监局联合开展打击欺诈骗取医疗保障基金专项行动，并组织开展飞行检查。飞行检查是跟踪检查的一种形式，指事先不通知被检查部门实施的现场检查，是严厉打击各类欺诈骗保行为的有效方式。

截至目前，国家医保局已进行飞行检查39次，完成对30个省（区、市）实地检查，初步查实违规金额近2.5亿元，被检查单位主动退回2亿余元，实现了对各类欺诈骗保违约违规行为的高压震慑，形成了监管示范效应。自专项整治开展以来，全国共查处欺诈骗保定点医疗机构9.16万家，追回医保基金及违约金26.32亿元，处行政罚款1.94亿元；查处欺诈骗保定点药店6.39万家，追回医保基金及违约金2.14亿元，处行政罚款500万元。针对不同监管对象多发、高发的违规行为特点，聚焦重点，分类打击，对应施策（见表16－1）。

表 16-1 针对不同监管机构采取不同的重点查处违规行为

查处对象	主要违规行为
二级及以上公立医疗机构	分解收费、超标准收费、重复收费、套用项目收费、不合理诊疗及其他违法违规行为
基层医疗机构	挂床住院、串换药品、耗材和诊疗项目等行为
社会办医疗机构	诱导参保人员住院，虚构医疗服务、伪造医疗文书票据、挂床住院、盗刷社保卡等行为
定点零售药店	聚敛盗刷社保卡、诱导参保人员购买化妆品、生活用品等行为
医保经办机构	内审制度不健全、基金稽核不全面、履约检查不到位、违规办理医保待遇、违规支付医保费用以及内部人员“监守自盗”“内外勾结”等行为
参保人员	伪造虚假票据报销、冒名就医、使用社保卡套现或套取药品、耗材倒买倒卖等行为

2. 不能完成规定的量

2019 年 12 月 19 日，为确保中选药品进入医院并得到优先使用，使群众真正享受到改革红利，国家卫健委发布《关于进一步做好国家组织药品集中采购中选药品配备使用工作的通知》表示，要高度重视中选产品配备和合理使用工作，医院费用控制、药占比等都不是理由。各省级卫生健康行政部门要按照本地区上报的约定采购量，督促和指导医疗机构按期完成合同用量。公立医疗机构优化用药结构，将中选药品纳入医疗机构临床路径管理，并优先将其纳入医疗机构药品处方集和基本用药供应目录；鼓励医联体对选定的产品实行统一目录，对选定的产品实行统一采购、统一配送。但公立医院由于主客观原因，存在无法完成规定的药品用量的情形而受到主管部门的处罚。

3. 对医生执业的处罚

对于不能按要求配备或采购量不足或临床不合理使用等问题严重的公立医院，在医疗机构考核评价、医疗机构负责人目标责任考核中应给予考核评价不合格，在一定范围内予以通报等措施，各级医保经办机构将中选药品采购使用情况纳入协议管理和医保费用考核，对采购结果在执行周期内未完成中选药品采购量的公立医疗机构，相应扣减下一年度医保费用额度、减少总额控制的医保指标、减少地方政府对公立医院改革的财政补贴、影响医院等级评审和重点科室评审等。同时，对未完成带量采购任务的医疗机构和医生进行约谈、通报并责令整改；对拒不整改的医疗机构，向当地党委、政府通报，给予严肃处理。对不优先使用带量采购药品的医务人员也会受到院方或者卫生行政主管部门的严肃处理。

三、公立医疗机构应对措施与相关建议

（一）坚持医院公益性导向，避免药房托管等行为引发法律风险

我国公立医院隶属于政府部门管理，具有公益性和非营利性等特点，在运营管理上，公立医院拥有自身独特的管理模式。[①] 2018 年 11 月 26 日，国家卫健委为深入贯彻落实习近平新时代中国特色社会主义思想和党的十九大精神，推进健康中国战略实施，进一步转变药学服务模式，提高药学服务水平，满足人民群众日益增长的医疗卫生需求，印发了《关于加快药学服务高质量发展的意见》，明确规定公立医院必须坚持公立医院药房的公益性，公立医院不得承包或租赁药店，也不得将药店委托给营利性企业。

“医药分开”的目的是将医疗机构和药品收益间的利益链条切断，取消医疗机构对药品收入的依赖。[②] 国家实行药品“零加成”政策，医院药房由盈利部门转变为成本部门，为医药托管模式的扩展提供了原动力，催生了国内大量医药企业参与药房托管市场。但为避免药房托管陷入企业与医生配合，通过开“大处方”、高价药拿回扣；涉嫌商业贿赂、贪腐现象；滋生独家垄断现象等风险。为此，理应采取有力措施，建立法律风险防控机制，加快转型专业药房业务模式，探索“互联网 + 医药”新方向等有力措施。

（二）加强医院法治化建设，确保经营行为合法合规

医院法治建设是现代化医院制度建设的重要组成部分，是构建

---

① 牛艳艳、任轶、田伟：《“医药分开”对于解决“看病贵”问题的探讨》，载《沈阳药科大学学报》2014 年第 10 期。

② 王伟：《加强医院法制建设创新实践的探索》，浙江省医学会医学伦理与卫生法学学术年会，2011 年 11 月 4 日。

“现代化医院”的基本内涵之一，是实现医院现代化的基本保证，同时是评价现代化医院的重要指标。通过加强医院法治建设，构建和谐医院环境，营造积极向上的氛围，不断完善适合医院的法制规范，使医院管理更便捷、更有效，持续提高医院的法制建设水平。

首先，成立专门的法律服务机构，积极开展法律服务实践活动。成立法律事务部（或法制办），明确岗位职责，负责制定全院中长期普法规划和年度法制工作计划，指导全院法制工作开展；组织协调全院各种各类纠纷诉讼案件的应诉工作；负责与司法部门和顾问律师的联系、协调，建立专职、兼职的专家队伍；参与重大医疗纠纷的协调、处理；收集和整理卫生相关的法律法规资料等。其次，充实和完善医院制度建设，建立法制宣传教育工作的长效机制，加强领导干部学法，注重运用反腐倡廉警示教育会、医疗安全警示会和医疗事件处理委员会例会等机会“以案说法”，增加学法的次数，加强职工知法、懂法、用法意识，提高职工道德修养，做到学有实效。① 最后，建立法律知识培训与工作效果评价相结合的跟踪管理机制，使全院职工在强化培训与实践中提高法律素养，具备认真学法、主动知法、真正懂法、自觉守法、用法维权的能力和水平。

（三）调动医务人员的积极性，合理收取药事服务费

医疗机构主要负责人是中选药品配备使用的第一责任人。首先，各省级卫生健康行政部门和公立医疗机构鼓励优先使用中标药品，将中选药品配备使用情况纳入公立医疗机构及其医务人员的绩效考核和绩效分配；健全公立医院的激励约束机制和完善奖惩措施，对于优先合理使用、保证用量的医疗机构、临床科室和医师，要在公立医院改革奖补资金、评优评先、职称评定中予以倾斜，调动医务人员积极性。此外，完善临床路径制定，将中标药品的使用合理纳入临床路径中，引导医务人员合理用药。

与此同时，应改革薪酬制度，卫生行政主管部门应尽快设立药师服务费，制定完善的经济补偿措施，加大财政投入，通过合理的经济

① 张韶国、刘畅：《医院法制建设实践探索——以河南省洛阳正骨医院（河南省骨科医院）为例》，载《中国卫生产业》2019 年第 32 期。

支付角度鼓励药事服务健康持久发展，突出服务与收费的关系而非药品与收费的关系；随着药价降低后患者对医疗服务的需求数量增加，通过使医疗机构的收入水平与药事服务的次数或点数相挂钩，适当提高药事服务费、专家诊疗费等方式，保障其收入水平稳步增加①；对中标药品品种对应的总额预算不作调减，压缩药价挤出的水分用于医院薪酬分配制度改革、医疗服务价格改革等现代医院改革；出台相关政策持续提高医疗服务收入并引导医生的阳光收入，双管齐下以解决医务人员工作待遇的问题，真正推动医药分开，改变当前扭曲的医疗市场。

（四）健全信息资源管理系统，增强临床药品使用信息共享

卫生健康行政部门和医疗机构要运用信息化手段，建立和完善中选药品使用过程监测评价和预警制度。依托药品采购、使用、反馈等信息平台，建立畅通、及时、高效的信息上报和反馈渠道，及时统计中选药品使用信息，并监测、分析和评价中选药品临床使用的安全性、有效性、合理性和经济性，定期通报监测结果及相关信息，避免出现大处方、过度医疗现象。对使用中选药品可能导致患者用药调整的情况，医疗机构要做好临床风险评估、预案制定，做好用药情况监测及应急处置方案，并对患者做好解释说明。对可能出现的药品短缺或质量问题要提前预警，及时上报卫生健康行政部门。通过信息平台，临床医生对并不特别了解的品类可以在短时间内获得认可与销量，体现市场在资源配置中的关键作用，更好发挥政府的统筹领导作用，推行实施国家组织药品集中带量采购模式，便于各地公立医院结合本医院实际情况联盟采购，合理采取合适的采购模式。

（五）完善监督预警机制，鼓励院内制剂应对短缺风险

监督管理是基药采购中的重要环节，是保障药品采购正常运行的重要手段。加强政府监管，严格按照采购合同相关规定执行，营造公开、公平、公正的药品采购环境。同时，主管部门需要加大惩处力度，建立问责机制，规范药品采购行为。②

---

① 郭丽岩：《完善中国药品器械招标采购的思路与对策》，载《经济研究参考》2014 年第 32 期。

② 张欣、傅鸿鹏：《对完善我国公立医院药品采购机制的建议》，载《中国医院管理》2015 年第 2 期。

当下，随着药品带量采购的扩容，越来越多的药品成为带量采购的品种，公立医疗机构在按照国家要求落实各项政策和制度要求的同时，必须要确保基本药物、急（抢）救等药品正常供应，建立有效的监测预警机制，强化临床必需、易短缺、替代性差等药品的供给。公立医疗机构必要时可以通过院内制剂室（中心），自主生产符合要求的药物制剂，应对必需药品的短缺及减低药品成本。

第五篇

医疗刑事责任及其鉴定

PART 5

第十七章　刑法上信赖原则的中国处遇及其适用展开

一、引言

信赖原则，通说认为在客观归责理论出现之前，始创于德国帝国法院在 1935 年 12 月 9 日的判例。日本第一位引入该理论的著名刑法学者西原春夫教授将其定义为：行为人为某种行为时，如果信任被害人或者第三人采取适当行为的场合，因为被害人或者第三人的不适当行为而发生结果，行为人对此不承担责任的原则。[①] 肇始于德国帝国法院的信赖原则，发轫于交通运输业，其初衷在于顺应机械文明的进步和科技的发展，使汽车能够充分发挥现代交通工具的功能。关于信赖原则存在的历史和法理，通说认为与韦尔策尔首创的社会相当性理论的产生有关，属“新过失论”，与“可容许风险”和“危险分配”原则之间一脉相承，互为表里。“可容许的风险”理论认为，现代社会人们生活的环境日趋复杂化，为了顺应科技发展而实施危险行为越来越多，如果由此带来的收益远远大于其造成人们生命或财产的现实危险，这类危险活动和行为就应该得到社会的允许。对交通领域而言，驾车上路尽管制造了风险行为，但只要驾驶人遵守了交通规则，这种风险就是现代生活可容许之风险。[②] 驾驶人信赖其他人同样会遵守交通规则，由于受害人或第三人的原因，造成法益侵害之结果，该驾驶人在容许

---

① 参见［日］西原春夫：《交通事故和信赖原则》，成文堂 1969 年版，第 14 页。转引自林亚刚：《试论危险分配与信赖原则在犯罪过失中的运用》，载《法律科学（西北政法学院学报）》1999 年第 2 期。

② 林钰雄：《新刑法总则》，台北，元照出版有限公司 2009 年版，第 501 页。

危险范围内的行为不应受到刑法的谴责。该原则通过判例和学说在交通领域被确立，而在瑞士、奥地利几乎与德国同时代产生和确立。①“二战”以后，日本受德国的影响，在西原春夫等学者的努力下，20世纪60年代逐步在交通和其他领域适用了信赖原则，我国台湾地区也于20世纪70年代适用该原则。

信赖原则产生于交通犯罪领域，有一定的必然性。根据传统过失论，一旦行为人造成法益侵害的结果，且存在行为和结果之间的因果关系，只要考察到存在预见的可能性，即可认定过失。在交通领域，只要行为人驾车上路，就存在预见某种交通事故的可能性，除了不可抗力外，一旦出现侵害法益的结果，认定过失十分容易。严格追究驾驶人的刑事责任，就会造成驾驶人战战兢兢、瞻前顾后，以机动车为中心的交通工具就不能充分发挥其应有之作用，一种顺畅的交通就不再有可能了。② 而信赖原则的产生顺应了这种需要，使得在判断违背客观注意义务时，能够对注意义务作出合理的限制，进而比较广泛地被一些国家引入，目前，该原则已经成为德日刑法理论上判定过失责任及其程度的重要理论。

信赖原则是否可以适用其他领域曾经有过争议。罗克辛（Roxin）教授认为信赖原则也适用于其他需要分工的领域，与之相反，Jakobs 教授认为，因为交通参与人之间相互没有控制和指挥之权限，只是平等地基于共同的交通规则产生信赖关系，但在其他需要分工合作的领域，比如，主刀医生和助手，主刀医生和辅助人员之间通常有控制和指挥者，主张信赖原则似有放纵之嫌。③ 西原春夫教授认为：“信赖原则，于理论上应为一般过失之所通用，非仅限于交通事故之部分而已，但其对于其他部分可能适用之范围并不明确，易言之，即信赖原则于其

① ［日］川端博：《刑法总论二十五讲》，余振华、甘添贵译，中国政法大学出版社2003年版，第129页。

② ［德］克劳斯·罗克辛：《德国刑法学总论》（第1卷），王世洲译，法律出版社2005年版，第718页。

③ Jakobs，Strafrecht，2. Aufl，1992，7/15，Fn. 93. 转引自林东茂：《一个知识论上的刑法学思考》，台北，五南图书出版公司2001年版，第65页。

他部分之适用并无实益。”① 但绝大多数学者都认为信赖原则的适用范围不仅局限在交通领域，主要理由是，随着时代发展，社会分工越来越精细，社会的发展有赖于各行各业分工合作。张明楷教授认为信赖原则可以适用于企业活动与医疗活动及其他活动。林山田教授认为信赖原则适用于所有法所容许的风险行为，用于界限注意义务或安全义务的要求。有学者表述为适用于其他需要分工合作的业务活动上。笔者认为，信赖原则在交通以外的领域适用，必须相当谨慎，严格受制于客观环境和主观环境的要求，并严格受具体案例之约束，一旦放任则会产生不良的法律效果和社会效果。在日本的刑法理论和审判实践中，信赖原则已逐步扩展到医疗和其他领域，典型案例如日本札幌高等法院对“北大电气刀误接事件”判决、“森永牛奶”事件的判决和日本最高法院对“Aerozir 工厂氯气外泄事故”之判决。②

二、问题的提出：信赖原则引入的必要性之考量

信赖原则是否有其存在的必要，理论上仍有争议。作为通说的肯定说认为，信赖原则的适用，避免行为人过度承担注意义务，为限制过失犯扩大处罚范围提供了一定的规格和标准。毋庸讳言，信赖原则积极的社会意义在于顺应动力机械与科技之发展及人类分工日益精密之趋势，为从事社会所容许的风险行为打开了注意义务上的精神枷锁，某种意义上信赖原则成为现代社会存在和发展的逻辑起点。此外，从刑法谦抑性之要求看，当下强调过失之减轻，更甚于探讨信赖原则之产生。③

消极的肯定说认为，在适用信赖原则的场合，是因为被害人不实施结果回避行为的可能性极小，因此，行为人的行为不具有实质的危险性，因而不成立过失犯。信赖原则仅仅是明确了过失犯成立的一般

① ［日］西原春夫：《信赖原则与预见可能性——就食品事故与交通事故之比较》，廖正豪译，载《刑事法杂志》18 卷第 5 期。

② ［日］川端博：《刑法总论二十五讲》，余振华、甘添贵译，中国政法大学出版社 2003 年版，第 129－130 页。

③ ［日］大谷实：《危险分配与信赖原则》，载［日］藤木英雄编：《过失犯——新旧过失论争》，学阳书房 1981 年版，第 119 页。转引自［日］川端博：《刑法总论二十五讲》，余振华、甘添贵译，中国政法大学出版社 2003 年版，第 105 页。

条件，而非一种特别要件或原则。一般认为，在过失犯中行为人对危害结果存在预见的可能性，即产生对危害结果的回避义务，通过信赖原则来否定注意义务的存在，有倒果为因的嫌疑。笔者以为，信赖原则之所以有必要适用于交通领域过失犯，主要是在适用信赖原则的场合行为人之行为符合旧过失论认定过失之构造，主要区别仅在于尽管行为人对发生的危险非不能预见（驾车上路行为本身即具有各种事故发生之可能），而通过信赖原则的应用，使行为人基于信赖他人的适切行为而产生不至发生该结果之确信，从而合理地对危险进行了分配，重新界定了行为人的责任界限。

否定说认为，信赖原则源于纳粹的交通政策，是为了社会利益而牺牲行人和水平不高的驾驶人员利益，系为了保护社会利益而牺牲个人利益，故应当全面予以否定。① 不可否认，信赖原则的产生时间与德国纳粹横行时间相契合，系受纳粹刑法思想推动而确立。但其时的德国产业资本主义之发展，为信赖原则的产生提供了现实的土壤。1910年，德国汽车总数仅5万辆左右；到1925年，由于经济安定，其总数已增至43万辆，到1935年，其总数达214万辆。② 德国产业资本主义的发展带来交通业和动力机械的飞速发展是信赖原则得以产生的主要原因，只是由于产业资本主义在德国的兴起与纳粹的兴盛历史性地重合，历史的机缘赋予了纳粹扮演着推动产业资本主义发展所需要信赖原则的任务而已。③

信赖原则的适用需要什么样的外部环境？当下中国是否已经具备适用条件？信赖原则的道德语境在于人类只有协作才能完成共同之事业。从信赖原则产生的来源看，就交通领域的适用客观环境上必须考虑以下几点要素：一是社会公共利益发展之需，即汽车是少数人拥有的奢侈品，还是已经迈入寻常百姓家。二是交通环境和交通设施是否能够达到期待其他人做出具有一定社会相当性之行为。三是交通规则和交通道德是否为大多数人所信守，参与交通之人需为具备一定理性之人，交通规则对参与人具有比较可靠的拘束力。当然，也有学者认

① 张明楷：《外国刑法纲要》，清华大学出版社2007年版，第239页。
② 郭立新：《论德日刑法中的信赖原则》，载《法制与社会发展》2001年第4期。
③ 赵慧：《刑法上的信赖原则研究》，武汉大学2002年博士学位论文，第9页。

为信赖只有在法律的保障下才能产生，是法律使权利主体敢于信赖。①笔者认为，当下中国交通事故已经成为困扰社会的一大难题，据报道，仅2010年中国死于交通事故人数就达65，225人，受伤人数254，075人，交通事故已经成为重要公害之一。目前，中国机动车保有量已经超过2亿辆，高速公路和铁路总里程位居世界第一，路况也具备较好的基础。期待在一种完全理想状态下适用信赖原则几无可能。纵观德日等国在适用该原则之初，其条件远逊于当下之中国，而法律本身固有之教育功能，也能通过法律实施达到规范人们行为的效果。目前，至少在交通领域推进信赖原则的适用已十分必要，在具体适用过程中可分情况加以区别，比如，在高速公路、高速铁路、轻轨、国道和城市快车道可直接适用，在其他情形下发生的交通过失可以考虑将信赖原则作为缓和或限制过失责任加以适用。

三、拿来的辩证：信赖原则的适用及其界限分析

一般认为，信赖原则在具体援用时，必须充分考虑其客观环境和主观要件。就客观环境而言，具备良好的基础条件是适用信赖原则的前提。因此，并非任何地区、任何行业都可以适用信赖原则。就信赖原则适用的主观要件而言，须存在信赖的可能性，即行为人对受害人及第三人的信赖是现实存在的，同时行为人产生之信赖须有社会相当性，且行为人自己没有违反信赖之基础。我国刑法理论中能否直接引入该原则，理论上仍有争议，而信赖原则在德日刑法体系中占有十分重要的地位，其适用和界限主要体现在以下几个方面。

1. 信赖原则在交通领域的适用及界限。信赖原则应比较广泛适用于主张道路“先行权”之情形。（1）驾驶人车行至交叉路口，此时信号灯由红变绿，其即可信赖两旁交叉路上行驶的车辆因红灯亮起而全部停车，等待他通过交叉路口，否则信号灯形同虚设，交通路口则因无序而造成混乱。（2）驾驶员一般都知道干道行驶车辆有交通的先行权，当车行至交叉路时，他可以信赖支道行驶车辆有等待之义务，必

① 许玉秀：《主观与客观之间——主观理论与客观归责》，法律出版社2008年版，第21页。

然会尊重他的优先权，因此不必减速慢行或停车。[①]（3）驾驶员没有为盲目超车的车辆而慢行的注意义务。（4）行为人信赖其他人对交警执法行为的遵守，驾驶人员需通过考试才能取得驾驶资格，应当熟知交通执法人员手势的含义，若因受害人或者第三人不遵守交警执法行为导致损害，行为人可主张信赖原则。

信赖原则以可以信赖所有交通参与人遵守交通规则为前提，并非所有参与人都能以信赖原则主张未违背客观注意义务。交通领域适用信赖原则的适用界限，常见有以下几种情形。（1）已经认识到对方违反交通规则的情况。对方违反注意义务，即将造成危害结果，行为人有足够时间采取适当措施避免危害结果发生。例如，对方明显地违规停车，而自己尚有足够时间采取措施避免交通事故的发生，却不采取措施，导致车祸发生的，行为人不能以信赖他方必定遵守交通规则为由主张未违背客观注意义务而免责。（2）驾驶人自己违反交通规则，造成危害结果的，则不能主张信赖原则，期待其他交通参与者代为承担责任。（3）驾驶人无法信赖对方会遵守交通规则的情况。比如，驾驶员发现前方醉酒骑自行车的人，因其心神不正常，极易违反交通规则，以信赖其遵守交通规则而采取适当的行动以回避事故发生的，这在一般社会生活上不具有相当性。[②]（4）干道行驶的驾驶员也不能信赖前方出现的幼儿、身体障碍者会信守交通规则采取适切行为，因为他们本身不理解优先权的概念，故而应当负有高度之警觉。

2. 信赖原则在医疗领域的适用及界限。将信赖原则扩大到交通以外的领域，以共同协作之工作为特征的危险业务时，必须要求可以产生信赖的分工关系具有社会相当性。信赖原则在医疗领域的适用，可以分为以下两类。

（1）医患之间的信赖。医疗行为要取得良好的治疗效果，必须得到患者的配合。一般情况下，医生可以信赖患者会做出适切之行为。问诊过程中因患者故意隐瞒病情，在治疗过程中患者拒绝配合、不遵遗嘱，不按要求服药，违反术前禁食之规定，由此造成患者伤亡情形

① 林山田：《刑法通论下册》（增订9版），2006年自版发行，第164－165页。

② 郭立新：《论德日刑法中的信赖原则》，载《法制与社会发展》2001年第4期。

的，在一定条件下可以援用信赖原则，以减轻或免除医生的过失责任。比如，医生在急诊过程中，女患者因下腹痛紧急入院，医生考虑宫外孕可能，但患者极力否认曾有性行为，医生因此考虑其罹患其他疾病的可能，后因宫外孕大出血造成严重后果，本案基于医患之间的信赖关系，可以考虑适用信赖原则。

医患之间适用信赖原则的限制。医务人员必须尽到以下义务，才能主张信赖原则的适用：履行知情同意之义务，详查患者身体之义务、非先可预见患者不采取协助、检查所用药品之义务，非有充足时间回避结果发生之义务，已尽防范结果发生之注意义务。对于老年就诊人、未成年就诊人以及精神病人和其他某些因疾病原因而产生精神不健全状态的就诊人不能适用信赖原则。信赖原则的实质在于行为人信赖相对人的行动具有相当性，在对方由于心智缺乏或者情绪失控的情况下，容易采取非正常的行动而不能信赖时，当然就不能适用信赖原则。

（2）医务人员之间的信赖。医务人员之间具体包括医疗小组成员（含麻醉医师）、医生与辅助医疗人员（超声、影像、检验等）、医生与护理人员、医生与药师等。由于医疗分工的日益精细，要求医务人员之间必须共同协作，并严格遵守医疗规程，互相信赖才能为病人谋幸福。在共同实施的医疗行为过程中，有医务人员因不遵守操作规程，导致患者伤亡，严格遵守医疗规程的医务人员是否需要承担责任，则需要考察他们之间有无刑法上的信赖，该信赖是否具有相当性。

外科手术医疗组成员常见因信赖原则而免责的情形如下：①术前手术器械消毒不完善。手术器械因其他人员消毒不够，致患者感染，不能归责于手术医生。②术前检查未查出非手术适应症。比如，患者有严重糖尿病，本来应该等到血糖控制好以后才能施行手术，但术前因检验医师的过错造成未查出患者血糖的异状，术后造成严重感染的，危及健康和生命的情形。③院内感染。医生应可信赖手术室或住院病房卫生条件消毒情况良好。④体内异物残留，由于其他医务人员的原因造成的异物（如纱布）残留（手术室护士有清点器械和纱布之义务），故不应当由主刀医生承担责任。⑤切后缝合不善，术中切口缝合多由助手承担。⑥术中止血不及时等。由于手术本身十分复杂，可以援引信赖的情况较多，这里只是罗列常见情形。

外科医生对麻醉医生之信赖。临床麻醉工作具有很强的独立性，属于高度专门之医疗行为。因此，外科医生可以信赖麻醉医生独立之医疗行为，诸如麻醉时间、麻醉方式（全麻或局麻）、麻醉药的剂量、麻醉监护等。如果手术中因麻醉问题发生不幸事故，基于信赖原则应免除外科医生之过失责任，而由麻醉医生承担责任。医生与辅助医疗人员（超声、影像、检验）与麻醉相若，此处不再赘述。

医生对护理人员的信赖。临床上常用“三分医疗，七分护理”来形容护理工作于病人之康复的重要性。取得执业资格的护理人员，一般都受过专门之培训，能按照医嘱及护理常规实施医疗辅助活动。若因护理人员给药错误，或患者出现异常情况未及时通知医生，或有其他不作为之行为，导致医疗过失的，基于信赖原则，应该由护理人员单独承担过失责任。① 由于医护之间存在一定的控制和支配关系，因此在适用该原则时应当相当谨慎。

医务人员之间信赖的界限。医务人员之间的信赖也要考虑到客观条件和主观状况。客观条件方面：在医院基础条件很差、仪器设备严重落后、医务人员本身之素质很低的情况下，如果适用信赖原则对患者不公。主观方面：被信赖的一方是否具备信赖的相当性。①如果行为人之间有指挥、控制、监督之义务，没有完全履行上述义务，信赖原则即不能援用，如主刀医师对未取得执业资格的医师的信赖即不具有相当性。②危险发生后，行为人是否已尽到避免危害结果发生之义务。③被信赖对象如果在实施共同医疗行为之前，已经出现能够被及时发现的异常状况，也不能适用信赖原则。

3. 信赖原则在其他领域的适用及界限。信赖原则在其他领域的适用主要在监督过失领域。适用于具有监督关系的对象之间（既包含上对下之信赖，也包括下对上之信赖），只要监督者与被监督者之间的信赖具有相当性，且不存在否定监督过失之情形，即可以适用。在日本典型案例如“北大电器刀误接事件”“集装箱吊装致人死亡案件”等。其适用限制主要体现在是否已尽督查之义务、对危害结果是否尽回避

---

① 蔡墩铭：《医事刑法要论》，台北，翰芦图书出版有限公司 2005 年版，第 242－243 页。

之义务、信赖之基础条件如何等。

四、宽容与放纵：信赖原则功利价值取向悖论

法律本身所具有的一个基本特性就是对人们行为的约束、控制，或者限制，也正是法律通过对人类原始的本能及不正当自由的约束，才使个体能够获得自由。① 诚如洛克所言，哪里没有法律，哪里就没有自由。信赖原则的价值取向是限制了人们不遵守交通规则的自由，还是放任了一些行为人基于此获得的自由？笔者认为，信赖原则立法价值在一定程度与功利主义立法思想相融合。功利主义基于人的本性是避苦求乐的伦理原则，认为人的行为本身是受功利支配的，追求功利就是追求幸福；而对于社会或政府来说，追求大多数人的最大幸福是基本职能。功利主义法学的最基本特点就是强调追求“最大幸福”的功利主义原则是立法的宗旨、评判法律优秀的标准，它的出现对法学的发展起了巨大的推动作用。对于立法者而言，任何一部法律本身包含权利和义务的分配，为了多数人的幸福，也已成为最为保险的立法方式之一。

信赖原则在驾驶人与行人，或者是熟练驾驶人与水平较弱的驾驶人之间的平衡，是为了多数人的利益或者是为了公共交通的利益等，这是立法的价值追求。该原则是否存在对“强者”适度的“宽容”，是否会成为强者的“放纵”，无法否认其可能性，但在已经适用该原则的国家总体情况是好的。在信赖原则确立的过程中，是否曾经受到功利主义法学的影响，笔者不敢贸然断言。但可以看到“功利”主义的影子，任何立法的本身就意味着价值的平衡，很难做到所谓的绝对公正，即使放在功利主义立法思想的角度加以考量，信赖原则本身也极具理论价值和实践价值。

五、结语

德、日刑法中的信赖原则作为新过失论中限制、排除过失责任的重要理论，体现了刑法的谦抑性，比较合理地界定了行为人的注意义

① 北岳：《人类理性协议与法律规则的来源》，载《现代法学》1997 年第 1 期。

务，限缩了过失责任的范围。在科技日益发展、社会分工日趋精密、人们从事高度风险之职业行为越来越多的当下中国，应该积极在交通领域直接引入或者移植信赖原则，并在其他具有刑法上可容许的风险领域准确理解并适度适用该原则，笔者认为一个得到充分实践的理论或许能够期待良好的社会效果和法律效果。

第十八章　我国刑事医疗过失判例的实证研究

医疗关乎生死、健康及一家幸福，所关至巨，有借助刑法制裁加以维护之必要。[①] 虽然普通法系早先有“法律不入医界”的传统，但19世纪以来，随着工业革命的发展和医疗新技术的广泛应用，给患者带来了潜在的、新的、难以预测的风险，并导致大量的人身伤亡案件，医疗逐步受到外在法规的规制，包括刑事法在内的法的评价自此不断介入医疗。[②] 大陆法系对医疗过失的刑事立法的通例，一般以“业务过失致死伤罪”或“过失致死伤罪”规制医疗过失行为。中国历史上，刑事医疗过失的规定肇始于唐代，《唐律疏议》中根据医生治疗对象的不同对医疗过失的处罚分为两种情形：“诸合和御药误不如本方及封题误者，医绞”“诸医为人合药及题疏针刺，误不如本方杀人者，徒二年半。”[③] 此后，历代相沿直至清末，除刑罚轻重不一外，相关规定大体相同。清末修律及民国刑法典，参酌德日等大陆法系国家，立法上将刑事医疗过失作为业务过失犯罪的一种，不再单独设置罪名。

我国1997年《刑法》第335条增设医疗事故罪，这一立法模式创设了当代各国对医疗过失专设罪名追究刑事责任的立法先例，其目的在于对严重的医疗过失行为，通过刑法禁止，实现对医疗事故和医疗风险的管控，以保障国民的生命与健康。在我国的司法实践中，该罪

---

① 王泽鉴：《医学伦理与法律》，载《台湾医界》1987年第5期。

② 陈忠五：《法国法上医疗过错的举证责任》，载《东吴大学法律学报》2006年第1期。

③ （唐）长孙无忌撰：《唐律疏议》，刘俊文点校，法律出版社1999年版，第697页。

名在具体适用是否达到了刑事立法所期待的目的，司法实践中的具体效果如何？笔者希望通过对各级法院有关医疗事故罪判决文书和媒体案例的实证研究，以期分析我国刑事医疗过失司法现状、构成特点、存在问题与困境，探求立法与司法的完善之道。

一、医疗事故罪实证研究的路径与结果

（一）资料与方法

样本选择了中国裁判文书网、北大法律信息网、北大法意网、威科先行以及中国法律应用数字网络服务平台的案例数据库作为检索对象，通过分类和检索关键词的方法，把时间限定在 1997 年 1 月 1 日至 2023 年 7 月 31 日，将五大法律网站的案例数据库中大部分案例重叠，剔除掉重复案例后，共检索有效的医疗事故罪的裁判文书 80 起。

1. 中国裁判文书网（wenshu. court. gov. cn）

登录中国裁判文书网→选择高级检索（案件名称为医疗事故，案件类型为刑事案件，文书类型为判决书，公开类型为文书公开），共检索到裁判文书 52 例。

2. 北大法律信息网（www. chinalawinfo. com）

进入北大法律信息网→选择司法案例→刑事→危害社会管理秩序罪→危害公共卫生罪→医疗事故罪，文书类型选择判决书，公开类型选择文书公开，共检索到裁判文书 69 例。

3. 北大法意网（www. lawyee. net）

进入北大法意网→选择司法案例→刑事案由→危害社会管理秩序罪→危害公共卫生罪→医疗事故罪→判决书，共检索到 64 例。

4. 威科先行（wkinfo. com. cn）

进入威科先行→案由→刑事→妨害社会管理秩序罪→危害公共卫生罪→医疗事故罪→文书类型：判决书→文书公开程度：全文公开，共检索到 57 例。

5. 中国法律应用数字网络服务平台（www. faxin. cn）

进入中国法律应用数字网络服务平台→裁判规则→案由→刑事→妨害社会管理秩序罪→危害公共卫生罪→医疗事故罪，共检索到 48 例。

(二) 结果

1. 医疗过失刑事审判的概况

研究共检索到 80 个医疗事故刑事案例，时间跨度为自 1997 年我国新增了"医疗事故罪"以来的 27 年。这一扩展的时间范围有助于深入了解医疗事故刑事审判在不同时期的发展和变化。在这些案例中，共涉及了 88 名医务人员，具体为 77 名临床医生、6 名护士、2 名麻醉医师、2 名检验技师以及 1 名药剂师。根据刑事医疗过失案件所涉及的医疗科室进行分类，发现内科案件最多，共涉及 52 起；其次为外科，涉及 11 起案件；妇产科涉及 8 起案件；检验科涉及 2 起案件；骨科、门诊药房、儿科、麻醉科、精神科、皮肤科和放射科各有 1 起案件。(如图 18－1) 从案件的危害结果来看，有 1 起造成"5 名患者 HIV 病毒感染"，6 起造成了患者不同等级的"伤残"，其余 74 起案件均导致了"致患者死亡"的严重后果。80 起案例中，上诉案例 12 起。其中，有 1 起二审改判为无罪，1 起实刑改判为定罪免刑，1 起非法行医罪改判医疗事故罪，6 起维持原判，其余 3 起案件的刑事部分判决保持了一审原判，但民事部分作出了一定的调整。

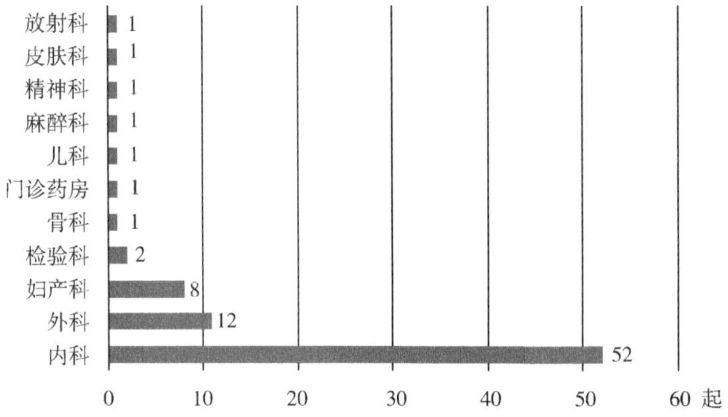

图 18－1　1997—2021 年我国刑事医疗过失所属医疗科室

2. 医疗事故刑事案件的时间发生趋势

由于在五大案例数据库中未能检索到 2022 年和 2023 年的医疗事故刑事案例，因此下文仅呈现 1997—2021 年的医疗事故刑事案件审判数量的年度变化情况。从图 18－2 中可以清晰地看出，医疗事故刑事案件的审判数量在过去的25年间呈现一定的波动特征。在样本范围内，年均医疗事故刑事的审判数量约为3.2起。2012年为审判数量的最高峰，共有10起案件。其次是2016年，涉及9起案件。然而，在1997年、2000年、2005年、2006年、2009年、2010年和2021年医疗事故刑事案件的数量均为1起，呈现审判数量的最低点。然而，与一些其他领域的案件数量规模性扩张不同，医疗事故刑事案件数量的波动和变化主要受偶然性因素的影响。这些偶然性因素可能包括但不限于医疗技术的进步与创新、法律法规的修订与完善、舆论对医疗事故的关注度等。

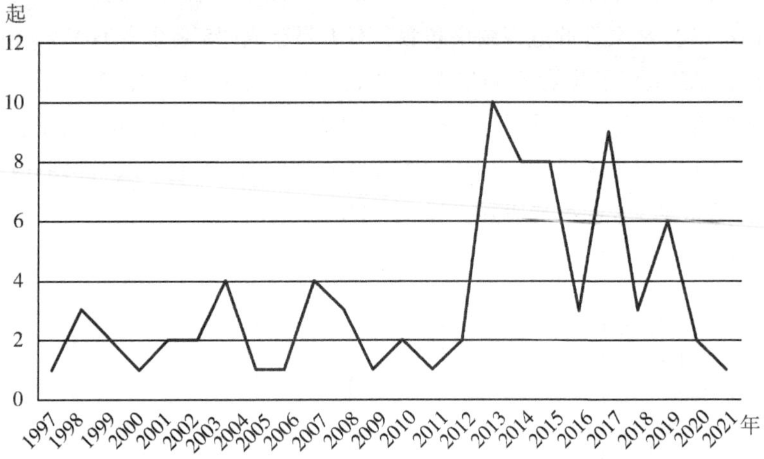

图18－2　1997—2021年我国每年审判的医疗事故刑事案例

3. 医疗事故刑事案件的地域发生趋势

在1997—2021年这个时间跨度内，医疗事故刑事案件数量呈现明显的地域特点。从地图分布上看，1997—2021年医疗事故刑事案例数量排名前五位的分别为河南省（16起）、吉林省（8起）、湖北省（5起）、安徽省（5起）、江苏省（5起）。然而，一些地区，如西藏自治区、青海省、陕西省、河北省、上海市以及重庆市，并未在这五大数据库中被检索到与医疗事故刑事案件相关的记录。从地理区域划分上看（如图18－3），在1997—2021年内，审判数量最少的为西北地区，华中地区占比最多，达到了28.8%。其次是华东地区，占比为25%。

医疗资源的不均衡分布可能导致一些地区医疗安全问题更为突出，从而可能增加医疗事故刑事案件的发生。另外，地方法律执法的差异可能影响了医疗事故刑事案件的检测、调查和审判。地域文化、经济水平以及医疗体系的不同也可能对医疗事故的发生和刑事案件的处理产生影响。

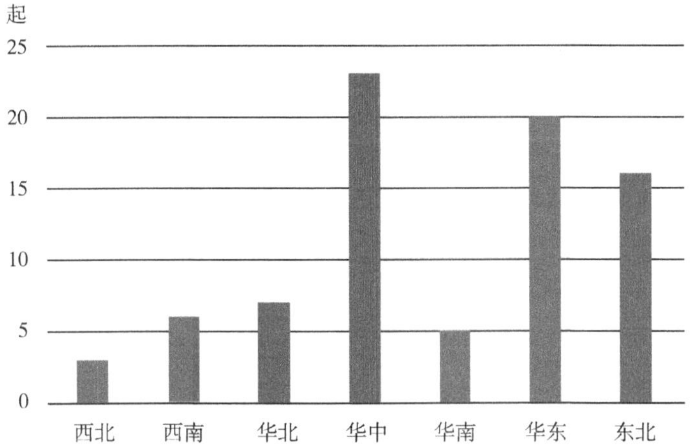

图 18－3　1997—2021 年我国医疗事故刑事案件的区域分布

4. 涉案医务人员所属的医疗机构类别

1997—2021 年 80 起医疗事故刑事案件中，涉及的医疗事故主要发生在村卫生所（室）、医院、诊所、卫生服务站、单位医务室和药店这六类医疗机构。在这些机构中，30 起案件（37.50%）发生在村卫生所（室），26 起案件（32.50%）发生在医院，17 起案件（21.25%）发生在诊所，卫生服务站有 5 起案件（6.25%），而单位医务室和药店分别只有 1 起案件（1.25%）。村卫生所（室）和医院是医疗事故刑事案件的主要案发地点。村卫生所通常位于偏远地区，医疗设备和资源的限制、人员素质不均、管理和监督不足等因素都会增加医疗事故发生的风险。而医院作为较大规模的医疗机构，承担着更多的医疗任务，但也面临更多的管理和协调挑战，从而可能影响医疗质量（见图 18－4）。

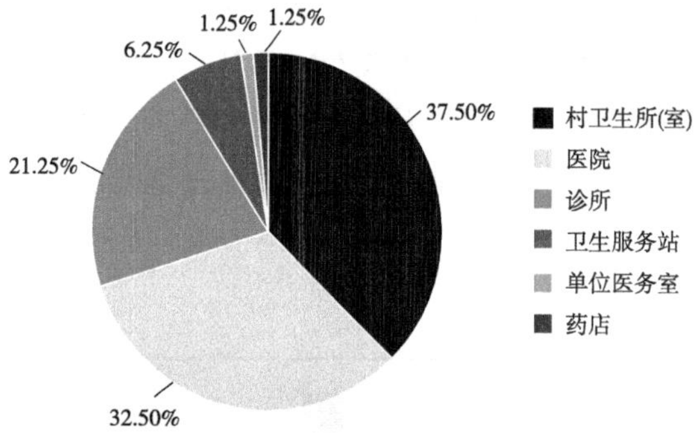

图 18－4　1997—2021 年我国涉案医务人员所属的医疗机构类别

5. 我国当前刑事医疗过失案件的缘由

在 80 起医疗事故刑事案件的样本范围内，导致医疗过失的主要原因有所不同。其中，最常见的是常规抗生素注射引起的药物过敏反应，共计 29 起，占比 36.3%。用药环节引起的医疗事故有 16 起（20.0%），主要表现为用药错误、过量使用或违反药物使用规范等。手术环节的过失有 12 起（15.0%），包括术前准备不足、违反手术操作规程等；治疗环节的过失有 10 起（12.5%），主要原因为违反医疗操作规程、常规或诊疗规范，未正确判断患者病情，导致错误的治疗决策等；诊断环节的过失有 8 起（10.0%），包括误诊、漏诊以及不合理的诊断处理；麻醉环节的过失有 3 起（3.8%），主要原因为麻醉药物注射过量以及误注致患者死亡；输血环节过失有 2 起（2.5%），均为输错血型致患者死亡（见表 18－1）。

表 18－1　我国当前刑事医疗案件过失之由

过失之由	例数/起	百分比/%（大约）
注射过敏	29	36.3
用药环节	16	20.0
手术环节	12	15.0
治疗环节	10	12.5
诊断环节	8	10.0
麻醉环节	3	3.8
输血环节	2	2.5
总计	80	100.0

6. 我国当前刑事医疗过失案件审理结果

样本案例中，实刑占比最多，案例数为33起（占比41.25%），其次是缓刑，案例数为31起（占比37.8%）。有10起（占比12.2%）案例为定罪免刑，有8起（占比9.8%）案例判决结果为无罪。（见图18-5）在判处缓刑的31起案件中，缓刑考验期也呈现多样性。量刑最高的为有期徒刑3年，最轻刑罚为拘役2个月，平均量刑为1.33年。在判处缓刑的31起案件中，最长考验期为3年，最短缓刑考验期为1年，平均缓刑考验期为1.74年。(见图18-6)

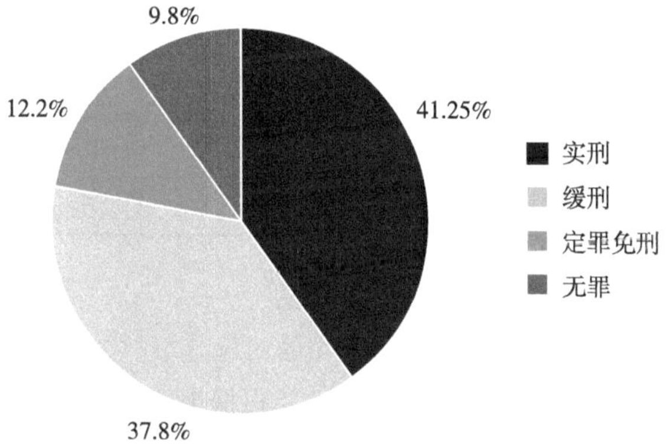

图18-5 1997—2021年我国刑事医疗案件审理结果

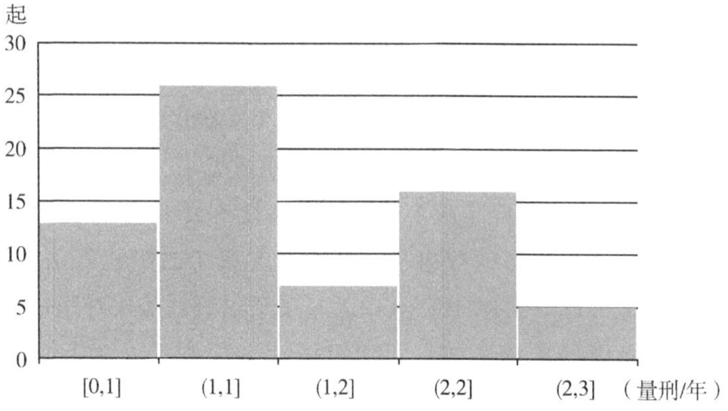

图18-6 1997—2021年我国刑事医疗案件刑度分布

7. 案件性质及刑事案件的民事赔偿

在样本案例中，公诉案例 79 起，自诉案例 1 起。刑事案例 64 起（80.0%），刑事附带民事诉讼案例 15 起（18.8%），自诉附带民事诉讼案例 1 起（1.3%）。其中，判处刑事附带民事诉讼的 15 起案件中，最高民事赔偿金额为 74 万元，最低民事赔偿金额为 9000 元，平均民事赔偿金额为 199，686 元（见表 18－2）。

表 18－2　我国当前刑事医疗案件的案件性质

案件性质	例数/起
刑事附带民事诉讼	15
刑事	64
自诉附带民事诉讼	1
总计	80

8. 刑事医疗案件医疗事故鉴定概况

根据国务院 2002 年 4 月 4 日发布的《医疗事故处理条例》，对医疗事故的分级标准进行了明确规定，主要根据患者人身损害的程度进行分类。将医疗事故分为四级：一级医疗事故：造成患者死亡、重度残疾的；二级医疗事故：造成患者中度残疾、器官组织损伤导致严重功能障碍的；三级医疗事故：造成患者轻度残疾、器官组织损伤导致一般功能障碍的；四级医疗事故：造成患者明显人身损害的其他后果的。在样本案例中，除了 21 起未进行医疗事故鉴定，共有 59 起进行了医疗事故鉴定或司法鉴定。其中，鉴定结果为一级医疗事故的案例占绝大多数，共有 53 起（66.3%），进一步分析显示，一级甲等医疗事故 49 起，一级乙等医疗事故 1 起；二级医疗事故 3 起（26.3%），其中有 1 起属于二级甲等医疗事故，还有 1 起属于二级乙等医疗事故；三级医疗事故 2 起（3.8%），其中 1 起属于三级乙等医疗事故，另外 1 起属于三级丙等医疗事故；而四级医疗事故则涉及 1 起，占比为 2.5%（见表 18－3）。

表 18－3　我国当前刑事医疗案件事故鉴定

事故鉴定	例数/起
一级医疗事故	53
二级医疗事故	3
三级医疗事故	2
四级医疗事故	1
未鉴定	21
总计	80

2002 年 4 月国务院颁布的《医疗事故处理条例》和原卫生部随之配套的鉴定制度——《医疗事故分级标准（试行）》，对医疗事故不再区分性质而是仅区分等级，将医疗事故分为四级十等。根据我国 2002 年颁布的标准：一级甲等医疗事故须造成就诊人死亡的结果，一级乙等须造成就诊人重要器官缺失或功能完全丧失，其他器官不能代偿，存在特殊医疗依赖，生活完全不能自理。二级医疗事故系指造成患者中度残疾、器官组织损伤导致严重功能障碍。实证结果表明，对就诊人造成损害结果符合《刑法》第 335 条所要求的造成“就诊人死亡”或“严重损害就诊人健康”的危害结果。

二、我国刑事医疗过失的特点与困境

实证研究表明，我国刑事医疗过失自 1997 年刑法实施以来，呈现数量极少、量刑异常轻微、受罚主体多为基层医务人员、法官过度依赖医疗事故鉴定意见、应当入刑的重大医疗过失民事化处理等特点；立法技术上的缺陷造成医疗事故罪与其他竞合罪名之间罪刑不相衡、犯罪主体单一等诸多现实困境；司法实践中，存在对法条理解的差异及由于法官缺乏医学知识造成医疗鉴定意见左右判决等现实困境。

（一）刑事医疗过失的本质探析

医疗过失犯罪系典型的业务过失犯罪。所谓业务过失，是指具有一定侵害法益之危险业务时，未尽应具有的注意义务而导致危害结果发生的过失。一般认为，业务过失犯罪与普通过失犯罪相比其法定刑要重。业务过失重罚的理由，一种观点认为，因为业务人员被赋予了比普通人更重大、更特殊之义务，且作为业务人员，过失犯罪所侵害的法益通常均较大或者较为多数，故其违法性较为重大，给予的处罚相应也较重。另一种观点认为，一般人和业务者在注意义务方面的内容完全相同，只是就业务者而言，通过继续反复实施某种危险行为，按照其知识、经验能够较一般人更容易预见并回避结果，在这一点上，违反当时的注意义务就要受到重刑罚的评价。① 而关于“业务”的内涵，学者见解不一，顾肖荣教授认为，业务系指行为人基于社会生活上的需要所从事的某种合法职业，并在其业务活动的权限范围内所实施的行为。② 日本法的判例认为，“原本属于人基于社会生活上的地位反复继续实施之行为，并且，该行为以具有给他人生命、身体带来危害之虞为必要”。③ 必须具备三项基本条件：（1）基于社会生活上的地位；（2）反复继续地为一定行为；（3）对他人的身体、生命有危险性。④ 一般而言，业务活动常常与职业活动密切相关，且为一种危险性活动，刑法上的“业务”还需要能够引起刑法之注意，即对他人的生命、健康、财产和社会利益等方面构成风险和威胁。此外，也无论业务行为是否合法，违法的业务也可以。从德国、日本、法国等大陆法系国家的刑事立法来看，业务过失的法定最高刑均高于普通过失。一般认为，基于医务人员需要具备高度的专业知识与技能，患者给予医务人员高度之信赖，因此，医师应当承担高度的注意义务，即应承担较重的责任。

笔者认为，刑罚之轻重应遵循罪刑相衡的基本原则。从量刑公正之要求，量刑应与犯罪造成的客观危害和行为人主观恶性相适应。⑤ 就客观危害而言，业务过失犯罪依托业务行为，特别是随着科技的日新月异，在诸多业务领域，过失行为往往侵害多数人的公共安全或者重大财产性利益。比如，交通肇事、重大责任事故以及生命科技等高端

---

① 黎宏：《日本刑法精义》（第2版），法律出版社2008年版，第218-219页。

② 顾肖荣：《我国刑法中业务上过失犯罪的特征》，载《法学》1986年第4期。

③ ［日］西田典之：《日本刑法总论》，王昭武、刘明祥译，中国人民大学出版社2007年版，第228-229页。

④ 陈朴生：《刑法总论》，台北，五南图书出版公司1983年版，第27页。

⑤ 邱兴隆等：《刑罚学》，中国政法大学出版社1999年版，第247-252页。

领域的事故，行为人稍有不慎，后果不堪设想。一般而言，业务过失带来的客观危害要远远大于普通过失之危害。相较主观恶性而言，虽过失犯罪行为人对危害之结果均持否定态度，但体现在业务过失实行行为上一般多有违反专门之法律法规、规章制度和行业基本要求等，业务过失行为人多有“明知故犯”之嫌，有章不循、有法不依，其主观恶性显然要比普通过失重。因此，本部分认为，依各国之通说业务过失量刑应重于普通过失。

（二）我国刑事医疗过失的特点

1. 刑事医疗过失判例数量极少且量刑异常轻微。我国医疗过失案件进入刑事司法程序之所以十分罕见，其原因在于人们对医疗过失“入罪”之意识不足，① 国内外医疗界对医疗过失行为“除罪化”的呼声此起彼伏；同时，我国现行刑事立法与司法在制度设计上致医疗事故罪的立案、侦查、起诉等诸多环节缺位，造成医疗过失行为进入刑事司法程序十分困难，刑事医疗过失几乎为无源之水，无本之木。从样本案例判决文书来看，重大医疗过失多以公诉案件进入刑事司法程序，然而，鉴于对医疗专业知识的缺乏与医疗纠纷的复杂性，公安机关启动立案、侦查程序的意愿不高。医疗事故罪不属于“告诉才处理的”自诉案件的类型，对于“被害人有证据证明的轻微刑事案件”，因为需要“证据证明”对患者及其家属是十分困难的。司法实践中，重大医疗过失寻求刑事途径解决存在诸多法律障碍。我国刑事医疗过失的法定最高刑为有期徒刑 3 年，绝大部分案件量刑不超过 2 年，且 60% 左右为缓刑。

2. 该罪受罚之主体多为基层医务人员。实证研究表明，我国刑事医疗过失惩罚的医务人员所属医疗机构分别为医院、村卫生所（室）、诊所、门诊部和单位医务室 5 类医疗机构，62.5% 的案件发生在诊所和医务室，无一例源于三级以上医院，诚然，诊所、医务室等基层医疗机构的医务人员，其技术水平及医疗设备条件较差，遇到患者出现药

① 笔者发现，被媒体广为报道的 2005 年哈尔滨医科大学第二附属医院“天价医药费事件”、2009 年的南京儿童医院“徐宝宝事件”等诸多恶性医疗案件的处理过程中，法律缺位，特别是刑事司法途径更不被选择，都折射出对恶性医疗行为诉诸司法的意识严重不足和渠道不畅。

物过敏等紧急情况，及时救治以避免严重后果发生的能力较弱。然而，媒体报道大量的恶性医疗事故发生在三级以上医院，而样本范围内刑事医疗过失的判决阙如，这一背离常识的结果折射出医疗事故罪刑事司法中的现实困境。一般而言，恶性医疗事故发生后，患者及其家属在经济上的诉求要远大于将犯错的医生绳之以法的意愿，由于立法上的缺陷、刑法介入医疗制度设计上的缺陷，刑事问题民事化处理就成了必然的趋势。而根据福柯的理论，但凡存在差异就会产生权力，“知识”与权力控制密不可分，患者受制于医学知识的缺乏，医患之间存在严重的信息不对称，这种知识的差异性产生了权力，权力诞生了知识，知识又强化了权力，在临床医学这一知识领域，三级以上医院拥有更大的话语权。经济上赔偿能力的优势、对恶性医疗结果的话语权及其影响力等方面优势，从而造成三级以上医院的医生能够轻而易举地避免医疗过失的刑事责任。

3. 刑事医疗过失多系违反结果回避义务。过失犯的内核在于对注意义务的违反。实证表明，刑事医疗过失中药物使用失当占 55%，其中最常见的原因系药物过敏，事前未做皮试造成患者死亡或重伤的结果，注射青霉素类药物居首，如李某芳案、陈某中案（头孢曲松钠），王某兰案、张某明案、韦某花案（青霉素）、李某明案（双黄连）、陈某安案（阿奇霉素）；其余依次为手术失误（麻醉、遗留纱布和抢救不及时等原因）、延误治疗、误诊、误输异型血等致患者死亡等。作为典型的业务过失犯，刑事医疗过失的注意义务主要包括“预见义务”和“回避义务”，对于居主要原因的药物使用不当而言，其“预见义务”主要体现在遵守医疗规程，比如，做好易致过敏药物的皮试，上述致敏药物除 3 例青霉素药典明确规定必须皮试外，其他抗生素药典并无必须进行皮试之要求，可见，样本范围内的 40 件案例，多系违反“结果回避义务”，即发生危险后抢救不及时造成了严重的危害后果。然而，对于我国偏远地区医疗条件较差的村医务室、门诊部等基层医疗机构，在难以避免的缺医少药的情状下，科处基层医生刑责，也似乎有悖立法目的和司法效果。

4. 医疗事故鉴定意见是因果关系认定的重要依据。样本范围内近 80% 的判例进行了医疗事故鉴定，鉴定意见对因果关系是否成立具有关键作用。绝大部分案例援引医学会关于医疗事故鉴定意见表述如下："本例属于一级甲等医疗事故，医方负主要责任"（陈某安案、胡某庚案、陈某利案等）、"医疗行为与患者死亡之间存在因果关系，本案例构成一级甲等医疗事故"（陈某中案、朱某燕案等）、"本案构成一级甲等医疗事故"（王某三案、龚某丽案等），实际上是对医疗行为和危害结果之间的因果关系认定的表述。由此可见，医疗事故罪的认定中，医疗事故鉴定意见是因果关系认定的重要依据，法官在裁判过程中对鉴定意见具有很强的依赖性。

（三）我国刑事医疗过失的立法与司法困境

通过实证研究对医疗事故罪司法成效之检视，不难发现该罪在立法和司法上的现实困境。

1. 立法技术层面的困境

综观大陆法系各国刑事医疗过失立法的现状，一般均以"业务过失致死伤罪"或"过失致死伤罪"规制医疗过失行为，专设罪名的必要性值得商榷，本部分倾向于废弃专设罪名的做法，代之以业务过失犯罪加以规制。德国法上对于医师的刑事过失责任就是依照一般的过失致死罪（第 222 条；罚金或五年以下有期徒刑）或过失伤害罪（第 229 条；罚金或三年以下有期徒刑）来处理，属于刑法典中的"轻罪"，在分则中以"轻率"（Leichtfertigkeit）一词作为构成要件，德国学说上认为，"轻率"指一种显现特别高程度的注意义务违反的重大过失。德国最近一次刑法修正案系 1996 年官方提出的修正案草案，也是 1998 年德国所通过的第六次刑法修正案原始提案，其中草案第 230 条有关医疗过失的刑事责任规定如下："基于 229 条第 1 项之目的而对他人身体进行侵袭或医疗行为时，因医疗失误之过失造成他人健康损害者，处三年以下自由刑或罚金刑。"① 这一规定针对过失伤害部分立法，而对过失致死部分未立法，但新增这一条文未能获得通过，批评者认为该条文与过失伤害罪重叠，实无特别立法之必要，特别是新规定与过失伤害罪法定刑相同，对医师无益，且增加了法官在审判中的判断，须解释、评价与区别医疗过失与一般过失的异同，增加了

① 王皇玉：《德国医疗刑法论述概述》，载《月旦法学杂志》2009 年第 7 期。

法官论罪的负担。[1]日本《刑法》第211条前段规定了业务上过失致死伤罪："怠于业务上必要的注意，因而致人死伤的，处五年以下惩役、监禁或者五十万元以下罚金；因重大过失致死伤的，亦同。"英美两国有关刑事医疗过失的案例从19世纪开始就从未间断，医疗过失的判定标准也从限定为"主观轻率"（reckless）发展到"疏忽大意"（negligent），并逐渐走向刑事过失判断标准客观化的趋势，对极端恶劣的轻率重罪化。[2]

刑度单一及与竞合罪名刑度冲突的困境。医疗事故罪从我国现行刑法体系上看，与过失致人死亡罪及重大责任事故罪之间存在法条竞合关系。我国医疗事故罪的法定刑为"3年以下有期徒刑或拘役"，其法定最高刑仅为3年；过失致人死亡罪的刑度为3年以上7年以下有期徒刑；情节较轻的，处3年以下有期徒刑，其法定最高刑为7年；重大责任事故罪的刑度规定为"3年以下有期徒刑""3年以上7年以下有期徒刑"，其法定最高刑为有期徒刑7年；同为业务过失犯罪的交通肇事罪法定刑度有"3年以下有期徒刑或拘役、3年以上7年以下有期徒刑、7年以上有期徒刑"三种，法定最高刑为15年。与这些犯罪相比，医疗事故罪的法定刑度单一、法定最高刑偏低，不仅不利于科学惩罚轻重不同的医疗事故犯罪，而且在惩罚力度上极其有限。该罪的法定刑过低，不仅低于同种类业务过失犯罪，甚至低于普通过失犯罪，从立法技术上讲，基于业务过失量刑应重于普通过失的共识，过失致人死亡罪是过失犯罪的一般条款，医疗事故罪的法定低于普通过失犯罪的冲突是无法解释的，且严重违反了刑法罪刑相衡的基本原则。

惩罚医疗机构与医务人员之间的困境。医疗领域，绝大多数单纯的过失案件一定程度上都是因为医院安全管理缺失，或者是医疗机构运转不适当或设备技术更新落后造成的，实际上医疗机构及其负责人应当承担一定的刑事责任。医疗机构或医疗组织问题得不到解决，仅仅处罚医生不能实现一般预防和个别预防的效果，无法从根本上解决

---

① Freund, a. a. O.（Fn. 13）, S. 159. 转引自王皇玉：《德国医疗刑法论述概述》，载《月旦法学杂志》2009年第7期。

② 于佳佳：《论英美过失处罚规则的历史变迁——以英美医疗过失刑事判例为素材》，载《北大法律评论》2011年第2期。

问题。大陆法系德国、日本等国通过监督过失有关理论和立法解决医疗机构的刑事责任问题;[①] 而英美法系也有就医疗过失惩罚医疗机构的趋势。[②]

2. 司法技术层面的困境

对“严重不负责任”语境理解的困境。我国《刑法》第335条明确规定了医务人员“严重不负责任”之要件，然何谓“严重不负责任”，这一要件究竟是主观判断还是客观判断？这一用语由于缺乏明确内涵，与刑法明确性原则相悖，实践中无法操作，因而广为学界和实务界诟病。就医疗事故罪而言，关于“严重不负责任”之性质就有不同的见解：(1) 主观要件论。有学者认为，“严重不负责任”是对行为人心理态度的描述，这种应该受到刑法否定和非难的个人过失心理态度属主观要件。如果这一说法成立，“严重不负责任”只能由过失构成，但实践中我们无法排除最本质、最极端的严重不负责任的表现形式——故意不尽职责，并放任危害后果的发生。因此，间接故意在“严重不负责任”的主观形态中是能够成立的。因此，在医疗事故罪作为过失犯罪的唯一性前提下，我们可以排除“严重不负责任”系主观要件的基本判断。[③] (2) 客观要件论。有学者认为，“严重不负责任”是法律逻辑结构中的事实构成，也是一种事实状态的客观描述，而事实是客观的。因此，医务人员的“严重不负责任”是医疗事故罪的客观要素。(3) 折中论。持该观点的学者认为，“严重不负责任”是主客观要件的统一，它既是该罪构成的客观要件，又是主观要件，即“严重不负责任”是主观上有过失；客观上有严重违反规章制度和诊疗护理常规的失职行为。

笔者认为，刑事法律责任的追究是一种事后的制裁，必然以客观

---

① 监督过失的法理基础源于日本的“森永奶粉事件”，广义的监督过失包括管理过失，是对指组织体的安全体制负有管理义务的管理者由于没有建立好、维护好组织体的安全体制管理不善与法益侵害结果发生直接联系而构成的过失。

② 美国威斯康星州医疗法人 Chen. Bio 细胞技师因为误读子宫颈细胞诊断刮片，导致未能及时发现子宫癌，造成2名女性因为没有及时得到治疗而死亡的案件，法院以轻率罪起诉该医疗发生，判决罪名成立并处罚金刑。转引自于佳佳：《论英美过失处罚规则的历史变迁——以英美医疗过失刑事判例为素材》，载《北大法律评论》2011年第2期。

③ 李兰英、雷堂：《论严重不负责任》，载《河北师范大学学报（哲学社会科学版）》2000年第4期。

行为为根据，但是若片面地强调客观行为的客观方面，忽视行为时主体的内心心理就会导致“客观归罪”的结果。医务人员的过失心态是“严重不负责任”在主观上的反映，是医务人员主观恶性大小的反映，是其构成犯罪的主观方面表现，也是刑法中“主客观相一致原则”的体现。尽管最高检、公安部试图通过司法解释将“严重不负责任”客观化，但实践中也收效甚微，立法上的粗糙造成法律语境理解上的困境，并导致司法实践中无法消弭的法律的障碍。① 以乔某清案为例，受1987 年《医疗事故处理办法》（已失效）将医疗事故分为技术事故和责任事故的影响，法官将“麻醉药品误注入蛛网膜下腔引起全脊麻醉”造成的患者死亡定性为“技术事故”而改判当事医生无罪的判决，实际上是医疗行政法规对医疗事故的概念不科学、不合理的分类，造成法官在面对重大的医疗过失犯罪没有作出正确的判决。② 而在飞某扬医疗事故案中，被告人在未取得“医疗机构执业许可证”的情况下，私设诊所，不当用药致患儿死亡，一审法院认定为非法行医罪，判处有期徒刑 10 年，然而二审法院仅以“具有正在换发的执业医师资格”为由改判为医疗事故罪并判处有期徒刑 2 年，二审法院的法官对非法行医罪与医疗事故罪的理解上存在重大偏差，属于严重的错判。③

医学知识与法律判断跨度的困境。理想状态的刑事医疗过失的认

---

① 2008 年 6 月 25 日，最高人民检察院联合公安部颁发的《关于公安机关管辖的刑事案件立案追诉标准的规定（一）》第 56 条第 2 款规定，“具有下列情形之一的，属于本条规定的‘严重不负责任’：（一）擅离职守的；（二）无正当理由拒绝对危急就诊人实行必要的医疗救治的；（三）未经批准擅自开展试验性医疗的；（四）严重违反查对、复核制度的；（五）使用未经批准使用的药品、消毒药剂、医疗器械的；（六）严重违反国家法律法规及有明确规定的诊疗技术规范、常规的；（七）其他严重不负责任的情形”。

② 1987 年《医疗事故处理办法》将医疗事故分为“责任事故”和“技术事故”，对造成医疗技术事故的直接责任人员，一般可免予行政处分；对情节严重的，也应当依照本办法第 20 条的规定，酌情给予行政处分。因此，该办法实际上将医疗技术事故排除在刑事医疗过失之外。这一分类已经在 2002 年《医疗事故处理条例》中废弃，但其直接影响了法官对医疗过失的刑事判决。

③ 我国《执业医师法》规定医生执业需同时具备医师资格证书和医师执业证书，仅具有医师资格证书是不能单独行医的，否则就是非法行医，且根据有关司法解释，“个人未取得《医疗机构执业许可证》开办医疗机构的”本身是“非法行医”的具体表现之一，因此，飞某扬医疗案明显构成非法行医罪。

定必须经过临床上事实的认定、医学上的评价和法的评价[①]。由于司法人员缺乏医学知识，提供医学鉴定意见的人员缺乏法学知识，从而造成医疗过失案件审理，由于知识跨度的困境，造成裁判中的诸多问题。司法实践中，法官对与临床事实的认定与医学上的评价须借助于提供鉴定意见的医疗专家，因而鉴定人在刑事医疗过失的判断中至关重要。对于刑事医疗过失的鉴定意见形成及所依赖之知识与技术，法官由于知识跨度很难进行实质性审查，而鉴定人也不会基于法官判断之思维提供鉴定意见。鉴定人提供的系专家意见，也即在医疗领域相关问题的意见，实际上是证据的一种，是需要进行质证的。对于法律上的评价则必须由法官来完成，否则鉴定人就成了“法官”。因此，客观上要求鉴定人必须就完成鉴定之基础条件、研究方法、知识、技术进行必要之说明，以期得到法官及当事人之理解。而法官在是否采信，以及基于鉴定意见形成心证后的判决，作出判定理由。[②]

医疗过失刑事责任民事化解决的困境。一方面，我国医疗民事纠纷大量增加，而刑事案件出现大幅萎缩，[③] 客观上，医疗纠纷发生后，患者或其家属希望能获得经济上的补偿，对是否追究当事人的刑事责任既缺乏法律意识，也缺乏强烈的意愿；另一方面，医疗机构也从维护医院声誉和保护医务人员的角度出发，宁愿通过经济上的赔偿达到息事宁人的目的。此外，1998 年以前医疗事故罪作为渎职类案件由检察机关侦办。1998 年以后，根据《刑事诉讼法》之规定，此类案件改由公安机关侦办，由于公安机关日常维护治安的任务繁重，加之缺乏办理此类案件的经验和专门人才，公安机关很少介入侦办此类案件。毋庸置疑，在生命与健康非金钱所能替代的前提下，也就不可能完全以金钱赔偿来取代刑罚。然而，由于刑事法律的严重缺位，执法机关

① 夏芸：《医疗事故赔偿法——来自日本法的启示》，法律出版社 2007 年版，第 244 页。

② 谈在祥：《论我国刑事医疗过失鉴定的困境与展望》，载《证据科学》2013 年第 2 期。

③ 据 2005 年 3 月 15 日《楚天都市报》报道，20 世纪 80 年代，湖北省各级法院刑庭每年平均判决 10 余起医疗过失犯罪，一批严重不负责任的医务人员受到了刑事处罚。但从 2003 年至 2004 年，湖北全省各级法院审结的医疗事故罪十分罕见，而同期法院民庭受理的医疗赔偿纠纷 2003 年高达 597 件，2004 年则达到 702 件。

不追究医疗事故罪的刑事责任，大量恶性医疗案件代之以大量民事赔偿加以解决，一定程度上也纵容了部分无良医生的恣意，最终使医疗事故罪形同虚设，难以成为高悬于医务人员头上的“达摩克利斯之剑”。

三、刑事医疗过失的立法与司法建议

（一）关于刑事医疗过失的立法

1. 废弃刑事医疗过失专设罪名的立法模式，归入业务过失犯罪。从清末修律开始，医疗过失作为典型的业务过失入罪的传统由来已久，从大陆法系国家立法通例看，医疗过失案件均作为业务过失犯处理，单独规定医疗事故罪，额外增加了法官对事实和法律的判断，且我国责任事故罪相关条文过于繁杂，也不能穷尽，因此，在刑法修正案中规定业务过失犯罪能起到化繁为简的效果。医疗事故罪，归入业务过失犯罪立法，考察现行刑法的结构，科学设定相关条文，使医疗过失作为典型的业务过失犯罪，有其合理科学之定位，从而更好地规制我国大量重大医疗过失行为。

2. 保留刑事医疗过失专设罪名立法模式。应重构罪名，将医疗事故罪改为“重大医疗过失罪”，其罪状表述为：“医务人员严重违反注意义务或偏离水准，导致就诊人死亡或者重伤的……”因“医疗事故”非法律用语，含义不明确，不能体现其特征，而重大医疗过失罪能直接揭示其犯罪本质，并冠之以“重大”以与一般医疗过失相区别，说明其过失性质与程度。此外，根据大陆法系德日相关立法与理论研究之通例，以重大医疗过失罪作为罪名比较合适。原罪状中“严重不负责任”之表述，因其缺乏明确性，理论研究和司法实践均已造成理解上的偏差。修改为“严重违反注意义务或偏离医疗水准”，既能与过失犯的基本构造相统一，也可实现法律用语与逻辑上的一致。此外，作为医疗事故罪的危害结果之一——“严重损害就诊人健康”，缺乏法律上的形式标准和实质内涵，考虑到该罪与过失致人死伤罪竞合，从司法统一的角度，可与人体“重伤”标准相衔接，直接将“严重损害就诊人健康”修改为“重伤”。如考虑到正当医疗行为本身的侵袭性特征，从立法上精确衡量严重的非致死的结果，也可在明确形式特征和实质内涵的前提下，保留原条款。

此外，现行刑法将医疗事故罪规定在危害公共卫生罪中，该类犯罪主要是强调刑法对公共卫生的保护职能，规定于此，容易产生法官对个人生命健康权的忽视。即便专设该罪，也应当将医疗过失犯罪规定于《刑法》“侵害公民的人身权利、民主权利”一章中，因医疗过失犯罪所保护的法益，主要是患者生命健康之权利，与危害公共卫生罪有明显之差异。此外，因我国刑法未设业务过失犯罪，有关“侵害公民人身权利、民主权利”一章目前存在泛罪化倾向，在此设定业务过失犯罪或医疗过失犯罪能弥补立法技术的缺陷。

3. 增加医疗机构作为法人犯罪主体的规定。关于医疗过失犯罪之主体，一般而言，刑事责任的主体，根据责任自负原则，应当是具体违反行为的行为人，对医疗过失而言，应当是医疗行为的行为人，在临床上护理行为系医疗行为之延伸，尽管护理行为有其独立性，但执行医嘱仍是护理行为的主要内容，因此，诊疗护理行为的主体具备成为医疗过失犯罪的主体资格。此外，前文已述，两大法系惩罚在安全管理和风险防范存在过错的医疗机构已成趋势，因此，该罪应增加法人犯罪相关条款。

（二）关于刑事医疗过失的鉴定

英美法系鉴定人证人属性十分明显，专家证人在法庭之地位与一般证人基本相同，在当事人主义的诉讼模式下，其要旨是控辩平衡。[①] 美国多数州设有主要由医学专家、法律专家组成的“医疗法律评审小组”“调解评审小组”之类的评审仲裁机构，多数州在诉讼前必须经过评审或仲裁，评审内容包括是否构成医疗事故或同时进行仲裁，仲裁结论多数无强制性。[②] 英国设有“医疗管委会”区分医师的责任为“刑事责任”、“民事责任”和“行政责任”三种。大陆法系鉴定人通常被视为法院的辅助人和法官之助手。德国在有关行政区域设医事鉴定委员会，负责刑事和民事医疗事故的鉴定。日本医师会下设“医疗

---

① 王旭：《医疗过失技术鉴定研究》，中国人民公安大学出版社2009年版，第47－48页。

② 高也陶：《中美医疗纠纷法律法规现状及专业规范比较研究》，南京大学出版社2003年版，第289－230页。

事故调查会”和“医疗过失鉴定委员会”处理医疗事故鉴定。

我国现阶段存在医疗事故鉴定和司法鉴定“二元制”模式，而刑事医疗过失鉴定证明之要求比一般医疗过失高得多，对于医疗过失的鉴定，笔者认为应进行以医师作为医学鉴定的主体，正如德国法官Koch曾毫不避讳地说，“实际上，诉讼程序裁判的重心，几乎是从法官移到医生，这是必须接受的事实”。[①] 目前，我国医疗过失的鉴定应坚持在各级医学会下设医疗事故鉴定委员会，分为地市级、省级和中华医学会三级，形成统一的医疗事故鉴定制度，一般排除司法鉴定。同时，鉴于刑事医疗过失之证明要求比一般医疗过失要高得多，故有必要参酌大陆法系国家有关规定，可在省级医学会下设刑事医疗委员会，以解决刑事医疗纠纷案件为主，由各科医疗专家、法律专家、法医学专家和社会人士按照一定的比例组成，并明确刑事医疗过失鉴定的程序和制度。可采取两级鉴定体系，也即对省医学会鉴定意见有异议，可以同级申请外省相对应机构鉴定，仍有争议的可以向中华医学会申请下设刑事医疗委员会鉴定。

（三）关于刑事医疗过失的判定

注意义务的违反是过失犯判定的核心，医疗过失成立与否，需要有判断的标尺，日本学者松仓丰治最早提出，“治疗当时临床实践的医疗水平是注意义务的内容”。并进一步解释为，诊疗当时的医学知识包括学术研究范围的“医学水平”和临床实践范围内的“医疗水平”。“医学水平”是指具体在医学学术会议上发表、经过基础医学或临床医学学者或学术会议的充分研究讨论、在医学界大致得到认可的新开发的医学知识，而“医疗水平”是指在学术研究范围内形成的“医学水平”，已经成为当时医疗实践中的“具有一般普遍性的临床医学实施的目标”。以前者为注意义务之内容，对医师要求过高，且该内容的不确定性也会导致医务人员无所适从；后者作为注意义务的内容在日本法上已经形成通说。临床实践的“医疗水平”，是指安全性和有效性已经

① 张丽卿：《刑事医疗纠纷鉴定之困境与展望》，载张丽卿主编：《刑事法探究》（第2卷），中国人民公安大学出版社2008年版，第96页。

得到认可并且已经成为当时诊疗实践目的的诊疗行为。[①]《民法典》第1219条规定，医务人员在诊疗活动中未尽到与当时的医疗水平相应的诊疗义务，造成患者损害的，医疗机构应当承担赔偿责任，标志着“医疗水平论”在我国的确立，刑事医疗过失的判定应以此为标准，并适当考虑地区、医疗机构资质、医务人员资质等因素。

此外，法官普遍缺乏医学知识的前提下，改变法官过度依赖的鉴定意见的最佳途径就是对相关领域的法官进行一定的医学知识的教育和培训，为推进医疗过失审判专业化，甚至可以借鉴大陆法系有关国家和地区的经验，成立医事法庭，或者借鉴英美法中专家证人制度，通过形成鉴定意见对抗的机制，帮助法官发现真相。

（四）关于刑事医疗过失的刑度

1. 提高法定最高刑。医疗事故罪与重大责任事故罪及过失致人死亡罪竞合，而刑法规定重大责任事故罪与过失致人死亡罪的法定刑均为“处三年以上七年以下有期徒刑；情节较轻的，处三年以下有期徒刑”。前文已述，医疗事故罪作为典型的业务过失犯罪，在大陆法系各国刑事立法的共识是对业务过失的惩罚应该重于一般过失，从这个意义上讲，医疗事故罪的最高法定刑不应当低于过失致人死亡罪与重大责任事故罪，即便考虑到医疗的特殊性，其法定最高刑也不应当低于5年。

2. 增设罚金刑。罚金刑被认为是惩罚和预防过失犯罪的重要手段，日本刑法规定业务过失犯罪并处或单处50万元以下罚金，德国法中有关过失犯罪的条款均规定并处或单处罚金刑，罚金刑于相对较轻的医疗过失犯罪能够使医务人员免受牢狱之苦，避免短期自由行在刑所的交叉感染之弊端，也符合罪刑相当原则及现代刑法所倡导的刑法经济原则。另外，罚金刑对以法人为主体的医疗过失犯罪也具有很好的适用空间。

3. 增设资格刑。所谓资格刑是剥夺犯罪人享有或行使一定权利的资格的刑罚。对造成重大危害结果的医护人员给予吊销执业资格的行

---

① 夏芸：《医疗事故赔偿法——来自日本法的启示》，法律出版社2007年版，第113－117页。

政处分，淘汰不称职的医务人员，对医师来说，撤销行医资格远比被判处徒刑还要可怕。当然，我国这一规定在现行刑法体现中没有规定资格刑的前提下，单独在医疗过失犯罪条文设置资格刑略显唐突。因此，笔者建议可制定《医疗法》或在相应行政法中加入相关规定，因医疗过失构成犯罪的，可给予一定期限或永久地剥夺从业资格。

基于上述考虑，建议对医疗过失犯罪的罪状表述修改为："医务人员严重违反注意义务或偏离医疗水准，导致就诊人死亡或者重伤的，处五年以下有期徒刑或者拘役，单处或并处罚金。"

第十九章　论我国刑事医疗过失鉴定的困境与展望

医学与法学是支撑人类社会生存和发展根基的两大重要学科。医疗关乎生死、健康及一家幸福，所关至巨，有借助刑法制裁加以维护之必要，① 因此刑法介入医疗的直接目的系以国民的生命、身体以及健康为中心法益之保护。我国现行《刑法》第335条规定："医务人员由于严重不负责任，造成就诊人死亡或者严重损害就诊人身体健康的，处三年以下有期徒刑或者拘役。"这是追究医务人员医疗过失刑事责任的基础和依据。时至今日，随着患者权利意识的觉醒、医疗期待的高涨和法律意识的增强，出现的患者及家属不乐见的治疗结果导致医疗纠纷急剧增加，医患矛盾日益尖锐。医疗过失犯罪作为典型的业务过失犯罪，从国内外的立法和司法实践看，刑法介入对重大医疗过失的评价实属必然。然而，从1997年我国刑法专门设立医疗事故罪起至2012年12月31日止，笔者从北大法意网案例库能够检索到的刑事医疗案例只有29起，在统计样本范围内，以"医疗事故罪"定罪处罚的医务人员年均不足2人。当刑法遇上医疗，我们不否认应该更好地体现其谦抑性，即应成为高悬的"达摩克利斯之剑"，不应该轻易介入对医疗行为之评价。然而，环视中国医患之现状，医疗伦理不张，由医疗事故带来的恶性案件频发，医疗事故罪没有理由形同虚设，刑罚权更没有理由对导致患者死亡或重伤的医疗行为漠视与旁观。追根溯源，导致这种现状的主要原因：一方面在于处理刑事医疗过失之程序法和

① 王泽鉴：《医学伦理与法律》，载《台湾医界》1987年第5期。

刑事实体法自身之缺陷，造成医疗过失很难进入刑事司法程序，且由于医疗事故罪法条“严重不负责任”等罪状的主观特性太强，给各方判定带来严重困难；另一方面在于法官赖以裁判的刑事医疗过失之证据与证明主要依靠医疗过失的鉴定意见，而我国目前事实上存在医疗纠纷鉴定的“二元制”、鉴定意见的公信力差，多头重复鉴定大量存在、刑法与医疗知识跨度大、科学有效的刑事医疗过失鉴定机制尚未形成等问题。本部分将重点探讨现行刑事医疗过失鉴定存在的诸多困境，积极探索构建科学有效的刑事医疗过失鉴定机制的途径。

一、问题检视：刑事医疗过失鉴定现状与困境

“刑事医疗过失鉴定”是指对进入刑事程序的医疗纠纷案件，为了判断医疗过失行为是否应当承担刑事责任，公、检、法机关为取得鉴定意见，委托鉴定机构或者有专业知识的第三人，就特定医疗过失行为提供医学上的判断意见所为的诉讼上的行为，鉴定之本质实为证据调查之方法，通常借助临床、病理、毒理、药理、生化等医学及相关学科之专业知识与方法，加以鉴定，医疗鉴定乃究明医疗过失最重要之环节。[①] 鉴定制度存在的困境直接反映出我国刑事医疗过失解决机制的困境。

（一）“二元制”模式下刑事医疗过失鉴定的困境

目前，我国司法实践中，医疗纠纷之鉴定存在两种形式：一是依据于2002年9月1日起施行的《医疗事故处理条例》由各级医学会进行的医疗事故鉴定，此前适用了15年的《医疗事故处理办法》（已失效），则规定医疗事故的技术鉴定和责任事故鉴定由卫生行政部门组织的医疗事故鉴定委员会负责；二是依据2005年2月28日发布的全国人民代表大会常务委员会《关于司法鉴定管理问题的决定》（以下简称《司法决定》）由司法鉴定机构进行的司法鉴定，主要是进行医疗行为和损害结果之间的因果关系鉴定，被称为“医疗过错司法鉴定”。此为我国医疗纠纷鉴定的“二元制”模式。刑事医疗过失的鉴定从属医疗事故鉴定和司法鉴定，不可否认鉴定意见对当事人刑事责任之重要影

---

① 黄丁全：《医事法》，中国政法大学出版社2013年版，第612页。

响，因此，与民事医疗纠纷鉴定相比，刑事医疗过失对鉴定意见之要求应该更加严格，各方对鉴定意见的客观性、科学性和权威性要求更高。在“二元制”模式下，刑事医疗过失鉴定无可避免出现“多头鉴定”和“重复鉴定”。司法鉴定意见和医疗事故鉴定意见之间在刑事诉讼中的“采信率”孰高孰低？何种鉴定模式更符合我国实际？司法机关是如何取舍？实际上从2005年《司法决定》颁布以后，理论界的争议就从未间断过。

第一，医疗过错司法鉴定应该取代医疗事故技术鉴定，这种观点的持有者主要是部分学者和一线从事司法鉴定的专家，且该观点一度成为主流观点。其主要理由如下：一是医疗事故的鉴定是独家的医学鉴定，“医疗人”垄断经营容易造成专断和腐败；二是医疗事故鉴定是集体负责，无法追究个人责任；三是鉴定专家不对法律、法院和法官负责，而对政府或者医学会负责，事实上排除了司法的审查和约束，医学鉴定的监督力较之司法鉴定要弱得多；四是法谚云“鸟儿不啄同类的眼睛”，医疗事故鉴定掌控在“医疗人”手中，无论是“老子给儿子鉴定”还是“兄弟之间的鉴定”，都无法保证鉴定意见的中立、客观和公正。① 持这种观点的学者认为，医疗过错司法鉴定能够很好地避免上述情形，取而代之，实属应有之义。

第二，保留并优先适用医疗事故技术鉴定说。持这种观点的学者认为：一是司法鉴定人缺少相应的临床知识和经验，在专业极强的医疗行业，不同专科之间的跨度非常大，非本专科医生很难精确评估疾病之发展与转归，根本无法保证鉴定意见的客观和科学。二是司法鉴定制度实施以来，社会性鉴定机构大量涌现，② 利益趋向极为明显，鉴定人员鱼龙混杂，鉴定水准参差不齐等问题凸显。基于医疗过失鉴定本身的专业性与复杂性，刑事医疗之鉴定人员应当只限于具有该领域之专业知识与经验的医疗人员，比较而言，医疗事故技术鉴定有着无可替代的优越性。有学者认为，应当对现有医学会的医疗事故技术鉴定进行改革，将可能影响鉴定意见公正性的因素剔除，建立医疗损害

① 杨立新：《医疗侵权法律与适用》，法律出版社2008年版，第168－169页。

② 据2012年11月22日《法制日报》报道，全国经司法行政机关审核登记的司法鉴定机构已由《决定》实施前的2864家发展到2011年的5014家。

鉴定制度。①

第三，折中说。该观点认为在医疗纠纷鉴定“二元制”模式并存的现状下，当事人对选择何种模式应当享有选择权。鉴定意见具有一般证据之属性，因此当事人有权按照自己意愿行使诉权，有权按照自己的意愿行使鉴定选择权，法院应当在履行充分的释明义务的前提下，尊重和保护当事人的选择权。②

刑事医疗过失医务人员的罪责判断、本领域的专家鉴定意见，无疑是十分重要的参考依据。司法实践中，法官对鉴定意见的依赖也系不可避免，因此，在刑事医疗过失中鉴定人之地位举足轻重。“二元制”模式下的医疗纠纷鉴定，带来刑事医疗过失鉴定模式的取舍及认定方面的诸多问题。然而，正如德国法官 Koch 曾毫不避讳地说，“实际上，诉讼程序裁判的重心，几乎是从法官移到医生，这是必须接受的事实”。③ 笔者深以为然——刑事医疗过失鉴定人之主体应当是医生。

（二）刑事医疗过失案件鉴定启动难之缘由

医疗过失案件进入刑事司法程序之所以十分罕见，其原因在于：很多人观念上对医疗过失“入罪”之意识不足，国内外医疗界对医疗过失行为“除罪化”的呼声此起彼伏；我国现行刑事法律在医疗事故罪的立案、侦查、起诉等诸多环节上存在缺位等现状，均造成医疗过失行为进入刑事司法程序概率低，刑事医疗过失几乎成无源之水，无本之木。

1. 医疗过失犯罪“除罪化”迷思。刑法介入对医疗行为评价的必要性和可行性，在两大法系已成共识。在美国，认定医生有以下“重大过失”之情形，以刑事起诉：（1）承办医疗保险有欺诈行为；（2）对病人有性侵犯行为；（3）非法处方或使用管制药品；（4）医疗行为严重的或者故意的且极端的偏离执业标准。司法实践中，英美两国有关刑事医疗过失的案例从 19 世纪开始就从未间断，医疗过失的判定标准，

---

① 刘鑫、梁俊超：《论医疗损害技术鉴定危机与改革》，载《证据科学》2010 年第 4 期。

② 王瑞恒、任媛媛：《论当事人对医疗事故鉴定和医疗损害司法鉴定的选择权》，载《中国司法鉴定》2011 年第 2 期。

③ 张丽卿：《刑事医疗纠纷鉴定之困境与展望》，载《刑事法探究》（第 2 卷），中国人民公安大学出版社 2008 年版，第 96 页。

也从限定为“主观轻率”发展到“疏忽大意”，并逐渐走向刑事过失判断标准客观化的趋势，对极端恶劣的轻率重罪化。[①] 大陆法系的德国和日本，没有专门规定医疗过失犯罪。德国现行《刑法典》第222条规定了“过失杀人罪”，第229条规定了“过失的身体侵害罪”，刑事医疗过失犯罪主要适用第229条之规定。[②] 且从统计数据来看，过去15年，平均1年约1万件医疗纠纷民事案件判决医师要负损害赔偿或精神抚慰金；平均一年约3000件医疗纠纷案件受到检察官的刑事侦查程序。[③] 日本现行《刑法典》第28章规定“过失伤害罪”，其中第211条规定“业务上过失致死伤等”，医疗过失犯罪系典型业务过失犯罪，其处罚一般要重于一般过失犯罪，通说认为从事危险业务人员比普通人员具有更重的注意义务，且从知识、经验来看更容易预见和回避危害结果的发生。

追究医疗过失行为的刑事责任，意见最多的是临床医生，一直以来，医疗过失行为除罪化的呼声从未停止，主要基于两点理由：一是过失医疗行为之本质在于救死扶伤，因此不构成刑事法上的“不法”，不符合伤害罪构成之要件，因而不应当承担刑事责任；二是追究医疗过失的刑事责任会导致“防御性医疗”，医生在实施医疗行为时，可能会弱化对病人利益及风险之考虑，而是更多考虑法律上的风险，进而影响医学之创新与进步及人类之福祉。刑法学者普遍认为，医疗过失系典型的业务过失，以注意义务为内核的过失犯罪理论对医疗行为之检验是理所当然的，如此才能使病人免受医疗过失或是恣意之侵害。至于“防御性医疗”一说，在利益驱动下的当下医疗市场，过度医疗尚且十分普遍，医务人员适度的谨慎与防御，也不一定于患者无益。

2. 刑事法律的缺位。尽管我国1997年《刑法》第335条规定了医疗事故罪，然而启动刑事司法程序缺乏必要的依据。《医疗事故处理条例》实施至今已经有10多年时间，已成为业界解决医疗纠纷的重要渠道，包括造成就诊人死亡或者重伤的重大医疗过失行为发生后，按照

---

① 于佳佳：《论英美过失处罚规则的历史变迁——以英美医疗过失刑事判例为素材》，载《北大法律评论》2011年第2期。

② 《德国刑法典》，冯军译，中国政法大学出版社2000年版，第137－147页。

③ 王皇玉：《德国医疗刑法论述概说》，载《月旦法学杂志》2009年第7期。

该条例规定的程序处理，最终涉及的是医务工作者和医疗机构的民事责任和行政责任。2010 年我国《侵权责任法》（已失效）颁布，专章规定了医疗侵权责任，最高人民法院发布的《关于审理人身损害赔偿问题的若干意见》，在赔偿数额上要远高于医疗事故所得，2020 年《民法典》颁布后医疗损害的人身赔偿问题大多沿用上述司法解释。因此，患者及其家属解决医疗纠纷多倾向于以民事途径处理。此外，大量的医疗纠纷案件并未进入司法程序，进入司法程序的医疗纠纷不足一成，而代之以医患双方的和解加以解决。我国刑事诉讼法规定的程序中，医疗纠纷进入刑事司法程序的道路几乎被堵死。在公安部发布的《刑事案件立案标准》中，没有医疗事故罪的立案标准，其间公安部曾试图制定医疗事故罪刑事立案标准，也因医疗界的反对而夭折。刑事自诉案件中，医疗事故罪不属于“告诉才处理的案件”，对于“被害人有证据证明的轻微刑事案件”，因为需要“证据证明”，对患者及其家属是十分困难的。因此，理论和实践中，都可以发现现行的制度设计中，寻求刑事途径解决医疗问题存在法律障碍。从目前我国可以收集到的追究医疗事故刑事责任案件来看，70% 系由于抗生素过敏、麻醉药物过量致死引发的这类刑事案件。[①] 盖因其过失程度十分明显，出现的危害结果多系家属无法接受之结果，且该类案件与“过失致人死亡罪”竞合，才有机会进入刑事司法程序，其中未进行医疗过失鉴定的比例约占 25%。但审视判例因“严重不负责任”，造成患者死亡或者重伤的案件，进入刑事司法程序的微乎其微。

3. 知识跨度的障碍。刑事医疗过失鉴定启动的前提是医疗纠纷案件诉诸刑事司法程序。正如前文所述，对于进入刑事司法程序的医疗事故罪绝大部分系因为造成就诊人死亡，由公安机关立案，进入刑事司法程序，提起公诉及审判阶段产生刑事医疗过失鉴定。鉴定的启动应该包括公安机关、检察机关和审判机关。[②] 对于刑事医疗过失鉴定机构的选择，从目前国内的案例看，绝大多数司法机关选择各级医学会，由各级医学会下设机构医疗事故鉴定机构进行鉴定。鉴定的内容主要

① 杨丹：《医疗刑法研究》，中国人民大学出版社 2010 年版，第 63－64 页。

② 谈在祥：《海峡两岸刑事鉴定制度比较与借鉴——以刑事诉讼法修正案为视角》，载《上海公安高等专科学校学报》2012 年第 4 期。

包括医疗行为有无过错、患者损害后果（包括伤残等级）、过错与损害后果之间是否存在因果关系、过错在医疗损害后果中的责任程度。实际上，即便是完成了鉴定程序，从医疗事故罪的犯罪构成上看，对于“严重不负责任”之判定系主观之判定，仍然需要由法官进行心证与判定。法律以内的事由及医务人员是否违反刑法上的“注意义务”之判断，则需要法官根据鉴定意见及法律知识进行裁判。现实的困境是，从鉴定程序的开端就没有考虑到刑法介入医疗行为的评价，所以其结果必然是民事优先之原则，过度放纵了存在严重过失的并造成重大医疗损害后果的医疗行为，没有受到应有的刑法上的评价。

（三）刑事医疗过失鉴定意见公信力差

刑事医疗鉴定系刑事司法鉴定的一部分，司法鉴定之公信力缺失，一度广为诟病。历数2007年黑龙江“代某案件”、2003年发生在湖南的“黄某案件”、2000年辽宁的“连某丽案件”等诸多案件，严重影响了人们对司法鉴定的权威性、公正性、科学性之信赖。2005年建立统一的司法鉴定制度，也正是为了解决多头鉴定、重复鉴定等诸多问题。近年来，我国医患纠纷日益尖锐，患者砍伤、报复医务人员的恶性案件时有发生，一方面说明现有医疗纠纷的解决机制尚不能很好地应对医患之间的矛盾；另一方面，反映了患者对医疗事故技术鉴定的不信任。

刑事医疗的鉴定人理应是具备专业知识及丰富经验的专业人士，由于刑事医疗过失鉴定在我国现阶段仍然适用二元制模式的体系和制度，在法官十分依赖鉴定意见的情况下，鉴定人之准备资格应该有严格之规定。目前，我国缺乏严格的鉴定人资格准入标准。《司法决定》第4条规定：具备下列条件之一的人员，可以申请登记从事司法鉴定业务：（1）具有与所申请从事的司法鉴定业务相关的高级专业技术职称；（2）具有与所申请从事的司法鉴定业务相关的专业执业资格或者高等院校相关专业本科以上学历，从事相关工作5年以上；（3）具有与所申请从事的司法鉴定业务相关工作10年以上经历，具有较强的专业技能。上述三条准入资格标准门槛较低，内容含混，主观性强，导致鉴定人队伍整体素质不容乐观，并直接影响鉴定意见的公信力。

鉴定意见作为法定证据，根据诉讼理论中直接原则和言词原则的基本原理，必须经过出庭质证与证明。然而，我国司法实践中，鉴定人出庭作证不超过5%，绝大多数鉴定意见都是提交给法庭，并以宣读鉴定意见的方式进行法庭调查，鉴定意见的正确性受到了质疑，鉴定意见中的疑问无法通过当事人的追问和鉴定的解释得到解决，只能重新鉴定，增加了司法成本，严重影响了司法鉴定意见的公信力和权威性。①

（四）鉴定意见与刑事司法判定衔接之惑

理想状态的刑事医疗过失的认定必须经过临床上事实的认定、医学上的评价和法的评价。② 法的评价是刑事医疗过失之成立与否的判定主要依据。《刑法》第335条规定，医疗事故罪的构成主要包括两个方面：一是医务人员“严重不负责任”；二是“造成就诊人死亡或者严重损害就诊人身体健康的”。这两方面是必须兼备的。而后者中“死亡”与“严重损害就诊人身体健康”，以及医疗行为与损害结果之间的因果关系之鉴定纯属临床医学（含法医）认定之范畴；对于“严重不负责任”的解读，学者有不同之见解。通说认为系指违反医务人员应该履行的“注意义务”，包括行为人的“预见义务”和“结果回避义务”，临床上通常认为其外在客观表现即为“严重违反医疗常规”。进言之，就医疗过失的刑事鉴定而言，鉴定人需要证明的关键指标包括：（1）人身损害程度。死亡或者“严重损害就诊人健康”一定程度上可以依据人体重伤标准。（2）医疗行为和损害结果之间的因果联系。哲学的因果联系通常是指引起和被引起之关系，由于医疗行为本身的不确定性、危险性和人体的特异性，导致鉴定人对因果关系的判定往往感到十分棘手。（3）严重违反注意义务。主要包括卫生管理法律、法规和部门规章；诊疗护理之常规；符合基本医学水准的医学文献之记载。不难发现，对于上述内容具有高度认知的肯定是圈内的医疗人。因此，留给法官自由裁量的空间，即在于是否“严重”损害健康；其不负责任之程度是否“严重”，以及鉴定意见的证明力在大陆法系即为

① 樊崇义、郭金霞：《司法鉴定实施过程诉讼化研究》，载《中国司法鉴定》2008年第5期。

② 夏芸：《医疗事故赔偿法——来自日本法的启示》，法律出版社2007年版，第244页。

法官自由心证之内容。当然，在法官在定罪过程中须在认清“事实”的基础上严格按照医疗事故罪之构成要件进行判定。对于医疗过失犯罪的法律判断必须建立在医学上事实与因果关系判断的基础上，因此，法官在认定事实的基础上，须抽象到过失犯罪之构成要件，从而进行法律上的衡量和裁判。

二、他山之石：刑事医疗过失鉴定的域外考察

从制度层面，两大法系均视鉴定意见为证据的一种，因此，鉴定人究其本质实为证人。两大法系主要国家在医疗过失鉴定制度方面各有千秋，均有值得借鉴之处。

（一）英美法系刑事医疗过失鉴定

英美法系鉴定人证人属性十分明显，法庭之地位与一般证人基本相同，其酬劳主要来自委托方。根据《美国联邦证据规则》第702条之规定，“如果科学技术或其他专业知识有助于事实判断者理解或者确定事实，凭其知识、技能、经验、训练或者教育能够为专家的证人，可以用意见或者其他方式作证”。与一般证人相比，专家证人最大的不同在于，专家证人在其提供的证言范围内，必须具有某一领域特殊专业的知识、技能和经验。专家证人提供的意见需基于案件事实，结合其专业，经过严密的推理，得出某种倾向性的推论，而一般证人只是就其所见所闻陈述事实。专家证人在接受主询问和反询问，通过法庭对抗，为陪审团和法官作出科学判断提供依据。专家证人所作的鉴定意见产生的证明力主要取决于陪审团和法官是否认同，并不当然产生约束力，采信与否或者部分取舍主要通过陪审团和法官的心证进行自由裁量，并根据内心确认程度对事实进行认定。①

美国因各州有关医疗法律的规定及对提交专家证词的要求不尽相同。加利福尼亚州等多数州，原告必须出具专家证词证明过失存在，否则无法立案。得克萨斯州等州，必须要在初步立案后的规定时间内提交每一被告的专家鉴定意见。犹他州等个别州，原告可以在庭审时

---

① 王旭：《医疗过失技术鉴定研究》，中国人民公安大学出版社2009年版，第47－48页。

出示专家证词。开刀部位错误等极个别情况，一般人凭常识就可以判断为显著过失，原告不需要提交专家证词。阿拉斯加州则规定当事人未就医疗纠纷专家小组协助调查，法院不予受理医疗纠纷案件。

美国多数州设有主要由医学专家、法律专家组成的“医疗法律评审小组”“调解评审小组”之类的评审、仲裁机构，多数州在诉讼前必须经过评审或仲裁，评审内容包括是否构成医疗事故或同时进行仲裁，仲裁结论多数无强制性。各州对评审小组人员组成及鉴定人资格要求不一。有些州评审小组提供的专家鉴定意见或仲裁结论不作为证据向法院提交；但特拉华州、马里兰州、马萨诸塞州必须有专家证词支撑，评议小组的专家鉴定意见和仲裁结果将提交法院并推定为正确，除非法院取消。有些州的医疗事故处理法规定，不接受评审小组的意见或仲裁结论，若诉讼败诉或判决结果低于仲裁意见，将要承担相应的法律费用。①

英国设有“医疗管委会”区分医师的责任为“刑事责任”、“民事责任”和“行政责任”三种。医师的“刑事责任”之分界为触犯“重大不正当行为”，包括（1）医师触犯刑事犯罪者，但交通意外与轻罪除外；（2）医师连续或重复的诊断、治疗错误；（3）严重侵犯病人的隐私权；（4）对病人性侵害；（5）于财务申报或者诊治病患、研究工作之欺诈行为；（6）滥用药物等行为。②

（二）大陆法系刑事医疗过失鉴定

大陆法系国家中，鉴定人之证明资格在接受案件鉴定之前即被赋予。鉴定人通常被视为法院的辅助人和法官之助手。德国在有关行政区域设医事鉴定委员会，负责刑事和民事医疗事故的鉴定。日本的医疗事故鉴定有些特殊，主要通过行业自治，日本医师会下设“医疗事故调查会”和“医疗过失鉴定委员会”，但不直接受理法院的委托。③法院设有包括医学专业的“鉴定委员”，在处理案件时由 3 人组成“鉴定委员会”，但只向法官陈述他们的意见；后又成立了“医事关系诉讼

① 高也陶：《中美医疗纠纷法律法规现状及专业规范比较研究》，南京大学出版社 2003 年版，第 289 - 230 页。

② 葛谨：《医疗鉴定与审判之瑕疵》，载《台湾医界》2009 年第 6 期。

③ 林文学：《医疗纠纷解决机制研究》，法律出版社 2008 年版，第 227 - 229 页。

委员会”，主要由医师和法学界、社会人士组成，负责向审判、调停、仲裁提供意见，整理医学会各专科学会提供的鉴定人推荐名单，向法院提供鉴定人候补名单等。“鉴定委员”和“医事关系诉讼委员”并不作为专家证人出庭。鉴定时，由法院去寻找鉴定专家，也可能从“鉴定委员”中选择，既往寻找医疗事故鉴定人是非常困难的，医生大多不愿意做此项工作。

三、探索与思考：我国刑事医疗过失鉴定制度构建展望

（一）拓宽重大医疗过失的进入刑事程序的渠道

我国医疗纠纷案件逐年增加，因为医患矛盾产生的恶性案件频发，但从实际情况看，鲜有医生受到刑事制裁，前文已述，主要原因在于目前解决医疗纠纷的法律上的解决机制所致，因此，在当下，医疗伦理不张、利益驱动的医疗现状下，适时高悬“达摩克利斯之剑”十分必要。有必要建立医疗事故罪立案标准，使公安机关介入医疗纠纷案件的处理能够有比较明确的标准，或者对造成患者死亡或者重伤的恶性医疗案件，患者家属有权提请自诉。从程序上明确医疗事故的鉴定非处理医疗事故案件的必经程序，不是公安机关进行刑事立案的前提条件。启动医疗事故鉴定的主动权应该在司法机关，对于特别明显的医疗事故，公安机关有权依照刑事诉讼法的规定进行立案、侦查；卫生行政部门自处理涉嫌医疗事故犯罪案件时，应当及时移交司法机关，从而建立重大医疗过失案件进入刑事司法程序。

（二）严格刑事医疗过失鉴定的主体

有关医疗过失之鉴定，无论是刑事还是民事，参酌两大法系代表国家之做法，应当以相应学科的医疗专家为主组成鉴定小组，实属应有之义。现代医学高度专业化发展之结果，即造成任何一位医师只能在其所从事的领域内成专家，对其专科之外的专业领域，很难具备鉴定人之能力。简言之，心内科的医生对肾内科医生所为之医疗行为是否疏失之鉴定，属于超能力范围之外的工作，也绝非一般鉴定人所能为之。因此，在现行的体制下，不应该将医学会下设的医疗事故委员会撤除，统一司法鉴定之利大于弊，但于医疗事故鉴定而言，现行司法鉴定体制先天不足，故严格规范医疗事故鉴定委员会的运作机制，

形成相对统一医疗事故鉴定体系，是相对科学且符合我国实际的。

在各级医学会下设成立医疗事故鉴定委员会，分为地市级、省级和中华医学会三级，形成统一的医疗事故鉴定制度，并与《民法典》侵权责任编之医疗侵权中相关鉴定之规定衔接。在医疗事故鉴定委员会中需有刑事医疗鉴定委员会，参酌大陆法系国家有关规定形成刑事医疗事处理委员会，由各科医疗专家、法律专家和社会人士按照一定的比例组成，并明确刑事医疗过失鉴定的程序和制度。

法官非医疗专家，必须借助于提供鉴定意见的医疗专家，因而鉴定人在刑事医疗过失判断过程中至关重要，但鉴定人提供的系专家意见，也即在医疗领域有关问题之认定，而法律上的评价必须由法官来完成，否则鉴定人就成了“法官”。刑事医疗过失的鉴定意见形成及所依赖之知识与技术对于法官而言，由于知识跨度很难进行实质性审查。而鉴定人也不会基于法官判断之思维提供鉴定意见。因此，客观上需要鉴定人就完成鉴定之基础条件、研究方法、知识、技术进行必要之说明，以期得到法官及当事人之理解。而法官在是否采信以及基于鉴定意见形成心证后的判决，作出判定理由。

（三）建立刑事医疗过失鉴定意见的审查机制

未作解释的判决是可怕的，审判法官不仅有义务明确已经认定的事实，而且有义务阐明各项证据导向特定事实的推理过程。① 刑事医疗过失的鉴定意见在我国对法官裁判有着十分重要的影响，正是基于此，对刑事医疗过失鉴定意见的科学性审查显得尤为重要。医生有无罪责，必须经过严格的证明程序。鉴定意见的证明程度及医师具有医疗疏失的犯罪事实，必须达到排除合理怀疑之程度，法官方能作出业务过失之判决。我国台湾地区相关医疗规范规定：司法相关机构应在法院设立医事专业法庭，由具备医事相关专业知识或审判经验之法官办理医事纠纷诉讼案件。在司法实践中，鉴定意见直接决定审判结果的情况，鉴定人主导裁判的局面，在一定程度上客观存在。但法院应充当好“守门员”之角色，应就是否使用鉴定领域普遍认可之技术，有无潜在

---

① ［美］米尔建·R. 达马斯卡：《漂移的证据法》，李学军等译，中国政法大学出版社2003年版，第62页。

的过错，鉴定过程是否经过其他鉴定人重复确认，有无出版物支持，是否为普遍所接受的准则等为参考，以判定鉴定意见的证据能力。法庭之审查应当包括：（1）主体是否合法。鉴定人之资格，是否为该领域之专家。（2）鉴定程序是否正当。包括有无应当回避而没有回避之情形，少数人之意见是否记录在案等。（3）鉴定材料、方法、技术、说明十分翔实。这是形成鉴定意见的基本依据，也应该是法官审查之重点。（4）鉴定人是否受到威胁、收买等影响鉴定意见客观公正的干扰因素。（5）鉴定意见书是否符合形式上的规范等。[①] 鉴定意见即为鉴定人根据其专业知识、经验所得之事实，所使用知识是否与案件在法律上的判断具有关联性，是否有违证据法则，或与争议之焦点是否具有关联性之科学知识系，鉴定意见证明力之基础，需要有法官加以判断。

此外，在法官普遍缺乏医学知识的前提下，改变法官过度依赖的鉴定意见的最佳途径就是对相关领域的法官进行一定医学知识的教育和培训，或者借鉴英美法中专家证人制度，通过形成鉴定意见的对抗机制，帮助法官发现真相。

四、完善对鉴定人的法律约束机制

刑事医疗过失鉴定意见公信力之前提，就是对违反职业操守的鉴定人需要追究相应之责任。因此，需要从程序上对鉴定人进行必要的提醒和督促。德国等国家或地区规定，鉴定人均具有具结义务，类似保证书。新《刑事诉讼法》第 145 条规定：鉴定人进行鉴定后，应当写出鉴定意见，并签名，鉴定人故意做虚假鉴定的，应当承担法律责任。法院对医疗过失刑事鉴定委托专门之机构进行鉴定，并有法院支出合理的鉴定费用和出庭费用，鉴定人原则上必须出庭接受诘问，通过专家之间面对面的交锋，以期更好地协助法官查明案情、发现真相和科学判决。

① 冯卫国：《医疗事故罪刑事诉讼中的若干问题研究》，载《山东公安专科学校学报》2002 年第 1 期。

五、构建刑事医疗过失鉴定的层级制度

我国幅员辽阔，不可能在全国设立单一之刑事医疗过失鉴定机构。考虑到刑事医疗过失鉴定数量有限，质量要求较高，且以地级市医学会为单位范围太小，容易有过多的人为因素，进而影响鉴定意见的客观公正，有必要在省级医学会下设刑事医疗委员会，主要以解决刑事医疗纠纷案件为主。可采取二级鉴定体系，也即对省医学会鉴定意见有异议的，可以申请外省同级医学会下设相关机构鉴定，仍有争议的可以向中华医学会申请下设刑事医疗委员会鉴定。有必要进一步完善复核鉴定之监督程序、配套刑事医疗过失鉴定人必须出庭制度，以及刑事医疗过失鉴定费用以国家承担为主的机制等。[①]

① 王竞：《论建立我国刑事司法鉴定层级制度》，载《法治论丛》2003 年第 5 期。

第二十章　医疗事故罪主观罪过与危害结果的司法认定

一、医疗事故罪主观罪过的司法认定

（一）医疗事故罪主观罪过的形式

医疗事故罪的主观要件表现为过失，是一种典型的业务过失犯罪。根据危害结果是否被预见，我国刑法理论界将过失分为疏忽大意的过失和过于自信的过失。医疗事故罪中的犯罪过失是指医务人员在诊疗护理工作过程中，应当预见自己违反医疗规章制度和诊疗操作常规、严重不负责的行为可能导致病人死亡或者严重损害病人健康的危害后果，但由于疏忽大意，或者轻信可以避免，造成了上述危害结果的发生。①

1. 疏忽大意的过失

疏忽大意的过失是指根据行为人所具备相应职称、职责岗位，以及专业知识、经验、专业技术的要求，应当预见和可以预见自己的行为可能对病人造成的危害结果，因为疏忽大意而未预见，并造成危害结果发生的心态。例如，2009 年 11 月 3 日，发生在南京儿童医院的“徐宝宝事件”。一个患眼眶蜂窝组织炎的 5 个月大的孩子在南京市儿童医院住院期间病情恶化，孩子家长晚上几次向值班医生毛某珺求救，却因医生“要睡觉”，甚至在网上玩游戏等，而延误了抢救时机，尽管毛某珺曾 3 次观察患儿病情，却没有发现应该发现的问题，孩子于次日宣告死亡。对于毛某珺主观罪过应该是一个疏忽大意的过失。

① 冯卫国：《医疗事故罪的认定与处理》，人民法院出版社 2003 年版，第 92 页。

2. 过于自信的过失

过于自信的过失是指行为人已经预见自己的诊疗行为可能对病人造成不良后果，但轻信凭借自己的技术、经验或药物之疗效等能够避免危害结果的发生，以致发生危害结果发生的心态。例如，某外科主刀大夫在手术中，患者多次出现心力衰竭症状，经及时抢救均有所好转，根据患者症状和医疗常识，手术应当暂停，择期手术，但该医生置助手劝阻于不顾，相信自己的经验和技术，认为该患者病情可以得到控制，手术会成功，以致酿成患者死亡之后果，该医生的主观罪过可以认定为过于自信的过失。

（二）医疗行为注意义务之来源

注意义务是过失犯罪的基本问题，注意义务的违反是过失犯罪的本质。日本学者对过失的理解包含两个方面：一是“结果预见的可能性”，这是构成过失的前提；二是“结果回避义务的违反”，这是过失构成的核心要件。①

1961 年日本最高裁判所对某患者在东京大学附属医院输血感染梅毒事件作出的终审判决，是最高裁判所对医生注意义务作出的首例判决。判词中写道：“医务人员从事的是管理人的生命和健康的工作，根据其工作性质，要求负有为防止危险而在实际经验上必要的最善的注意义务。”认定本案中被告医师具有疏于问诊行为之过失，日本理论界与实务界确立了以“最善的注意”来概括医务人员的注意义务，从而确立了医务人员注意义务的一般内容。② 随后，1974 年日本岐阜地方裁判所对早产儿视网膜病案判决，进一步扩大了医师“最大的注意”义务的内容，基于此，日本著名的法学家松仓丰治教授进一步提出了“诊疗当时临床实践的医疗水平是医师注意义务的内容”。

笔者认为，义务人员的注意义务可表述为：医务人员在进行医疗行为时，依据法律、法规、规章制度和诊疗常规，以及职务和业务上的习惯和常理，接受契约或患者委托之请求，保持足够之谨慎，以预

① 夏芸：《医疗事故赔偿法——来自日本的启示》，法律出版社 2006 年版，第 51－52 页。

② 夏芸：《医疗事故赔偿法——来自日本的启示》，法律出版社 2006 年版，第 110 页。

见医疗行为结果和避免损害结果发生之义务。

1. 源于法律、法规与诊疗规范的义务

医疗行为的风险性、高度复杂性，使得为了保护患者的合法权益，国家法律、法规和规章对医务人员已经将预防医疗危险结果发生所必需的作为与不作为予以具体化。《医疗事故处理条例》《医师法》《母婴保健法》《医院工作人员职责》等相关法规、规章，明确了各类医务人员职责以及对违反这些职责的处罚。诊疗规范是医疗标准的反映，对每个医疗差错案件涉及的相关问题，诊疗规范是重要判断根据。在针对医疗行为人所设置的刑法中的注意义务可以直接援引卫生法律法规中注意义务的相关规定；但法律法规等规定的注意义务与《刑法》为医疗行为人所设置的注意义务并非完全等同，在医疗行为人违反卫生法律等规定而尚未达到《刑法》所规定处罚标准时，并不能认为医疗行为人违反了《刑法》上的注意义务。

2. 源于医患双方约定之义务

在医疗过程中，患者通常会根据自己的个人情况提出一些特殊的要求。比如，女模特在罹患乳腺癌时，出于职业考量，通常会对手术医生提出保留乳房的要求，尽管在医学上可能已经达到乳房切除之标准，一旦医患双方将此写进医疗合同，就应该得到遵守。20 世纪初，日本曾出现大量“耶和华信徒事件”。“耶和华证人”是日本的一个宗教团体，该团体成员认为，血液一旦脱离了身体，即便通过医学的方法也不可以使之再回到人体内，也就是说，信徒不应该接受输血。一位叫花子的日本家庭主妇，在与医生达成手术中不输血之协议后，医生却在手术过程中根据医学之常识，为花子输血治疗。之后，花子将主刀医师告上法庭。日本最高法院认为，即便在关系到患者生命丧失与否的医疗行为问题上，医生的裁量权也不能绝对取代患者自己的意思决定权，即患者的自主决定权应当受到绝对的尊重。笔者以为，医患双方在医疗服务合同中约定的具体义务，只要不违背法的精神和伦理原则，其约定义务就应该得到尊重，而一旦违背具体之义务，则可能导致医疗过失的发生。

3. 源于医疗行业的常规和习惯的义务

医学科学是一门经验科学，在长期的医疗实践中形成了很多行之有效的医疗习惯、诊疗规范，这些常规义务是医务人员从事诊疗护理行为时必须遵守的注意义务。如医师手术中的无菌观念、止血彻底等是合格医师所必须熟悉的习惯，这些习惯对患者的生命健康有着重大影响，为医师应遵循的注意义务。此外，使用一些抗生素，可能会因为患者的特异体质，产生过敏反应，在使用之前必须进行皮试。比如，青霉素使用之前，必须要进行皮试，已成业界常规。某护士给某病人注射青霉素时，未尽皮试之义务，直接注射造成病人青霉素过敏而死亡，则可认定该护士具有主观过失。

4. 源于医学文献和具备当时医疗水准的义务

医学文献是指符合医学专业水准的医学书籍、资料等，其中有关各种治疗的指示、药物使用之说明，常为医师实施该诊疗行为时应遵守的准则。法院判决亦常引用医学文献记载，作为判断医师实施医疗行为时是否已尽其应尽的注意义务之依据。江苏省高级人民法院在2006年毛某、葛某娣诉扬州市第一人民医院一案的判决书中，就枕骨大孔疝临床症状曾援引第7版全国高等学校教材《外科学》第256页之记载。[①] 医学水平是指以实施医疗行为时相应临床学科所要求达到的医疗水准。笔者同意我国台湾地区学者朱柏松的观点：医疗水准在理论上应该无地域或者无国界限制，而医疗之方法，也不为知识产权所保护，故即便是国外的现阶段之科技，在其公开流传且可供引用的情况下，对于本国也应该视为医疗水准之到达点。

从刑法角度考量，注意义务的具体内容主要包含医务人员具有谨慎从业的义务、诚实说明的义务、转诊的义务和具有选择适当的治疗方案对患者进行治疗的义务。临床上常见违反结果预见义务的医疗行为主要包括误诊和诊疗方案选择不当；常见违反防止危险发生义务主要包括手术前、手术中、手术后违反注意义务（含麻醉行为），以及药物注射违反注意义务。

（三）医务人员过失之判定标准

1. 注意能力学术判断及评价

行为人违反注意义务，是认定其主观上具有过失的基础，然而判

---

① 杨立新：《医疗侵权法律与适用》，法律出版社2008年版，第189页。

断行为人是否违反注意义务，又以其具有注意能力为前提，如何认定行为人的注意能力，是判断过失的重要环节。目前理论界主要有以下几种观点。

(1) 主观说，也称个人标准说。即以医务人员个人的注意能力作为确定其是否履行注意义务的标准。主观说要求判断行为人能否预见应以行为人的具体能力、水平以及当时具体的条件来判断。在当时的客观环境和条件下，根据行为人的年龄、健康、知识程度、工作经验、业务水平以及所担负的职责等条件，来分析行为人对自己行为后果的理解、判断、控制方面的状况，以意志产生的过程确定注意义务的程度。

主观说之弊端在于"只见树木不见森林"，对那些怠于专业业务、不思进取的医务人员，实际上起到了保护作用。同一科室，同一职称，两位医生，发生同一性质医疗损害，能力水平高者，构成过失，承担责任，明显违背公平之精神，也违背常理。目前，主张个人标准说的学者微乎其微。[①]

(2) 客观说，也称业绩平均标准说。即判断医务人员个人注意能力应以一般医务人员的水准来衡量、确定某一医务人员是否违反注意义务。要求一般医务人员在当时的情况下能预见其行为造成的结果，行为人也就应预见到；如果一般人在当时不能预见到，行为人就不应预见到。

客观说的立论基础在于经过严格职业训练，通过国家各类统一考试，必定要求医务人员达到相应之水准。如实施某医疗行为之医务人员，不充分考虑自己的经验能力，轻率从事不能胜任之医疗行为即可认定为违反注意义务。客观说之弊端在于：①未考虑我国医学教育之现状，不同地区、不同类别的医学院校培养质量存在较大差异；②未能认识到医务人员的学识和技术水平受制于地域、医疗条件、医院整体水平、职务级别，客观上会造成地域偏远、级别较低的医务人员承担注意义务过重，而有利于水平高、注意能力强的医务人员逃避责任。[②] 我国医院分

---

① 周光权：《注意义务研究》，中国政法大学出版社1998年版，第80页。

② 三级甲等、三级乙等、三级丙等、二级甲等、二级乙等、二级丙等、一级甲等、一级乙等、一级丙。

为三级十等,[①] 不同医院之间医疗水平差距很大。比如，同样的眼科白内障超声乳化、人工晶体植入术，甲在中国水平最高的眼科医院北京同仁医院由某主任医生手术，乙在西部地区由某县级医院主任医师手术，造成同样的医疗损害，简单以客观标准说对后者明显不公。

（3）折中说，我国有学者称为“合理人标准”。即把一般医务人员的注意能力加以抽象化作为一种类型化标准。日本法律界习惯上称为“通常人标准”，森岛昭夫教授认为这个通常人应该是高度规范性的法的概念。[②] 即法律在对“合理医师行为”作出认定后，进一步对有争议的医疗行为伴有的危害性大小、治疗利益大小、结合回避义务的成本作出综合性价值判断，形成医务人员应该遵守的法的行为规范。

折中说有其合理的一面。医疗行业关系人的生命健康大计，应当为医务人员的注意能力制定一般的标准和规范。同时要考虑我国医疗卫生之现状，对不同级别、不同地域的医务人员注意能力之要求应该有所差别。折中说被国内外多数学者所认同，笔者也认同折中说的科学性和合理性。

2. 医师注意能力认定标准——医疗水平论

既然关于医务人员的注意能力依折中说，那么为医务人员注意能力设定一个“合理人标准”便成为关键性问题。在美国，司法实践认定医务人员是否有过失、是否违反注意义务有两个标准：（1）合理的技能与注意（reasonable skill and care）。这一标准要求医疗行为必须符合自己的其他同行在相同情形下应当具有的技能与注意，如果不符合即认定为有过失。（2）地方规则与全国标准（locality rule and national standard）。19 世纪确立的规则，受制于当时通信和交通，至 19 世纪晚期，该规则随着交通、通信的发达被修改为“一个医师应当保持与其邻近的或者出于相同地域的医师在处理相同情形应当具有的通常技能、知识和经验”。[③] 自 20 世纪 60 年代开始，日本随着经济的发展出现了

① 刘鑫等：《医事法学》，中国人民大学出版社 2009 年版，第 88 页。

② 夏芸：《医疗事故赔偿法——来自日本的启示》，法律出版社 2007 年版，第 107 页。

③ 参见蔡敦铭：《医学刑事法要论》，台北，景泰文化事业有限公司 1995 年版，第 56 页。

大量的医疗事故，围绕如何判定医务人员之过失，日本法律界经过曲折的探索过程，直至日本学者松仓丰治教授提出"医疗水平论"，实现了医疗过失理论发展史上的一次革命。松仓丰治教授提出的"诊疗当时临床实践的医疗水平之医师的注意义务的内容"，他认为，"诊疗当时的医学知识"包含两方面内容。一是"学术研究的医学水平"，此为研究水平或者学界水准，其核心由学界一致认定而形成；二是"实践中的医疗水平"，它是经验水准或技术水准，是医疗界已经普遍实施的技术。前者是"研究成果已经在权威学会上报告和讨论以及在专业杂志上发表，又经过多次追加实验或者在一般临床医疗界被反复介绍和交换意见"；后者是要以有相关的医疗设备、充实的技术以及人才研修培训作为基础。① 一方面医疗行为的有效性和安全性得到确认，另一方面医疗行为已经成为临床实施的目标。不久，日本司法判例开始对此学说加以运用。1974 年日本岐阜地方裁判所对早产儿视网膜病案判决，即是日本国内对"医疗水平论"的确认。2020 年我国颁布的《民法典》第 1221 条规定，医务人员在诊疗活动中未尽到与当时的医疗水平相应的诊疗义务，造成患者损害的，医疗机构应当承担赔偿责任。判断医务人员注意义务时，应当适当考虑地区、医疗机构资质、医务人员资质等因素。笔者认为这一条文标志着"医疗水平论"在我国正式被接受，对构建适合我国医疗纠纷的解决机制将起到十分积极的作用。

（四）医务人员注意义务之限制

1. 我国现行法律、法规排除注意义务之规定

我国《医疗事故处理条例》第 33 条规定，有下列情形的不属于医疗事故：（1）在紧急情况下为抢救垂危患者生命而采取的紧急医学措施造成不良后果的；（2）在医疗活动中由于患者病情异常或者患者体质特殊而发生医疗意外的；（3）在现有医学科学技术条件下，发生无法预料或者不能防范的不良后果的；（4）无过错输血感染造成不良后果的；（5）因患方原因延误诊疗导致不良后果的；（6）因不可抗力造成不良后果的。《民法典》规定患者有损害，因下列情形之一的，医疗

① 参见谢雄伟、张敏：《医疗水准与医疗事故罪中的注意义务研究——以日本相关判解为例》，载《武汉理工大学学报（社会科学版）》2005 年第 6 期。

机构不承担赔偿责任：（1）患者或者其近亲属不配合医疗机构进行符合诊疗规范的诊疗；（2）医务人员在抢救生命垂危的患者等紧急情况下已经尽到合理诊疗义务；（3）限于当时的医疗水平难以诊疗。《医疗事故处理条例》第33条第1项、第2项之规定因为对“紧急措施”和“医疗意外”缺乏科学的界定，在实践中操作困难。本部分认为决不能因情况紧急而免除医务人员注意义务，医务人员违反注意义务造成就诊人伤害的，同样存在追究其医疗事故罪刑事责任的可能。比较《医疗事故处理条例》和《民法典》，两者之间既有法条竞合，也有差异，《民法典》规定的医疗行为免责的条款，从法条背后的法理看，第1款之规定实际上体现了信赖保护原则，第2款之规定体现了“可容许的危险理论”。笔者认为，后者对医务人员注意义务之排除应当更加科学和合理，《民法典》取代《医疗事故处理条例》也是大势所趋。

2. 信赖原则对本罪过失认定的影响

信赖原则是日德刑法过失犯罪认定中的重要理论，它是指在社会生活的某些场合，应该对他人行为给予信任，相信他人的行为能够对自己的安全和正常活动予以保障。信赖原则是从免责意义上论证过失的，影响注意义务的存在与否。信赖原则免责的理由在于从注意义务阶段切断因果关系而不顾行为人注意能力存在与否。信赖原则的应用有其底线即行为人没有玩忽职守，要求行为人之行为必须是经过充分考虑而做出的。在医疗裁判中引入信赖原则之价值至少包含两个方面。第一，用以判断医方行为有无过失。医疗之效果依赖医患双方的通力合作，医方一般有理由相信患方为了恢复健康、挽救生命而如实陈述病情病史和配合治疗。因此，假如患方对病史、病情作虚假陈述以致医方做出错误诊疗引起病方伤亡，以及患者不遵守医嘱，如术前术后禁食，导致患者伤亡的，医方对伤亡结果不承担过失责任。第二，有助于医务人员的过失责任分担。随着医学科学的发展和医疗技术的进步，医疗分工则越来越细，“集体医疗”的形式被采用得越来越多。在此种情况下，医务人员彼此的密切合作对于达到预期的医疗效果十分重要，这就要求医务人员各司其职，各尽其责。

3. 可容许的危险理论对本罪过失认定的影响

（1）允许的危险理论适用的原因。现代社会生活纷繁复杂，科学技术日新月异，人们探索并发展社会的过程中，危险性行为越来越多，这些行为已经成为社会生活所不可或缺的一部分并且推动着社会的发展。若禁止所有的危险行为，社会发展将停滞。[①] 因此，即使这种行为发生了侵害法益的结果，在一定范围内也应当被允许。“实施这种危险行为的人，如果遵守了其行为所必需的规则，以慎重的态度实施其行为，即使造成了法益侵害结果，也应认为是合法的，这就是被允许的危险的理论。”被允许的危险理论的哲学基础是功利主义的思想。现实的危险是否被允许取决于对行为的危险性和行为的有用性的比较之上。德国“目的行为论”大师刑法学家威尔泽尔认为，被允许的危险理论的核心是，当行为的危险性与行为的有用性相比，后者比前者更为优越时，应当允许该行为。允许的危险理论事实上是一种功利的价值判断结果，如果行为的有用性大于行为的危险性时，这种行为就可能被允许。但该危险行为的实施必须要遵循一定的规则，不能违反注意义务的要求，从而使该行为在服务于社会的同时最大限度地避免危害结果的发生。医疗行为是社会生活中必不可少的行为，其具有公益性和风险性共存的特征。因此，允许的危险理论也可以被应用到医疗活动当中。医疗行为属于一种高风险的行为，如果要求医务人员避免一切可能造成损害的手段是不切实际的，如果要求医务人员在医疗活动中注意力过于集中、精神过于紧张也不利于医疗行为的完成。过于严苛的要求，最终将会损害医疗行业的发展甚至有损人类的生存利益。允许的危险理论正解决了这一尴尬的问题。

（2）允许的危险理论适用的条件。允许的危险理论虽然能推动社会的发展，但该理论的适用必须遵循一定的条件和限制，否则将会成为行为人逃避刑法责任的借口，进而被滥用。通常情况下行为人在进行危险行为作业的过程中，必须严格遵守法律和行业规则、习惯之要求，履行必要的注意义务。因此，医务人员在从事医疗活动时，必须

---

① 参见张明楷：《外国刑法纲要》（第 2 版），清华大学出版社 2007 年版，第 234 页。

遵守医疗法律法规的规定和诊疗护理的常规，以避免危害结果的发生。履行了适当的注意义务时，才能应用允许的危险理论免除刑事责任。医务人员实施具有危险性的医疗行为，由于允许的危险而免责的条件是：第一，该医疗行为必须是在法律允许的范围内进行的。如果行为人实施的是法律禁止的医疗活动，例如，给患者实施安乐死行为，不适用允许的危险理论；如果医务人员在无资质的医疗机构进行医疗活动或者不在授权的范围内进行医疗活动，都不能适用允许的危险理论限制过失责任的承担。第二，该医疗行为必须征得患者或其家属的同意，但紧急情况下的医疗救治行为除外。第三，该医疗行为的实施必须遵守相关的法律规定以及诊疗常规和习惯。

二、医疗事故罪危害结果的司法认定

对于过失犯而言，危害结果对定罪和量刑至关重要，医疗事故罪的争议也集中体现在“危害结果”和“医疗过失”上。从我国医疗事故罪犯罪构成分析，危害结果主要包括“就诊人死亡”和“严重损害就诊人健康”。关于“造成就诊人死亡”，我国目前仍采用传统的“心跳呼吸标准说”，本部分认为，引入“脑死亡”的认定标准是大势所趋。对“严重损害就诊人身体健康”，由于立法的不明确，学者争鸣颇多。本部分认为应该进一步修订完善《医疗事故分级标准》，在此之前，应以现行《医疗事故分级标准》作为判断之法律依据。

（一）关于“造成就诊人死亡”的司法认定

1. 关于死亡定义的发展

呼吸和心跳的停止一直被作为死亡的金标准。中国2000多年前的《黄帝内经》称：脉短、气绝，死。《中国大百科全书》的死亡定义是：自然人生命的终止，人体生理机能逐渐衰减以至完全停止的过程。在西方，1951年世界著名的《布莱克法律词典》对死亡定义为：血液循环完全停止，呼吸、脉搏停止。这一传统的死亡标准由于几千年的延续而天经地义地成为世界各国医学、哲学、宗教、伦理、法律及社会大众一致的认识。但是，自20世纪五六十年代以来，随着医疗科技的进步，医学技术在抢救心跳、呼吸骤停方面有了突飞猛进的发展，在心脏移植技术方面取得了突破性进展，从根本上动摇了心脏死亡标准。脑死亡的标准应运而生。1978年，美国的《脑死亡统一法案》（Uniform Brain Death Act，UBDA）将脑死亡定义为：全脑功能包括脑干功能的不可逆终止。不少国家通过器官移植法将脑死亡定义为"完全和不可逆的脑功能丧失"。目前，世界上许多国家，如英国、德国、美国、瑞士、日本、葡萄牙、荷兰、墨西哥、奥地利、挪威、澳大利亚等40多个国家或地区先后在立法或者学说上采取"脑死亡说"。

2. 关于脑死亡的认定

最早对脑死亡进行定义和认定的是1968年美国哈佛大学医学院死亡审查特别委员会。其提出的对死亡的认定标准，即"不可逆转的昏迷或脑死亡"。其标准包括：（1）对外部刺激和内部需要无接受性和无反应性；（2）无自主肌肉运动或无自主呼吸；（3）诱导反射消失，包括由脑干支配的反射一律丧失；（4）脑电波平坦等。但是有两个例外：（1）体温过低；（2）刚服用过巴比妥类药物等中枢神经系统抑制剂的病例。随着脑死亡标准在国际上普遍被接受，对此，我国台湾地区学者就脑死亡的适用提出如下意见：一是死亡概念系有待医学专业知识加以补充之开放性观念，不宜以法条明定；二是传统之心死概念无立法定义，但适用上仍未出现法律漏洞；三是脑死在国内为新观念，提倡此类文化尚嫌太早；四是脑死的医学范畴，至今众说纷纭，难以提出一致性的见解，以作为立法的依据；五是不设定义，由法官依据专家提供之意见而为判断，较为适当。本部分认为，可以借鉴不同国家或地区的立法经验，结合具体国情确立脑死亡标准和传统死亡标准并存的制度。即当一个人的循环和呼吸功能不可逆停止，或者整个脑，包括脑干一切功能不可逆停止时，都可以宣告死亡。在我国不少学者认为：由于医疗技术的整体水平较低，人们对传统死亡观念的认可，短时期内确定脑死亡标准并不现实，而且司法实践也是以心跳呼吸停止作为死亡的标志，即采取"心死说"，但笔者认为从长远看，接受"脑死亡"标准十分重要。

3. 脑死亡立法意义

确立脑死亡作为死亡标准价值和意义在于：（1）对刑事判决之影响。在涉及刑事判决中，出现的谋杀既遂案件，如造成全脑功能不可逆停止，未采用脑死亡标准，只能按未遂案判决，对受害人及家属极不公正。(2) 减少无谓的医疗卫生资源的浪费。医疗卫生资源在我国是十分有限的。通常抢救脑死亡者所耗费的医疗资源比医治普通患者要多得多。确认脑死亡观念和实施脑死亡标准，可以适时终止无效的医疗救治，减少无谓的卫生资源浪费。(3) 为器官移植提供大量的供体。承认脑死亡，那么用于器官移植的供体来源将十分丰富，器官移植的成功率将大大提高。比如，死者提供眼角膜在内的器官的存活和新鲜状态也将大大改善，从而为器官移植开辟广泛的前景。(4) 减轻了患者家属精神上的痛苦，让患者"死"得有尊严。既然医学能够做到脑死亡的诊断，尽管拯救每一个可挽回的生命是所有医生的共同追求，但生死总是相伴而来，承认和面对死亡，既是对生者的解脱，也是对死者的敬畏。

(二) 关于"严重损害就诊人健康"的司法认定

1997年《刑法》的颁布，严格规定了医疗事故罪的客观方面，为该罪名的司法认定提供了依据。然而，《刑法》第335条关于医疗事故罪的客观要件之一的"严重损害就诊人身体健康"的表述，刑法和《医疗事故处理条例》以及《医疗事故分级标准（试行）》，都没有对其内涵作具体的解释和规定，理论界对此颇有争鸣。认定标准的不统一使司法实践中的一些难点问题涌现，对司法实践的统一性、确定性造成不良影响。目前，学术界对"严重损害就诊人身体健康"的理解，主要有以下几种意见。

1. 刑法重伤标准说

有学者认为，应该采用《人体重伤鉴定标准》（已失效）作为"严重损害就诊人身体健康"的标准。认为"严重损害就诊人身体健康"应理解为刑法中的"重伤"。主要理由是重伤是刑法中的一个传统法律概念，是衡量人体健康受到伤害程度的一种精确定义，很多涉及人身健康受到损害的罪状中都出现过。因此，若在认定医疗事故罪时使用刑法"重伤"作为判断标准，易于与其他条款相一致，保持了刑法的统一性。《人体重伤鉴定标准》（已失效）是"经过多年实践而修订的标准，并且专门有一大批法医技术人员在具体操作中使用，因此运用起来将会得心应手"[1]。与医疗事故罪相比，同样是出于业务过失致人伤害的交通肇事罪、重大责任事故罪等犯罪，也都是以对被害人造成重伤程度作为犯罪成立的要件之一，并未见有什么特殊的人身伤害判断标准。[2]

笔者在资料收集过程中发现不少学者均认为这种观点具有科学性、合理性和正当性。但笔者认为，这种观点恰恰是应该被舍弃的观点。日本名古屋律师会的加藤良夫律师指出：医疗行为具有密室性、专门性、封建性以及侵害性的特征。同样有关学者在选择这种观点时忽视了医疗行为本身所固有的特性——侵害性。《人体重伤鉴定标准》（已失效）第2条规定："重伤"是指使人肢体残废、毁人容貌、丧失听觉、丧失视觉、丧失其他器官功能或者其他对于人身健康有重大伤害的损伤。该标准第9条进一步规定毁人容貌是指毁损他人面容致使容貌显著变形、丑陋或者功能障碍。该标准第10条第1款关于眼部毁损造成重伤具体描述为"一侧眼球缺失或者萎缩"。现实生活中，常有因故意或过失致人重伤，以致"一侧眼球缺失或者萎缩"的案例。同样，在复杂的严重的眼科疾患手术中，也可能因为手术并发症导致同样的后果。笔者以为"两者"社会危害性显然不一样，适用同一标准明显不合适。比如，胸心外科手术，经常要切断患者肋骨，这个行为本身按照《人体重伤鉴定标准》（已失效）也构成重伤。笔者以为，根据《人体重伤鉴定标准》（已失效）认定造成"重伤"的行为，是不被当事人所接受的，患者对造成的危害结果是根本排除的。这与医疗行为本身固有的侵害性，以及患者对医疗行为在"知情同意"的情况下产生的医疗危害后果，在性质上应该是截然不同的。

2. 医学重伤标准说

有学者认为《医疗事故分级标准》是原卫生部为了科学划分医疗事故等级，正确处理医疗事故争议，根据《医疗事故处理条例》制定的标准，是处理医疗事故针对性最强的法规。原卫生部将《医疗事故

---

① 参见臧冬斌：《医疗犯罪比较研究》，中国人民公安大学出版社2005年版，第68页。

② 参见臧冬斌：《医疗事故罪危害结果研究》，载《黄河科技大学学报》2008年第2期。

处理条例》规定的四级医疗事故进一步细化，这种细化分类体现了科学性、条理性、严谨性、公开性和可操作性。“严重损害就诊人身体健康”的情形到底相当于哪几个等级，立法上没有作出明确的规定，实践中给医疗事故罪的准确定罪带来了困难。

有学者认为，“严重损害就诊人身体健康”应当界定为一级乙等、二级甲等及三级甲等医疗事故。① 持这种观点的学者认为，与《人体重伤鉴定标准》（已失效）进行比较，三级甲等医疗事故中存在“器官缺失、大部分缺损、畸形情形，有较重的功能障碍”的情形与《人体重伤鉴定标准》（已失效）重叠。

也有学者认为，应该把将“严重损害就诊人身体健康”限定为一级乙等、二级乙等的范围，否则会扩大打击面，其结果既不利于准确划分一般违法与犯罪的界限，更不利于医学科学和医疗卫生事业的发展，医疗行为本身具有探索性与风险性，尤其是对疑难杂症、危重病人的抢救治疗，其风险性就更大。如果降低医疗事故罪损害后果的起点，追究刑事责任过于严厉，势必会挫伤医务人员的积极性。

3. 严重后果说

有学者根据医疗行为的特点提出了新的判断“严重损害就诊人身体健康”的标准：造成就诊人残废、组织器官严重损伤、丧失劳动能力或者某些病情未被及时发现而导致无法治愈的严重后果。② 笔者认为“就诊人残废、组织器官严重损伤”之规定与《人体重伤鉴定标准》（已失效）和《医疗事故分级标准》多有雷同，而丧失劳动能力和导致无法治愈则是前者之后果的表现形式，且如何证明“无法治愈”也将成为医学界和法律界新的难题，因此严重后果说没有实际价值。

（三）展望与思考

综上，笔者认为引入脑死亡的概念和定义，尽快进行脑死亡立法在我国已经迫在眉睫。同时，现行《人体重伤鉴定标准》（已失效）绝不应该适用在医疗事故罪的认定过程中，而《医疗事故分级标准》在认定“严重损害就诊人身体健康”方面同样理由并不充分。笔者认为，

---

① 孙红卫：《对医疗事故罪中“严重损害就诊人身体健康”的探讨》，载《浙江工商大学学报》2004年第4期。

② 赵秉志：《危害公共卫生罪》，中国人民公安大学出版社2003年版，第20页。

应当由法学专家和医学专家共同修订《医疗损害分级标准》，出台相关司法解释是破解医疗事故罪危害结果认定难题的最佳办法。在新标准出台之前，笔者认同“严重损害就诊人身体健康”应当按照《医疗事故分级标准》严格界定为一级乙等、二级甲等及三级甲等医疗事故。

第二十一章　我国医保欺诈刑事规制现实困境及其治理对策研究

根据保险性质的不同，我国将医疗保险分为社会医疗保险和商业医疗保险。而欧美国家的医疗卫生领域的反欺诈方面并不严格区分公共医疗保险与商业医疗保险，在表述上统称医疗保险欺诈。[①]本部分研究中使用“医保欺诈”这一简称，既代指我国的社会医疗保险诈骗，也对应欧美国家的医疗保险欺诈。《2022年医疗保障事业发展统计快报》显示，2022年全国医保系统共检查定点医药机构76.7万家，处理违法违规机构39.8万家，共追回医保资金188.4亿元，[②]由此可见，我国医保欺诈问题形势较为严峻，医保基金监管的压力持续增加，打击医保欺诈行为，规范刑事规制刻不容缓。习近平总书记多次在相关会议上指出，医保基金是老百姓的“救命钱”和“保命钱”，必须从严监管。2020年7月，国务院办公厅印发《关于推进医疗保障基金监管制度体系改革的指导意见》（以下简称《改革意见》）。《改革意见》强调，到2025年，要基本建成医保基金监管制度体系和执法体系，并在实践中不断发展完善医疗保险法、医疗保障法，强化医保基金监管的法治建设，加强对医保欺诈行为的精准打击力度，规范医保欺诈行为的刑事规制不可缺位。有效打击欺诈骗保行为，需要建立长效的基金监管机制，从源头解决问题，其中最为根本的是推进医保基金监管法治化路径。实践中，医疗欺诈骗保行为刑事规制困境重重：一方面，现行立法对社会保险的刑事规制缺少明确的条款，定罪处罚的依据不足；另一方面，由于医疗行为本身的专业性、复杂性的特点，欺诈骗保行为在刑事司法认定方面比较困难。此外，我国医保欺诈行刑衔接的程序和机制不畅，大部分应当进行刑事规制的案件，被行政处罚或者罚款所代替。本部分从实证角度出发，以中国裁判文书网公布的裁判文书为研究样本，分析医保欺诈监管现状、刑事规制的困境与成因，为优化刑事规制路径提供建议。

一、我国医保欺诈行为刑事判决结果的现状分析

本部分研究以中国裁判文书网为检索平台，以“医疗保险”为关键词，以“骗取”为全文检索词检索刑事案由，截至 2022 年 10 月 17 日，获取终审判决文书 363 篇。去除重复和乱码后，最终获得 2013—2021 年有效判决 263 篇。从微观层面，提取案件事实和裁判结果并运用 spss26.0 软件进一步分析其刑事处罚现状。

（一）犯罪主体的基本状况

263 份裁判文书中共涉及 560 个犯罪主体，单位主体犯罪 15 个，占总数的 2.68%；自然人犯罪 545 个，占总数的 97.32%。显然，我国对医保欺诈犯罪移送刑事处罚案件中涉自然人主体占绝大多数。单位犯罪中医疗机构作为主体的犯罪案件为 11 件。其中，民营医疗机构占医疗机构为 10 件，占比 90.91%；公立医疗机构为 1 件，占比为 9.09%。由此可见，民营医疗机构是刑事规制的重点对象。个人单独犯罪案件为 167 件，占案件总数的 63.50%；共同犯罪案件为 96 件，占案件总数的 36.50%，可见，现阶段我国对欺诈骗保行为的打击对象以个人骗取医保基金行为为主。

（二）医保欺诈犯罪涉案金额分析

263 份裁判文书中，共统计我国 28 个省份的欺诈骗保犯罪情况，损失医保基金总平均值为 1,680,111 元；其中（2017）云 2601 刑初 23 裁判文书涉及的骗保入刑金额最低，为 1728 元；（2020）粤刑终 257 号裁判文书中广州友好医院法人代表和科室主任共同骗取社会医疗保险统筹基金 1.3 亿元，数额最高。2013 年至 2022 年，移交司法查处欺诈骗保犯罪涉案金额总体上呈增长趋势，一方面体现国家查处力度的加大，另一方面说明仍有许多不法分子在不断地侵害医保基金安全。2020 年查处金额急剧上升，其中涉案金额排名前三的省份分别为广东省（130,014,610 元）、河南省（21,809,690 元）和重庆市（14,293,669

元)。根据第七次全国人口普查结果：截至2020年11月1日，广东省占全国人口比重为8.39%，排名第一。河南省占比为7.03%，排名第三。重庆市占比为2.27%，排名第十九。① 中国新闻网调查数据显示：2020年，广东省GDP超过11万亿元，排名第一。河南省、重庆市GDP排名为第五名和第十七名。由此可见，经济发达、人口数量大的省份更易面临骗保风险且更易出现巨额欺诈骗保案。②

（三）医保欺诈犯罪罪名适用情况

司法机关根据犯罪主体行为的性质，560名犯罪主体中有412人构成诈骗罪、63人构成贪污罪、36人构成合同诈骗罪、20人构成玩忽职守罪、13人构成介绍贿赂罪、9人构成滥用职权罪、7人构成保险诈骗罪。

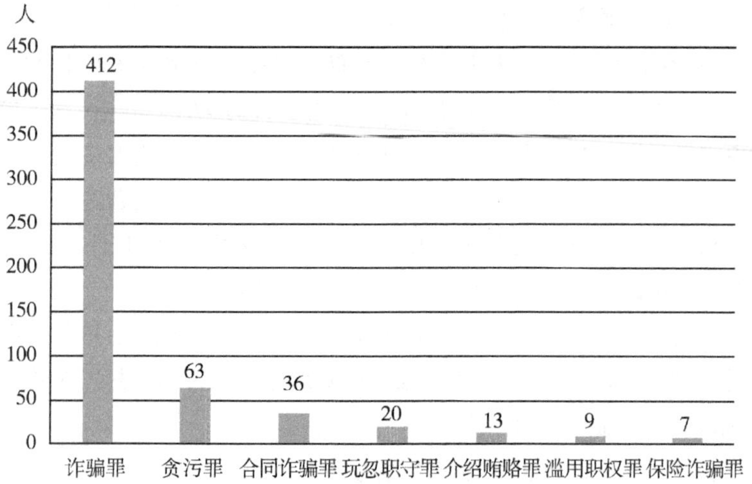

图21－1　医保欺诈犯罪定罪情况

我国规制医保欺诈犯罪的相关刑法规定主要体现在《刑法》《社会保险法》以及相关司法解释中。《刑法》中没有单独具体的社会医疗保险欺诈罪罪名与罪状，从判决书的情况看，我国对医疗保险欺诈行为

---

① 《第七次全国人口普查公报》，载中央人民政府网，http：//www. gov. cn/guoqing/2021－05/13/content_ 5606149. htm。

② 《31省份2020年GDP出炉　20省份GDP增速跑赢全国》，载中国新闻网，https：//www. chinanews. com. cn/cj/2021/01－30/9400173. shtml。

规制一般根据行为样态、具体情节适用诈骗罪、贪污罪、合同诈骗罪等相关罪名。实际上，我国对欺诈骗保行为的定罪量刑主要依据《刑法》第266条和最高人民法院、最高人民检察院《关于办理诈骗刑事案件具体应用法律若干问题的解释》第2条，规定诈骗公私财物中具有诈骗医疗款物的，可以依照《刑法》第266条的规定酌情从严惩处。从司法判例看，我国医保欺诈涉及的主体较多，具体行为的方式各不相同，司法机关在适用罪名的选择上不尽一致。

（四）医保欺诈犯罪量刑情况

在刑种适用方面，560名犯罪主体中，被判免予刑事处罚的为41人，占比7.32%；被判处拘役刑的为39人，占比6.96%；被判处有期徒刑的为478人，占比85.36%；被判处无期徒刑的为2人，占比0.36%。

在263份裁判文书涉及的519名被判刑人中，出现最多的量刑选择为12个月、24个月、36个月。其中被判处3年（36个月）有期徒刑的人数最多，为78人，如图21－2所示。被判3年以下有期徒刑或拘役的为300人，占比约58%；被判处3年以上10年以下有期徒刑的为171人，占比33.08%；被判处10年以上有期徒刑的为46人，占比8.90%。可见，医保欺诈犯罪量刑总体偏轻。

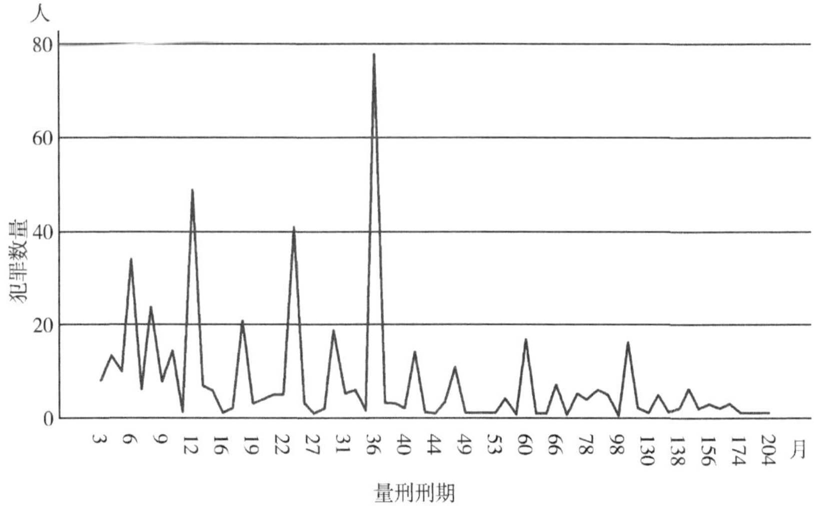

图21－2　医保欺诈犯罪刑期适用分布情况

二、医保欺诈刑事规制困境及其成因分析

（一）案件办理行刑衔接机制不畅

欺诈骗保案件行刑衔接，主要指骗取医保基金案件中追究行政责任与追究刑事责任的衔接，涉及行政查收、案件移送和责任竞合问题。一般而言，我国涉及欺诈骗保案件查处的现行流程，如图 21 – 3 所示：医保行政管理部门依据相关法律和文件，对举报或检查获取的违法行为线索立案，对调查期间不同的行为分类处理，调查终结先行处理一般违法行为、医疗机构执业资格和违反协议的行为，按照程序规定应当将可能涉违反刑法的案件移送公安机关侦查，向纪检监察机关移送涉嫌职务违法行为的案件。然而，案件调查终结后的移送即行刑衔接途径仍存在重复处罚、移送不畅的现象。①

2021 年 12 月 8 日，为加大对欺诈骗保行为的打击力度，国家医保局、公安部联合印发了《关于加强查处骗取医保基金案件行刑衔接工作的通知》（以下简称《行刑衔接通知》），各地医保局按照“附件 1”《骗取医保基金案件移送情形》，将符合“附件 1”列举的违规行为移送公安局。在行政查处方面，“附件 1”囊括了医保经办机构、定点医药机构和参保人三种犯罪主体的若干种犯罪行为，试图做到“应收尽收”，但存在打击面过宽、针对性不强的问题。另外，医保欺诈犯罪行为的样态种类繁多，司法认定困难，“附件 1”难以作出及时调整。在案件移送方面，行政机关无法明确移送司法处罚的证据材料需要达到什么程度，导致后续案件的定罪量刑困难。在责任竞合方面，对定点医药机构以行政处罚代替刑事处罚现象十分普遍。如图 21 – 3 医保局公布的统计数据显示，2018—2021 年，医保局对定点医药机构的处罚以行政处罚为主，分别为 1618 家、6638 家、5457 家、7088 家；移送刑事处罚数量极低，分别为 127 家、357 家、286 家、404 家。由于刑法评价机制尚未完全建立，《行刑衔接通知》虽提到不得以行政处罚代替刑事处罚，但并未明确不移送的法律后果，涉及公立医疗机构较多且医

① 王二锋：《医保行政处罚和移送衔接应当遵循哪些程序指引?》，载微信公众号“中国医疗保险”2023 年 2 月 28 日。

保局查处期间就已经结案。①

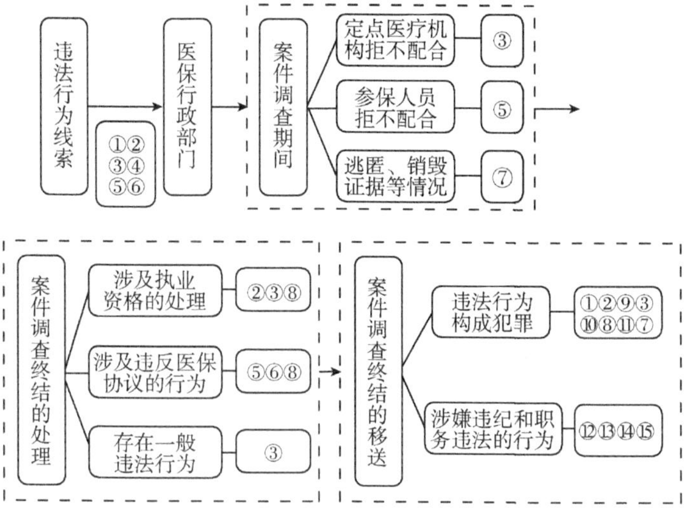

法律和文件依据
①《行政处罚法》
②《社会保险法》
③《医疗保障基金使用监督管理条例》
④《医疗保障基金使用监督管理举报处理暂行办法》
⑤《医疗机构医疗保障定点管理暂行办法》
⑥《零售药店医疗保障定点管理暂行办法》
⑦《国家医保局公安部关于加强查处骗取医保基金案件行刑衔接工作的通知》
⑧《医疗保障行政处罚程序暂行规定》
⑨《全国人民代表大会常务委员会关于〈中华人民共和国刑法〉第二百六十六条的解释》
⑩《行政执法机关移送涉嫌犯罪案件的规定》
⑪《最高人民法院、最高人民检察院关于办理诈骗刑事案件具体应用法律若干问题的解释》
⑫《中国共产党纪律处分条例》
⑬《中华人民共和国监察法》
⑭《中共中央办公厅关于印发〈执法机关和司法机关向纪检监察机关移送问题线索工作办法〉的通知》
⑮《国家医疗保障局关于医疗保障部门向纪检监察机关移送医疗保障基金监管中发现问题线索的通知》

图 21－3　欺诈骗保案件查处的现行流程

（二）医保欺诈刑事立案的起刑点过低

起刑点即将行为人某种行为认定为犯罪，并处以刑事处罚的最低量刑限度。② 如表 21－1 所示，医保欺诈犯罪金额数目高、跨度大，低至 1000 元，高达数亿元，目前，各地医保局移送刑事处罚的最低犯罪金额不统一。11 例医疗机构欺诈骗保案件中，6 例以诈骗罪直接追究其

① 参见秦浩、金星：《落实骗取医保基金案件行刑衔接文件应注意的几个问题》，载《法制博览》2022 年第 5 期。

② 参见韩劲松：《论起刑点》，载《学术交流》2012 年第 8 期。

直接负责的主管人员和其他直接责任人员的刑事责任，考虑到各被告人以单位名义实施诈骗犯罪，犯罪所得直接归单位所有的情节，对各被告人酌情从轻处罚；5 例构成医疗机构为合同诈骗罪并以该罪追究其直接负责的主管人员和其他直接责任人员刑事责任。其中诈骗罪的起刑点为5000 元，合同诈骗罪的起刑点为20，000 元。裁判文书网显示，查处金额最小值为97，207.70 元，平均值为3，053，783.18 元，最大值为14，293，669.40 元，与现有罪名起刑点相较差之甚远。医疗机构欺诈骗保具有手段多样、涉案金额大的特点，且形成的原因错综复杂，如公立医疗机构的医务人员违规使用医保基金，其欺诈骗保的行为，行为人一般不直接获益，多为医院或者科室获益，行为人可能间接获益，甚至在医保支付制度改革过程中，因为对政策的理解与执行的偏差，也可能造成欺诈骗保，这显然与一般诈骗行为造成的法益侵害的结果存在明显的差异，其社会危害程度也会相对比较低，故现有的起刑点不符合医疗行业欺诈骗保本身的实际状况，按照诈骗罪定罪处罚，显然使打击面过宽而精确度不足。

(三) 刑事立案入罪标准尚不明确

在自然人和单位犯罪入刑方面。同一犯罪，单位犯罪的追诉标准明显要高于自然人犯罪，对单位中主管人员和直接责任人的处罚比自然人犯罪也要轻，若在定点医疗机构等单位实施纯正自然人犯罪行为的情形下以诈骗罪追究单位中自然人的刑事责任对当事人显失公平。且单位或者法人这类主体一般不能作为诈骗罪的犯罪主体，也就是说，即使单位或者法人是骗取医保基金的行为主体，也没法使该主体按照诈骗罪进行定罪处罚，最多只能让其承担民事责任或是行政责任，取而代之只能追究该单位或法人直接负责人员的刑事责任。若以诈骗罪定罪，在主观方面行为人需具备非法取得公私财物所有权的犯罪故意。然而，医疗机构欺诈骗保行为属于单位犯罪，即为本单位谋取利益而故意实施的，或不履行单位法律义务、过失实施的危害行为，即少数的过失犯罪也应负刑事责任。诈骗罪的客体是公私财物所有权，而欺诈骗保行为侵害的主要是医疗保险制度的运行秩序，其次是医保基金的所有权。因此，诈骗罪并不能涵盖以单位为主体的如医疗机构或缴费单位实施的医保基金诈骗行为。

在犯罪主体上，合同诈骗罪的犯罪主体包括单位，有助于惩戒医疗机构犯罪。然而，从本质上看，合同诈骗罪属于诈骗罪的具体情形，是一般罪名和特殊罪名的关系，属于法条竞合，应优先适用合同诈骗罪。社会医疗保险与商业保险尽管均属于保险性质，《刑法》第198条从罗列的具体犯罪行为考量，显然其专指商业保险，而非社会保险，二者在侵害的法益、行为对象和侵害结果等方面均不相同。因此，将社会保险欺诈骗保行为认定为保险诈骗罪，显然不合理且于法无据。

综上，从我国目前的刑事法律制度规范来看，现行的法律规定对医保欺诈的刑事治理存在不系统、不明确、不公平等问题，无法实现内在的统一。医保反欺诈等社会保险诈骗犯罪行为的规制存在立法上的缺陷，无法从根本上促进社会保险反欺诈刑事治理体系的形成。

（四）对医疗机构刑事处罚罪刑不均衡

从判例中可见，存在对医疗机构和行为人定罪处罚畸轻畸重，造成罪刑不均衡的问题。首先，民营医疗机构刑事处罚罪名不统一。263份裁判文书中，有10例民营医疗机构欺诈骗保案件，其中5例定合同诈骗罪，另外5例以诈骗罪定罪量刑。诈骗罪属于一般罪名而合同诈骗罪属于特殊罪名，合同诈骗罪入罪数额标准高于诈骗罪。

其次，对民营医疗机构处罚整体偏重。我国诈骗罪处罚较重，犯罪金额达到50万元将被判处10年以上有期徒刑，适用医保欺诈，实践中造成打击面过于宽泛，实际执行中也存在重大偏差。此外，未考虑骗取医疗保险基金的行为以诈骗罪论处是否符合刑法分则对犯罪的分类标准，在单位无法构成诈骗罪的前提下，当其实施欺诈骗保行为时，对组织、策划、实施该危害社会行为的人判定为诈骗罪是否合理。如何在单位犯罪和自然人犯罪入刑数额不一致的情况下实现公平。这与刑法的谦抑性原则大相径庭，既不利于医疗秩序的稳定，更阻碍了经济的恢复和发展。① 然而，对公立医疗机构处罚偏轻。医疗机构作为欺诈骗保的主体，多为法人犯罪，一旦涉及刑事处理影响重大、涉案人员众多，有可能会直接影响当地患者的看病就医。目前刑事打击的主

① 参见张雪：《民营医疗机构欺诈骗保案件定性分析》，载《法制博览》2022年第5期。

体基本上是参保人以及民营机构工作人员，公立医疗机构移送刑事处罚仅为1例。公立医疗机构主观恶意程度轻于民营医疗机构，但在考核中常将医疗人员收入同诊疗服务挂钩、部分地区医保给付率低且医保部门和公立医疗机构之间存在千丝万缕的联系。所以，公立医疗机构在医保欺诈的处理过程中受到厚待的情况比较普遍。对公立医疗机构的处理大多以批评教育、罚款等行政处理为主，鲜有移送刑事处罚的做法，不仅有失公平，还为刑事规制带来诸多的困难。

最后，此地彼地同行为不同罪不同罚现象，欺诈骗保现象在全国各地高发，损害基金高达1.3亿元。由于缺乏医保欺诈行为的统一立法，各地对该行为的法律适用各不相同，涉及的罪名也不尽一致，不符合公平正义和罪责刑相适应原则。①

三、域外医保欺诈刑事规制的镜鉴及启示

（一）美国医保反欺诈刑事立法

美国禁止个人或企业向政府提交错误的或者具有欺诈性质的账单，特别是在医疗保健领域。② 着重通过立法解决医疗保健欺诈和滥用问题，针对医疗保健欺诈和滥用的刑事立法主要包括《可负担的保健法》和《反回扣法》。《可负担的保健法》由时任总统奥巴马于2010年5月14日签署，该法强调预防医疗保险反欺诈的重要性，试图改变“支付与追缴”的反欺诈模式。其反诈条款主要有：（1）严厉的刑事量刑条款。对损失超过100万美元的医疗保险欺诈犯罪，量刑将提高20%—50%，并将阻碍调查、审计的行为视为犯罪。（2）加强对医疗机构注册资质的审查。着重考察医疗机构的信用记录和欺诈风险等级，必要时禁止医疗机构加入医疗保险计划，暂停对涉嫌欺诈的医疗服务提供方或供应商付款。（3）数据共享。要求医疗保险服务中心、司法部、州和其他联邦医疗保险计划信息共享，为反欺诈提供便利。③

① 参见陈清华、刘青、吴海波：《基于程序化扎根理论的欺诈骗保归因路径分析》，载《卫生经济研究》2023年第4期。

② Shachar Carmel & Curfman Gregory, *Reconsidering Health Care Fraud and Abuse Laws*, JAMA, 2020, p. 2.

③ Cohen A, *Medicare Fraud: A Historic Takedown*, Criminal Litigation, 2016, p. 10 – 11.

《反回扣法》是适用范围非常广泛的反欺诈和滥用法律。该法在适用主体方面采用开放式规定，可以是医生、医院、患者、医疗产品供应商等个人或单位。该法保护的客体是公共医疗保障制度和公平的市场竞争秩序。主观方面要求被告“明知故意”。客观方面，行为人接受回扣并作为回报而购买或推荐个人或机构购买由联邦医疗保险计划支付的商品、设施、服务或项目，损害医疗保险秩序。①

美国欺诈骗保案件审判率高，但实证证明，罪犯大多是医疗专业人员，如果被定罪，可能面临失去医疗执照或被排除在联邦医疗保健项目之外。这两种附带后果都可能对卫生专业人员的职业生涯“判处死刑”。所以，医保欺诈罪犯得到的准则范围的刑期更少，低于准则范围的刑期更多。②

（二）英国医保反欺诈刑事立法

英国《社会保障管理欺诈法案》增设了“虚假陈述罪”，当参保人因陈述不实内容而享受了不该享受的医保待遇或是享受了额外的医保待遇，情节严重时构成虚假陈述罪。认定有虚假陈述行为的违法者，遵循简易程序定罪的，被判处6个月以下监禁并可同时处以罚金；遵循一般公诉程序定罪的，可判处7年以下监禁并同时处以罚金。罚金的比例通常为违法犯罪行为涉及金额的30%。2001年《社会保险反欺诈法案》规定了关于欺诈定罪的一个细节，假如存在被保险人的资格发生变化的情况，无论是被保险人还是相关利益人必须及时把该情况通报给保险基金发放机构，否则就构成欺诈罪。2012年《福利改革法案》规定，行为人在请求给予社会保障金时，由于主观过失而为的失实的陈述或不实的信息，有权机关将对其实施处罚。③

（三）德国医保反欺诈刑事立法

大陆法系中，德国1883年出台《医疗保险法》。历经百余年的发展，德国的民众都能得到平等的治疗，实现了医保的全覆盖。针对医

---

① Buck Isaac D.，*A Farewell to Falsity：Shifting Standards in Medicare Fraud Enforcement*，Seton Hall Law Review，p. 51（2019）.

② 参见胡继晔、魏玮、龚海鑫：《英国社会保障反欺诈立法要义》，载《中国社会保障》2011年第3期。

③ 参见胡继晔、魏玮、龚海鑫：《英国社会保障反欺诈立法要义》，载《中国社会保障》2011年第3期。

保欺诈行为，德国为了提高打击力度，在《刑法典》中规定了专门的社会保险欺诈犯罪，即在津贴救济发放过程中，津贴申领人或参与发放津贴的相关机构，以非法获取津贴为目的，采用虚假陈述等欺诈手段，骗领津贴待遇的，构成津贴欺诈罪。① 瑞典也为了规制医疗保险欺诈行为，在法案中专门设立了福利基金诈骗罪。另外增设了一个机构专门负责调查不当使用社会保险基金的情况，并且对社保欺诈行为人的起诉条件及程序进行了简化。②

（四）法国医保反欺诈刑事立法

法国是欧洲典型的福利国家，针对日益严重的医保诈骗行为，在法国《刑法典》中将其纳入诈骗罪。根据不同的欺诈骗保行为主体，规定了不同的惩罚力度。对于不具有特殊身份的自然人实施的医保诈骗行为，《刑法典》第 313 - 1 条规定构成诈骗罪。对于公职人员实施的医保诈骗行为，根据其身份的特殊性，在认定诈骗罪的基础上，加重了对具有身份的公职人员的处罚。法国医保支付机关对医保资金的审查，在医保诈骗活动中占据关键地位。因此，法国注重提高行政机关在医保基金审查中的重要性，在立法中赋予了行政机关更多的执法权。针对行政机关不作为或者消极作为的情况，即行政机关未能履行职责保护医保基金安全的情况下，刑法中规定可以以渎职罪提起诉讼。③

四、医保欺诈刑事规制路径及其优化建议

（一）设立社会保险诈骗罪罪名并规范量刑标准

社会保障制度起步较早的国家如美国、德国等都在各自的法律体系中明确规定了医保欺诈罪名和量刑标准。各国都期望通过严厉的、规范的刑事责任来惩罚并预防医疗保险欺诈行为。我国的反欺诈立法的现行规定不符合罪刑法定与罪刑均衡的基本原则，立法上的缺陷导

① 参见张洪宇等：《英、德两国医疗保险立法体系及其对我国的启示》，载《医学与社会》2023 年第 2 期。

② 参见贺红强：《瑞典医疗保障制度对我国的启示和借鉴》，载《中国卫生法制》2013 年第 1 期。

③ 参见刘远、于改之：《金融诈骗罪立法评说——从欺诈犯罪说起》，载《法学》2001 年第 3 期。

致在医疗欺诈骗保领域无法实现刑法规制的内在统一，亟待通过完善立法加以规范。因此，建议应尽快出台刑法相关修正案，在《刑法》第198条保险诈骗罪之后，增设社会保险诈骗罪进行单独立法或者调整刑法第198条罪状表述，将社会保险诈骗行为纳入其中，以规制社会保险欺诈行为人的不法行为。① 欺诈骗保犯罪和受贿罪在犯罪客体上均侵害复杂客体，都影响了相应的正常管理活动且两罪的犯罪对象均为财务，主观方面均为故意犯罪，故可参考受贿罪的"二元定罪量刑标准"即结合犯罪数额和犯罪情节严重程度，并参考保险诈骗罪的刑罚区间进行定罪量刑。社会保险诈骗罪的具体罪状可以参考《刑法》分则中金融诈骗罪相关罪名进行立法。

同时，应厘清医疗领域社会保险诈骗犯罪中不同行为主体犯罪行为的性质，并予以定罪量刑。从参与的主体看，一般会有自然人、国家工作人员和单位三类，包括参保患者和社会人员、医保机构经办人员、定点医疗机构及其从业人员和定点药店等不同主体。其中，国家工作人员除可能构成社会保险诈骗罪的共犯外，利用职务上的便利实施犯罪一般也会涉及贪污贿赂犯罪及渎职罪相关条款。单位犯罪应当实施双罚制，除对单位判处罚金外，同时应对直接负责人的主管人员和其他直接责任人员定罪量刑。实践中可借鉴法国《刑法典》加重公职人员欺诈骗保或监管不力的刑事责任，有助于涉医保管理部门依法执政、严格执法。

（二）进一步规范单位欺诈骗保犯罪刑事立案标准

法律的生命在于应用。现行医疗领域欺诈骗保行为的刑事规制显然无法适应司法实践的需要，也必将导致刑事治理规制的震慑无法形成，且罪刑不均衡，罪刑法定原则也无法得到落实。医保局数据显示，医疗机构欺诈骗保现象多发、金额巨大且牵扯甚广，行政移送刑事处罚不畅，规范刑事立案追诉标准势在必行。若实施欺诈所需要的成本低于其所获得的收益时，欺诈方自然不会因要付出相应成本而终止欺诈行为。如打击面过于宽泛，必然会影响医疗行业稳定与发展。考虑

---

① 参见张新民：《社会保险反欺诈综合法律对策研究》，载《现代法学》2015年第1期。

到医疗欺诈骗保的特殊性，特别是对于医疗机构等单位欺诈骗保行为，应结合主观恶性程度和法益侵害程度，科学设定欺诈骗保行为的起刑点。

笔者认为，可参考保险诈骗罪罪状规定：进行社会保险诈骗活动的，数额较大的，处5年以下有期徒刑或者拘役，并处1万元以上10万元以下罚金；数额巨大或者有其他严重情节的，处5年以上10年以下有期徒刑，并处违法金额2倍以上5倍以下罚金，数额特别巨大或者有其他特别严重情节，处10年以上有期徒刑，并处2倍以上5倍以下罚金或者没收财产。① 一般社会保险诈骗罪自然人犯罪刑事立案标准应参考《刑法》第198条保险诈骗罪的相关规定，以保持刑法类型行为刑度的内在统一性，在涉及个人（包括患者）欺诈骗保，骗取医保、社保基金的，其法定刑可以与《刑法》第198条规定的刑度保持一致，刑事追诉标准可以按照数额1万元认定为“数额较大”，以此作为起刑点。个人进行社会保险诈骗罪数额5万元以上，属于“数额巨大”，数额在20万以上，属于“数额特别巨大”。笔者认为，单位进行社会保险诈骗应当将起刑点定位为50万元，数额50万元以上的，属于“数额较大”；单位进行社会保险诈骗罪数额在300万元以上的，属于“数额巨大”；单位进行社会保险诈骗罪数额在1000万元以上的，属于“数额特别巨大”。

（三）完善社会保险反欺诈行刑协调机制

2010年，美国健康保险反欺诈协会出台的白皮书提出反欺诈的首要原则是要形成健全的监督协调机制，这种协调机制不但涉及社会保险有关主体内部的监督配合，也要涉及政府执法机关与公安、司法监督配合体系，其关键是数据的平台与激励机制的建设。② 在行刑衔接时，主要应贯彻“一事不再罚”原理和刑事程序优先原则。《行政处罚法》第29条规定：“对当事人的同一个违法行为，不得给予两次以上罚款的行政处罚。”据此，一般认为，我国在行政处罚和行刑衔接中，

① 参见陈磊：《贪污受贿犯罪量刑均衡问题实证研究》，载《政法论坛》2020年第1期。

② Vian Taryn, *Anti - Corruption, Transparency and Accountability in Health: Concepts, Frameworks, and Approaches*, Global Health Action, 2020, p. 25.

应采用有限的“一事不再罚”原理，即同种类处罚，特别是财产罚不应同时实施；非同种类处罚，主要是资格罚（情节严重的医务人员暂停或者吊销执业资格；医疗机构暂停或者取消医保基金使用资格）和惩戒罚可以同时实施。“一事不再罚”是实现现代民主、法治国家的必然要求，未来需要进一步对此进行规范。但是刑事规制中仍然应该基于刑事程序优先原则，需要进行刑法规制的欺诈骗保行为，医保行政管理部门对于拟移送案件，可以不先行处置，应当首先进入刑事司法程序。

在实体衔接层面，一方面，应确定行政犯罪构成要件并基于“行为、金额”建构行刑衔接清单管理制度；另一方面，应出台相关司法解释，规定重大、恶劣案件刑事可先行介入，以及确定必须及时移送司法机关的案件，如假病人、假病情和金额巨大等情形。应从司法层面规定，涉案金额个人达到1万元、单位达到50万元的案件，医保行政部门必须向公安局移送相关材料，并规定不报或漏报的法律责任。这样规定有助于填补医疗机构与医保行政部门联合“钻空子”“压案子”的现状，也可以促进行政部门进一步落实《行刑衔接通知》。[①] 在程序衔接层面，重点在于完善证据移送机制，将行刑证据移送范围做到双向统一；关键在于确定案件移送标准，需在现有文件上确定必须移送的重点查处犯罪行为并将涉案金额纳入考量；应明确反向移送机制，建立不予刑事处罚的案件返回行政处罚的路径。[②]

（四）建立多方协同监管机制

德国著名刑法学家李斯特说过：“最好的社会政策即最好的刑事政策。”加强执法有助于减少医保基金欺诈和滥用的趋势。刑事指控对遏制犯罪没有直接影响，只影响了感知到的威慑或对惩罚的恐惧，而这反过来又影响了犯罪行为。[③]

---

① 参见李煜兴：《行刑衔接的规范阐释及其机制展开——以新〈行政处罚法〉行刑衔接条款为中心》，载《中国刑事法杂志》2022年第4期。

② 参见周佑勇：《行政执法与刑事司法的双向衔接研究——以食品安全案件移送为视角》，载《中国刑事法杂志》2022年第4期。

③ Hee Chung Kang, Jae Seok Hong & Kwang Soo Lee, *The Effects of the Fraud and Abuse Enforcement Program under the National Health Insurance Program in Korea*, Health Policy, 2009, p. 9.

目前，对欺诈骗保的监管主要依靠大数据、医保局飞行检查和民众举报等，然而，医疗本身具有专业性与复杂性，导致仅仅依靠医保局解决问题比较困难，尚未形成严密的监管体系。应建立多方协同的监管结构，注重外部监管与内部监管的协同作用。外部监管层面可借鉴瑞典，建立独立于医保局的专门机构，内部监管层面应建立健全内部考核体系。与此同时，要加强事前、事中和事后的监管。事前监管应着力于合同和基本规章制度的完善，事中监管应借助互联网信息监管平台，大数据监管的动态检测，及时发现，防患于未然，可建立医保账户人脸识别系统，事后监管需要合理、有度的惩戒系统。① 在推进医保基金管控法治化进程中，应建立医疗机构信用体系，健全医疗机构部门考核制度并加强合作单位的审查。欺诈骗保行为的刑法规制应更加严谨、规范和客观，充分保障科学立法、实事求是、精准有力。在体现谦抑原则的同时，也有助于形成有效震慑，精准打击欺诈骗保行为，有助于维护医保基金的安全运行，守护好人民群众的治病钱、救命钱。②

① 参见李嘉程等：《我国医保基金骗保行为治理趋势演变与优化策略研究》，载《中国医院管理》2021 年第 11 期。

② 参见詹长春、黄晶晶：《协同治理视角下医保欺诈行为监管体系优化研究》，载《中国卫生事业管理》2021 年第 9 期。

第二十二章　组织他人买卖人体器官罪

一、刑法确立组织他人买卖人体器官罪的必要性

纵观人类历史，人体器官移植一直是让人十分激动和充满幻想的话题。从《圣经》中上帝用亚当的肋骨造就了夏娃，到荷马在《伊利亚特》中描绘的叫作凯米拉的长着不同动物器官的吐火女怪，人类对器官移植的想象一直就没有停止过，"凯米拉"一词也成为现代移植学的医学术语，即嵌合体（chimera）[①]。在我国也有神医扁鹊为两名男子互换内脏治病等诸多传说。目前公认的现代医学的器官移植术是从1936年一位苏联医生沃罗诺夫将一个尸体的肾脏移植开始的，此后，随着现代生命科学的发展，特别是免疫技术的不断成熟，现代人体器官移植术进入了迅猛发展的时代，人类对同类的器官渴求也达到空前的阶段。由于可供移植的人体器官的稀缺性，造成了市场严重的供求失衡，带来了买卖的猖獗，催生了国内外人体器官买卖的黑市。资料表明，国内外人体器官买卖已经形成庞大的利益链条，组织隐蔽且十分严密，从供体的来源、配型、摘取、移植手术等各个环节，已经形成了一体化服务。根据世界卫生组织的报告，每年大约有1/5的受移植器官来自跨国交易。

1989年第四届卫生大会通过了WHA42.5号决议，防止购买和销售人体器官。[②] 世界上一些国家相继出台法律，严禁人体器官买卖行为。采取非法手段获取人体器官行为的危害性要远大于人体器官买卖行为。

---

① ［美］许尔文·努兰：《生命的脸》，林文斌、廖月娟译，海南出版社2002年版，第81页。

② 李春秋：《当代生命科技的伦理审视》，江苏人民出版社2002年版，第161页。

因此，一些国家的立法更倾向于打击非法获取人体器官的行为。如1997年生效的俄罗斯《联邦刑法典》、现行西班牙《刑法典》均有专门规定；还有一些国家对此并没有在刑法典中专门立法，只是将其包含在伤害罪和杀人罪中进行定罪量刑。如德国《刑法典》、瑞士《联邦刑法典》。

因此，在当前非法组织买卖、摘取人体器官日益猖獗的情况下，及时将买卖人体器官行为纳入刑法规制是完全必要的。摘取人体器官的行为本身违反了医疗伦理的基本原则，破坏了社会的公序良俗，侵害了人的生命健康和国家对器官移植管理秩序。

二、组织他人买卖人体器官罪的构成特征

可以从以下三方面理解《刑法修正案（八）》第37条之规定。

1. 对于组织出卖他人人体器官的行为专设罪名予以处罚，并规定了相应的法定刑。本罪为行为犯，不以危害结果的发生为既遂标准。本罪的客观方面表现为组织他人出卖人体器官的行为，组织是指以招募、引诱、欺骗、强迫等手段，达到控制他人出卖人体器官的行为。一般表现为以下三种情况：一是“中介型”。即通过发布非法信息，联系买卖双方，为受供双方提供中介服务，组织者从中攫取利益的行为。二是“控制型”。即通过引诱、供养、欺骗、暴力、威胁等手段，达到控制受害人的目的，继而使供体出卖自己器官的行为。三是“收购型”。即行为人以收购人体器官为主要活动，并意图从事出卖活动的行为。① 值得注意的是，组织行为可能包含多个交易环节。“出卖人体器官”是指有偿转让人体器官或者以贩卖为目的而非法收购人体器官。对于“人体器官”的理解，2007年国务院颁布的《人体器官移植条例》（以下简称《器官条例》）对人体器官的定义如下：具有特定功能的心脏、肺脏、肝脏、肾脏或者胰腺等器官的全部或者部分，而将人体细胞、角膜、骨髓等人体组织排除在外。② 立法者的意图应该是通过刑法规制组织买卖人体器官的行为。因此，《器官条例》作为“前置法”，刑法与《器官条例》所指的“人体器官”的内涵应该一致。《器

① 莫洪宪、杨文博：《关于刑法修正案（八）组织贩卖人体器官罪的解读》，载《法制日报》2011年3月22日。

② 《人体器官移植条例》第2条。

官条例》关于“人体器官”的规定过于狭窄，应该作广义的理解，器官移植先驱卡雷尔发展了血管缝合技术和组织培养技术，他宣称人体所有器官均可以被移植。[①]《辞海》对于器官的解释如下：多细胞生物体内由多种不同的组织构成的结构单位，具有一定的形态特征，能行使一定的生理功能。[②] 广义的人体器官是指一群由特定的细胞和组织构成，有机地结合在一起完成某些特定功能的结构单位。医疗实践中，角膜、心脏、肾脏、肝脏、肺脏、骨髓、眼球、头颅、子宫、卵巢、睾丸、肢体移植均得到临床实践，一些技术已经十分成熟。《器官条例》参照《日本器官移植法》将角膜、骨髓排除在外是缺乏理论和实践依据的。

2. 以故意伤害罪或故意杀人罪论的情形。《刑法》第234条之一规定，未经本人同意摘取其器官，或者摘取不满18周岁的人的器官，或者强迫、欺骗他人捐献器官的，依照《刑法》第232条、第234条定罪处罚。对这一条款的理解，应该分为三个层面。

（1）未经本人同意摘取其器官的行为。这里的“本人”应该理解完全民事行为能力的人。[③] “同意”应该理解为基于真实的意思表示，并通过书面形式予以确认的行为。《器官条例》规定，用于移植活体器官唯一合法的来源就是基于自愿、无偿原则捐献的人体器官，公民享有捐献或者不捐献其人体器官的处分权。这一绝对权利包含捐献者知情同意权、拒绝权、临时放弃权等，活体捐献必须取得捐献人的书面同意。对于无民事行为能力或者限制民事行为能力的人，本人及其监护人或者法定代理人，代为处分作出捐献其器官的行为，应当认定为无效，视为未经本人同意。对于间歇性精神病人在精神正常的情况下作出的捐献人体器官的行为，属于其不能独立实施的民事行为，故在刑法中应理解为“未经本人同意”。

（2）摘取不满18周岁的人的器官的行为。刑法禁止“摘取不满十八周岁的人的器官”的规定体现了对未成年人身体健康的特殊保护，并排除了包括未成年人本人、监护人在内的任何组织或者个人的器官

---

① 黄丁全：《医疗法律与生命伦理》，法律出版社2007年版，第243页。
② 夏征农主编：《辞海》（缩印本），上海辞书出版社1990年版，第851页。
③ 《人体器官移植条例》第8条。

捐献决定权，否则都按照故意伤害罪定罪处罚。

(3) 强迫、欺骗他人捐献器官的行为。这里的“他人”应该作为完全民事行为能力人来理解。“强迫”他人捐献器官的行为，在客观上表现为使用暴力、威胁、虐待等强制方法，迫使他人捐献其器官。行为方法上具有强迫性，并违背了器官捐献人的真实意愿。而对于采取暴力、威胁措施，造成被害人无法抗拒、不敢抗拒的行为，应认定为“未经本人同意摘取其器官的行为”，行为人主观方面是否以贩卖为目的不影响强迫行为的认定。“欺骗”他人捐献器官的行为，在客观上表现为行为人通过虚构事实、隐瞒真相，博取器官捐献人的同情或者基于满足捐献人的某种需求，使其“自愿”捐献其器官的行为。

上述三种情况，没有危及他人生命的以故意伤害罪论，致人死亡的以故意杀人罪定罪处罚。当然，在具体认定过程中，因遵循主客观相统一的原则，以免客观归罪。

3. 对于非法摘取尸体器官行为的认定。由于活体器官捐献来源十分有限，且对受捐献人法律上有严格限制和程序，所以实践中绝大多数用于移植的人体器官多源于尸体。合法的尸体器官捐献模式主要有三种：(1) 死者生前自愿同意。比如，立有遗嘱、填写捐赠卡片、履行登记手续等。(2) 亲属同意。即当死者生前没有可推定的意思表示反对捐赠器官的，对尸体器官的处分的决定权就转移给死者近亲属。(3) 推定同意。该情形只有在“紧急情况”下，死者生前未表示反对捐赠器官，其近亲属也无反对意见的情况下，方可推定同意。[①] 非法摘取尸体器官行为分为“违背本人生前意愿”“本人生前未表示同意，违反国家规定，违背其近亲属意愿”两种情形。第一种情形指公民本人生前表示不同意捐献其人体器官的，行为人违背其生前遗愿而摘取其尸体器官的行为；第二种情形是指公民本人生前虽未明示反对捐献器官，但摘取行为违反国家规定的，或者死者近亲属明确表示不同意捐献器官。实践中可以表现为临床医生因为治疗之需要、利益之谋取，

---

① 姜柏生、杨芳：《高新生命技术的民法问题研究》，法律出版社 2010 年版，第 308 – 309 页。

在未经死者近亲属同意的情况下，非法摘取死者尸体器官的行为，或者是行为人偷盗死者尸体器官的行为“依照本法第三百零二条的规定定罪处罚”，即依照盗窃、侮辱尸体罪进行定罪处罚。

三、组织他人买卖人体器官罪认定应注意的问题

1. 本罪与自愿捐赠的特殊情形。法条中没有规定，活体器官的接受人在不是活体器官捐献人的配偶、直系血亲或者三代以内旁系血亲，或者无证据证明与活体器官捐献人存在因帮扶等形成亲情关系的人员的情况下，而双方出于自愿，捐献人提供本人之器官，并接受一定经济补偿的行为，是否要受到刑法规制，显然，这类行为违背公序良俗，违反伦理，但根据罪刑法定原则，该类行为不能认定为犯罪。此外，在紧急情况下医生为了挽救病人生命，摘取尸体器官的行为，一般不应该作为紧急避险对待，应构成盗窃、侮辱尸体罪，但在量刑时，避险因素可以作为从轻处罚的情节。

2. 本罪与黑社会性质的组织犯罪。《刑法》第 294 条对黑社会组织的定义为“以暴力、威胁或者其他手段，有组织地进行违法犯罪活动，称霸一方、为非作恶，欺压、残害百姓，严重破坏经济、社会生活秩序的组织”。司法实践中，一部分黑社会组织也会从事买卖人体器官活动，作为其组织经费的来源。根据刑法的规定，组织、领导、参加黑社会组织罪本身是行为犯，因此如果行为人组织领导参加黑社会组织性质的组织，又实施了本罪的，应当按照数罪并罚的规定处罚。如果组织出卖他人人体器官的组织不具备黑社会组织性质，则应该按照非法组织他人买卖人体器官罪定罪处罚。

3. 本罪与走私普通货物、物品罪。走私普通物品、货物罪的客观方面表现为违反海关法规，走私“普通”货物、物品的行为。目前，人体器官买卖呈国际化趋势发展，规避海关监管在境内外交易的行为，是否可以认定为走私普通物品、货物罪。首先要研究“人体器官”的法律属性。近代民法学上物权与人身权是彻底决裂的，表面上人体器官具有可移植性、独立性和有用性，具有物的一般特征，但器官是人体的组成部分，脱离人体后，虽人格已不存在，但确系人格利益的延

伸，通说认为人体器官不能作为民法上的“物”。[①] 因此，依照现行刑法走私人体器官行为，不能构成走私普通物品、货物罪，而应该以非法组织他人买卖人体器官罪定罪处罚。

① 王泽鉴：《民法概要》，中国政法大学出版社 2003 年版，第 69 页。

参 考 文 献

一、中文类

（一）著作

1. 谷春德：《中国特色社会主义法治理论与实践研究》，中国人民大学出版社 2017 年版。

2. 冯玉军：《全面依法治国新征程》，中国人民大学出版社 2017 年版。

3. 李昕：《公立医院法律制度研究》，法律出版社 2018 年版。

4. 史尚宽：《债法总论》，中国政法大学出版社 2000 年版。

5. 卢启华：《医学伦理学》（第 2 版），华中理工大学出版社 1999 年版。

6. （东汉）许慎：《说文解字》，九州出版社 2001 年版。

7. 郑守曾：《中医学》（第 5 版），人民卫生出版社 2000 年版。

8. 黄丁全：《医事法新论》，法律出版社 2013 年版。

9. 王利明：《中国民法典学者建议稿及立法理由——侵权行为篇》，法律出版社 2005 年版。

10. 韩忠谟：《刑法原理》，北京大学出版社 2009 年版。

11. 赵西巨：《医事法研究》，法律出版社 2008 年版。

12. 刘建利：《医事行为的刑法规制》，东南大学出版社 2019 年版。

13. 李庆功：《医疗知情同意理论与实践》，人民卫生出版社 2011 年版。

14. 夏芸：《医疗事故赔偿法——来自日本的法的启示》，法律出版社 2007 年版。

15. ［英］吉米·边沁：《立法理论》，李贵方等译，中国人民公安大学出版社 2004 年版。

16. 金小桃：《健康医疗大数据》，人民卫生出版社 2018 年版。

17. 马俊驹、余延满：《民法原论》（第 4 版），法律出版社 2016 年版。

18. 吴培培：《生产、销售假药罪研究》，中国人民公安大学出版社 2020 年版。

19. 张明楷：《外国刑法纲要》，清华大学出版社 2007 年版。

20. 许玉秀：《主观与客观之间——主观理论与客观归责》，法律出版社 2008 年版。

21. 蔡墩铭：《医疗刑法要论》，翰芦图书出版有限公司 2006 年版。

22. （唐）长孙无忌撰：《唐律疏议》，刘俊文点校，法律出版社 1999 年版。

23. 林文学：《医疗纠纷解决机制研究》，法律出版社 2008 年版。

24. 黎宏：《日本刑法精义》（第 2 版），法律出版社 2008 年版。

25. ［日］西田典之：《日本刑法总论》，王昭武、刘明祥译，中国人民大学出版社 2007 年版。

26. 王旭：《医疗过失技术鉴定研究》，中国人民公安大学出版社 2009 年版。

27. 高也陶：《中美医疗纠纷法律法规现状及专业规范比较研究》，南京大学出版社 2003 年版。

28. 黄丁全：《医事法》，中国政法大学出版社 2003 年版。

29. 杨立新：《医疗侵权法律与适用》，法律出版社 2008 年版。

30. 《德国刑法典》，冯军译，中国政法大学出版社 2000 年版。

31. 杨丹：《医疗刑法研究》，中国人民大学出版社 2010 年版。

32. ［美］米尔建 · R. 达马斯卡：《漂移的证据法》，李学军等译，中国政法大学出版社 2003 年版。

33. 冯卫国：《医疗事故罪的认定与处理》，人民法院出版社 2003 年版。

34. 周光权：《注意义务研究》，中国政法大学出版社 1997 年版。

35. 刘鑫等：《医事法学》，中国人民大学出版社 2009 年版。

36. 臧冬斌：《医疗犯罪比较研究》，中国人民公安大学出版社

2005 年版。

37. 王泽鉴：《民法概要》，中国政法大学出版社 2003 年版。

（二）论文

1. 钟翠霞：《公立医院改革法治化评析》，载《郑州航空工业管理学院学报（社会科学版）》2014 年第 8 期。

2. 谈在祥等：《重大公共卫生事件下公立医院接受社会捐赠的法律应对》，载《医学与哲学》2020 年第 8 期。

3. 钟东波：《现代医院管理制度的两个基本问题》，载《中国卫生资源》2017 年第 2 期。

4. 马怀德：《公务法人问题研究》，载《中国法学》2000 年第 4 期。

5. 杜创国：《中国事业单位改革与日本特殊法人改革之比较》，载《经济社会体制比较》2008 年第 4 期。

6. 陈薇薇：《法人治理结构下公立医院法治建设策略研究》，载《中国卫生法制》2020 年第 3 期。

7. 马建军：《医患矛盾本质及其法治化解决策略》，载《人民论坛》2015 年第 23 期。

8. 王晨光、张怡：《〈基本医疗卫生与健康促进法〉的功能与主要内容》，载《中国卫生法制》2020 年第 2 期。

9. 韩建宁、刘福清：《分级诊疗制度下大型公立医院与基层医疗卫生机构共赢发展的途径》，载《现代医院》2019 年第 6 期。

10. 姚银蓥、熊季霞：《基于博弈论与激励相容理论的我国分级诊疗体系分析》，载《中国医院管理》2017 年第 3 期。

11. 杜杏利等：《大型公立医院在医联体建设中的责任思考与探索》，载《中国医院》2019 年第 12 期。

12. 阚为、孙虹：《公私医院合作办医与政府作用机制研究》，载《湖南社会科学》2015 年第 6 期。

13. 郑大喜：《公立医院接受捐赠内部控制、账务处理与信息披露》，载《现代医院管理》2018 年第 3 期。

14. 解锟：《以基金会为主导模式的慈善组织法律架构》，载《法学》2017 年第 6 期。

15. 张利：《突发公共卫生事件一级响应下医院接受捐赠的风险管理和应对》，载《卫生经济研究》2020 年第 3 期。

16. 莫洪宪、杨文博：《医事刑法学中医疗行为概念的新界定》，载《国家检察官学院学报》2011 年第 4 期。

17. 曹斐：《医事刑法的基本问题研究》，载《环球法律评论》2011 年第 4 期。

18. 夏芸：《再考“医疗水平论”及医疗过失判断标准》，载《东方法学》2011 年第 5 期。

19. 陈燕红：《困境与出路：我国患者知情同意权法律保护与适用的完善建议》，载《河北法学》2014 年第 2 期。

20. 李国民：《〈中华人民共和国基本医疗卫生与健康促进法〉的伦理学解读》，载《中国医学伦理学》2021 年第 9 期。

21. 李德旺、叶必丰：《地方变通立法的法律界限与冲突解决》，载《社会科学》2022 年第 3 期。

22. 陆青、章晓英：《民法典时代近亲属同意规则的解释论重构》，载《浙江大学学报（人文社会科学版）》2020 年第 6 期。

23. 刘艳红：《法定犯与罪刑法定原则的坚守》，载《中国刑事法杂志》2018 年第 6 期。

24. 王蒲生：《〈民法典〉视域下患者知情同意权的规则阐释与合同进路》，载《求索》2021 年第 3 期。

25. 丁磊：《患者知情同意权行使主体的司法认定——基于 48 份民事裁判文书的分析》，载《东北大学学报（社会科学版）》2020 年第 3 期。

26. 冯军：《病患的知情同意与违法——兼与梁根林教授商榷》，载《法学》2015 年第 8 期。

27. 任澜涛：《论我国强制医疗程序之完善——以强制医疗程序确认困境为视角》，载《西部学刊》2022 年第 4 期。

28. 金兴、王咏红：《健康医疗大数据的应用与发展》，载《中国卫生信息管理杂志》2016 年第 2 期。

29. 韩启德：《现代医学的回顾与展望》，载《科技与产业》2003 年第 10 期。

30. 张杰、宋莉莉：《智能医疗机器人侵权的法律规制》，载《法学理论》2019 年第 6 期。

31. 丁璐：《人工智能体医疗损害责任分析——以达芬奇手术机器人为例》，载《北京化工大学学报（社会科学版）》2020 年第 1 期。

32. 李坤海、徐来：《人工智能对侵权责任构成要件的挑战及应对》，载《重庆社会科学》2019 年第 2 期。

33. 戴菲：《基于区块链的电子处方签名的思考》，载《电脑知识与技术》2018 年第 3 期。

34. 李怀胜：《论〈药品管理法〉修订背景下的药品犯罪立法完善》，载《中国药事》2020 年第 5 期。

35. 张亮等：《医疗机构视角解读新〈药品管理法〉中使用假劣药的责任》，载《中国医院药学杂志》2020 年第 15 期。

36. 梁云、邵蓉：《新修订〈药品管理法〉中假劣药相关条款的主要变化及对执法的影响研究》，载《中国药房》2020 年第 17 期。

37. 邵蓉、袁泉、蒋正华：《对我国假药界定条款的深层解析》，载《中国药事》2010 年第 5 期。

38. 于培明、黄泰康：《变质或被污染药品的法律处理探讨》，载《中国药事》2007 年第 3 期。

39. 秦玲等：《对完善〈药品管理法〉中假劣药相关内容的探讨》，载《中国药房》2012 年第 45 期。

40. 谢望原：《药品犯罪的修改完善与合理解释——基于〈刑法修正案（十一）〉的解读》，载《中国法律评论》2021 年第 1 期。

41. 赵静：《基于药品缺陷的药品上市许可持有人风险控制和转移机制研究》，载《中国药房》2021 年第 3 期。

42. 李竺蔓、郭芷君、徐峰：《新发重大传染病的临床治疗药物应对：超说明书用药与同情用药》，载《药学实践杂志》2020 年第 3 期。

43. 郑记：《尝试权法案》，载《中国食品药品监管》2019 年第 8 期。

44. 陶田甜、王雨杉、邵蓉：《利益相关者视角下的陆勇案辨析》，载《医学与社会》2020 年第 4 期。

45. 许安标：《〈药品管理法〉修改的精神要义、创新与发展》，载

《行政法学研究》2020 年第 1 期。

46. 徐非：《深刻理解新〈药品管理法〉的精髓要义》，载《中国食品药品监管》2019 年第 10 期。

47. 张健萍、程涛、张孝兵：《造血干细胞基因治疗：进展与挑战》，载《中国科学：生命科学》2017 年第 12 期。

48. 项楠、汪国生、厉小梅：《我国干细胞临床研究现状分析、政策回顾及展望》，载《中华细胞与干细胞杂志（电子版）》2020 年第 5 期。

49. 何萍、程涛、郝莎：《干细胞临床研究的现状及展望》，载《中国医药生物技术》2020 年第 3 期。

50. 卢加琪、刘伯宁、罗建辉：《基于干细胞的再生医学产品研究进展与监管现状》，载《中国科学：生命科学》2019 年第 1 期。

51. 孟安明、张思光：《干细胞研究中的伦理、法律、社会问题及科学共同体的责任》，载《科学与社会》2013 年第 1 期。

52. 马晨光、薛迪：《干细胞研究与应用的伦理问题、伦理规范与伦理实证研究》，载《中国医学伦理学》2019 年第 1 期。

53. 姜天娇、孙金海：《国外干细胞产品监管现状及对我国的启示》，载《中国社会医学杂志》2016 年第 2 期。

54. 吴曙霞、杨淑娇、吴祖泽：《美国、欧盟、日本细胞治疗监管政策研究》，载《中国医药生物技术》2016 年第 6 期。

55. 陈云等：《韩国与日本干细胞药品审批、监管及对我国的启示》，载《中国新药杂志》2018 年第 3 期。

56. 李茜：《胚胎干细胞研发的法律探讨》，载《医学与法学》2018 年第 3 期。

57. 袁训书、亓英、陈春涛：《药品供给侧结构性改革破解药价虚高的思考》，载《中国医院管理》2018 年第 1 期。

58. 孙越等：《我国药品集中采购存在的问题及解决策略》，载《卫生经济研究》2013 年第 2 期。

59. 朱佳英、任晋文、华恃彬：《“4 + 7”城市药品带量采购在公立医院的实施效果预测与探讨》，载《浙江医学》2019 年第 10 期。

60. 李玉霞、李静：《浅析我国城市公立医院药房托管模式——以南京市为例》，载《医学与哲学》2015 年第 11 期。

61. 王淳德、郑思炳、王渠江：《医疗风险管理浅析》，载《中国卫生事业管理》2003 年第 7 期。

62. 牛艳艳、任轶、田伟：《“医药分开”对于解决“看病贵”问题的探讨》，载《沈阳药科大学学报》2014 年第 10 期。

63. 张韶国、刘畅：《医院法制建设实践探索——以河南省洛阳正骨医院（河南省骨科医院）为例》，载《中国卫生产业》2019 年第 32 期。

64. 郭丽岩：《完善中国药品器械招标采购的思路与对策》，载《经济研究参考》2014 年第 32 期。

65. 郭立新：《论德日刑法中的信赖原则》，载《法治与社会发展》2001 年第 4 期。

66. 北岳：《人类理性协议与法律规则的来源》，载《现代法学》1997 年第 1 期。

67. 李兰英、雷堂：《论严重不负责任》，载《河北师范大学学报（哲学社会科学版）》2000 年第 4 期。

68. 谈在祥：《论我国刑事医疗过失鉴定的困境与展望》，载《证据科学》2013 年第 2 期。

69. 刘鑫、梁俊超：《论医疗损害鉴定危机与改革》，载《证据科学》2010 年第 4 期。

70. 王瑞恒、任媛媛：《论当事人对医疗事故鉴定和医疗损害司法鉴定的选择权》，载《中国司法鉴定》2011 年第 2 期。

71. 樊崇义、郭金霞：《司法鉴定实施过程诉讼化研究》，载《中国司法鉴定》2008 年第 5 期。

72. 谢雄伟、张敏：《医疗水准与医疗事故罪中的注意义务研究——以日本相关判解为例》，载《武汉理工大学学报（社会科学版）》2005 年第 6 期。

73. 韩劲松：《论起刑点》，载《学术交流》2012 年第 8 期。

74. 胡继晔、魏玮、龚海鑫：《英国社会保障反欺诈立法要义》，载《中国社会保障》2011 年第 3 期。

75. 吴群红等：《英、德两国医疗保险立法体系及其对我国的启示》，载《医学与社会》2023 年第 2 期。

76. 张新民：《社会保险反欺诈综合法律对策研究》，载《现代法学》2015 第 1 期。

77. 李煜兴：《行刑衔接的规范阐释及其机制展开——以新〈行政处罚法〉行刑衔接条款为中心》，载《中国刑事法杂志》2022 年第 4 期。

78. 詹长春、黄晶晶：《协同治理视角下医保欺诈行为监管体系优化研究》，载《中国卫生事业管理》2021 年第 9 期。

79. 李嘉程等：《我国医保基金骗保行为治理趋势演变与优化策略研究》，载《中国医管理》2021 年第 11 期。

二、外文类

1. Ding R. , Mccarthy M. L. & Desmond J. S. et al. , *Characterizing Waiting Room Time, Treatment Time, and Boarding Time in the Emergency Department Using Quantile Regression*, Academic Emergency Medicine.

2. Sotos J. G. , Mycin & Neomycin, *Two Approaches to Generating Explanations in Rule – Based Expertsystems*, Aviat Space Environ Med.

3. Matheny M. , Israin S. T. & Ahmed M. et al. , *Artificial Intelligence in Health Care: the Hope, The Hype, the Promise, the Peril*, NAM Special Publication, Washington, DC: National Academy of Medicine.

4. Vladeck D. C. , *Machines without Principals: Liability Rules and Artificial Intelligence*, Wash L. Rev.

5. Fountzilas, Said & Tsimberidou, *Expanded Access to Investigational Drugs: Balancing Patient Safety with Potential Therapeutic Benefits*, Expert Opinion on Investigational Drugs.

6. Viale P. H. , *The Federal "Right To Try" Act: An Answer to New Treatments During Terminal Illness?*, Journal of the Advanced Practitioner in Oncology.

7. Jeremy S. , Alison B. H. & Leigh T. , Is Right to Try being Tried? Using Crowdfunding Data to Better Understand Usage of Nontrial Pre – Approval Access Pathways, Regen. Med.

8. Agarwal R. , Saltz L. B. , *Understanding the Right to Try Act.* , Clinical Cancer Research: An Official Journal of the American Association for Cancer Research.

9. Michael G. , *Rxlegal: A Rapid Review of Right - To - Try*, Hospital Pharmacy.

10. Petersen A. , Seear K. & Munsie M. , *Therapeutic Journeys: The Hopeful Travails of Stem Cell Tourists*, Sociology of Health & Illness.

11. Rosemann A. , Sleeboom - Faulkner M. , *New Regulation for Clinical Stem Cell Research in China: Expected Impact and Challenges for Implementation*, 2016.

12. Center for Drug Evaluation, *National Medical Products Administration, Technical Guidance for the Research and Review of Cell Therapy Products*, 2017.

13. International Society for Stem Cell Research, *Guidelines for Stem Cell Research and Clinical Translation*, International Society for Stem Cell Research.

14. Daley G. Q. , Hyun I. & Apperley J. F. et al. , *Setting Global Standards for Stem Cell Research and Clinical Translation: The* 2016 *ISSCR Guidelines*, Stem Cell Reports.

15. Zarzeczny A. , Scott C. & Hyun I. et al. , *IPS Cells: Mapping the Policy Issues*, Cell, 2009.

16. Moradi S. , Mahdizadeh H. & Šarić T. et al. , *Research and Therapy with Induced Pluripotent Stem Cells (iPSCs): Social, Legal, and Ethical Considerations*, Stem Cell Research & Therapy.

17. Liu Z. , Cai Y. & Wang Y. et al. , *Cloning of Macaque Monkeys by Somatic Cell Nuclear Transfer*, Cell.

18. Sharma R. , *Introductory Chapter: Stem Cells and Tissue Engineering in Medical Practice*, Stem Cells in Clinical Practice and Tissue Engineering.

19. Rosemann A. , Bortz G. & Vasen F. et al. , *Global Regulatory Developments for Clinical Stem Cell Research: Diversification and Challenges*

to Collaborations, Regenerative Medicine.

20. Hyry H. I. , Manuel J. & Cox T. M. et al. , *Compassionate Use of Orphan Drugs*, Orphanet Journal of Rare Diseases.

21. Azuma K. , *Regulatory Landscape of Regenerative Medicine in Japan*, Current Stem Cell Reports.

22. Sleeboom – Faulkner M. , Chen H. & Rosemann A. , *Regulatory Capacity Building and the Governance of Clinical Stem Cell Research in China*, Science and Public Policy.

23. Vian Taryn, *Anti – Corruption, Transparency and Accountability in Health: Concepts, Frameworks, and Approaches*, Global Health Action.